W0062473

GERTI SENGER

Liebeskummer

Eine Chance

HERBIG

Besuchen Sie uns im Internet unter
http://www.herbig.net

1. Auflage September 2000
2. Auflage Dezember 2000

© 2000 by F.A. Herbig
Verlagsbuchhandlung GmbH, München
Alle Rechte vorbehalten
Schutzumschlaggestaltung: Wolfgang Heinzel
Umschlagmotiv: Bildagentur SuperStock, München
Satz: EDV-Fotosatz Huber/
Verlagsservice G. Pfeifer, Germering
Gesetzt aus: 10,5/12,5 Punkt Optima
Druck und Binden: GGP Media, Pößneck
Printed in Germany
ISBN 3-7766-2198-2

Für Iwi

Inhalt

Einleitung

Als ich meiner ersten großen Liebe begegnete, war ich 16. Wir waren einander so tief und leidenschaftlich verbunden, dass es für uns selbstverständlich war zu heiraten. Meine Mutter war weder mit meiner Wahl noch mit meinem Vorhaben einverstanden. Ich reagierte darauf so, wie es Ende der Fünfzigerjahre üblich war – wir verlobten uns heimlich.

Zwei Jahre später – etwa ein Jahr vor der geplanten Hochzeit – »informierte« mich ein Freund darüber, dass mein Verlobter tanzen war. Alleine. Ich fühlte sofort, dass das kein harmloses Vergnügen war. Es erschien mir wie ein Verrat und wie ein Zeichen: Offenbar liebte er mich nicht mehr so wie früher. Hätte er mir sonst diesen Tanzabend verschwiegen?

Ich spürte, dass es, wenn nicht jetzt, so doch in nächster Zeit, zu einem Bruch kommen würde. (Wie sich Jahre später herausstellte, hatte mich damals mein »Bauchwissen« nicht getäuscht. Mein Freund hatte trotz seiner Liebe zu mir unter der frühen Bindung gelitten. Er wollte noch mehr erleben. Andererseits hätte er den Schritt zu einer Trennung nicht getan, weil seine Zuneigung zu mir doch stärker war als sein Erlebnishunger.) Jedenfalls fehlte mir jedes Gefühl der Zuversicht. Ein aktives Beenden unserer Beziehung erschien mir als einzige Möglichkeit, einerseits meine Ohnmacht zu überwinden, andererseits meine aufgewühlten Emotionen zu besänftigen. Heute weiß ich, dass ich den schmerzhaften Schritt der Trennung auch unter dem Aspekt tat: »Was du nicht willst, das man dir tu', das füg' dir lieber selber zu.«

Ich erinnere mich noch genau an unseren Abschied. Wir saßen in einem kleinen Espresso in der Bandgasse im 7. Bezirk. Die winzigen Zweiertischchen hatten schwarze Resopalplatten. Wir weinten beide so heftig, dass ich in den Tränensee auf der schwarzen Tischfläche mit dem Finger »Ich liebe dich noch immer« schrieb. Trotzdem: Es war Schluss.

Obwohl die Initiative zur Trennung von mir ausgegangen war, weinte ich Tag und Nacht. Ich wurde krank, magerte ab und litt seelische Höllenqualen. Wir versuchten es wieder miteinander, trennten uns abermals, versuchten es noch einmal und gingen schließlich endgültig auseinander.

Ein Jahr lang quälten mich Verlustschmerz, Selbstzweifel und Einsamkeit. Viel Verständnis fand ich nicht. Ein ehemaliger Lehrer, der mich lange nicht gesehen hatte, meinte: »Das Leid steht dir gut.« Ich hatte mindestens zehn Kilo abgenommen und mir die Haare schneiden lassen. Ich konnte damals mit seiner Bemerkung nicht viel anfangen, nur den dahinter stehenden Zynismus spürte ich. Manche trösteten mich mit Sprüchen, wie »Andere Mütter haben auch schöne Söhne«. Andere appellierten an meinen gesunden Optimismus: »Die Zeit heilt alle Wunden.« – »Sie hat ja nur Liebeskummer.« Das war noch das einfühlsamste, aber spürbar abwertende und unduldsame Urteil über meinen jämmerlichen Zustand.

Schon zu dieser Zeit konnte ich mir nicht erklären, woher diese abwehrende Haltung kam. Inzwischen ist mir klar, warum Gefühle, die mit einer unglücklichen Liebe zusammenhängen, noch immer tabuisiert werden: Eine Gesellschaft, die sich zum Herrscher über die Natur gemacht hat, will Liebeskummer nicht zulassen. Liebeskummer gilt als unreife Reaktion und daher als Schwäche. Eine Leistungsgesellschaft kann Schwäche nicht tolerieren.

Wenn ein Mensch seinen Partner durch Tod verliert, darf er zum Zeichen seiner Trauer eine besondere Kleidung tragen und damit rechnen, dass er von der Umwelt geschont und von Institutionen unterstützt wird. Auch bei einer Scheidung, also dann, wenn die Trennung von

12

einer Institution sanktioniert wird, darf man auf Unterstützung hoffen.

Dieser Schonraum wird einem Liebenden, der seinen Partner verliert, weil die nicht legitimierte Beziehung misslungen ist, nicht gewährt. Im Gegenteil: Die Gefühle für den verlorenen Partner werden bagatellisiert. Oft wird der seelische Schmerz gänzlich ignoriert: »Reiß dich doch zusammen!« Gut gesagt. Ausgerechnet in einer Phase der tiefsten Selbstzweifel und Verunsicherung setzt man von dem Betroffenen Stärke, Disziplin und Souveränität voraus. Diesen Anforderungen ist ein Mensch, der gerade einen Sturz ins Bodenlose erlebt, nicht gewachsen.

Ich schrieb mir damals mein ganzes Leid in Form von Gedichten von der Seele. Reden wir nicht darüber, wie gut oder schlecht diese Ergüsse waren. Heute sind sie mir peinlich. Zu dieser Zeit war ich von der Aussagekraft meiner Gedichte überzeugt: Sie waren mit Herzblut geschrieben. Das machte mich immerhin so mutig, dass ich es wagte, mich mit meinem Werk an einen Verlag zu wenden. Der Verleger war bereit, den Gedichtband herauszubringen, wenn ich eine Subskriptionsliste von 200 Kaufwilligen vorlegen könnte. Natürlich machte ich das möglich. Kurz darauf erschien der Gedichtband »Leben«. Ein dünnes Büchlein, in rotes Leinen gebunden, mit Goldaufdruck.

Ein Jahr war inzwischen vergangen. Ein Jahr endloser, durchwachter Nächte und Diskussionen mit meiner besten Freundin. Ein Jahr unbeschreiblicher Selbstzweifel und marternder Ängste vor dem Alleinsein. Trotzdem verließ ich ausgerechnet jetzt, mit knapp 19, mein Elternhaus.

Anfang der Sechzigerjahre war das keine Selbstverständlichkeit. Es war ein ungeheuerliches, allgemein missbilligtes Verhalten. Junge Mädchen lebten zu dieser Zeit so lange zu Hause, bis sie den Mann fürs Leben gefunden hatten. Obwohl ich mir sagen lassen musste, unseriös und leichtsinnig zu sein, zog ich in eine winzig kleine Garconnière in Hetzendorf, einem Außenbezirk von Wien. Ich hatte so wenig Geld, dass ich in der Mini-Küche nicht einmal Wasserarmaturen anbringen lassen konnte. Das Kochwasser holte ich mit einem alten Topf aus der Dusche. Eine Freundin hatte mir ein altes Klavier geschenkt, das mein Tisch und meine einzige Ablagefläche war.

Meine Mutter war fassungslos. Wir stritten täglich, ich schrie sie an und ließ keinen ihrer Einwände gelten. Ich hatte nicht nur mit dem Mann gebrochen, den ich geliebt hatte, ich brach auch mit meiner Mutter. Erst Jahrzehnte später, während meiner Forschungen über Liebeskummer, erkannte ich das ungeheure Potenzial, das in dieser Phase des Abschiednehmens steckt.

Den zweiten großen Liebeskummer erlebte ich mit 22. Mein damaliger Freund, der immerhin zu mir in meine Wohnung gezogen war, erklärte mir irgendwann klipp und klar, dass ich für ihn nicht die Richtige sei. Ich solle mir also keine Hoffnung auf eine gemeinsame Zukunft und schon gar nicht auf eine Heirat machen. Das tat weh. Was war ich denn für ihn? Nichts für die Zukunft? Nichts zum Heiraten? Ein Nichts? Er argumentierte auf meine ängstlich-provokanten Fragen so schwach, dass ich wieder einmal Schluss machte.

Als ich unmittelbar darauf begann, die Küche und das Bad meiner Mini-Wohnung zu renovieren und mich gleichzeitig in einen Sprachkurs im Italienischen Kulturinstitut einschrieb, wurde mir zum ersten Mal etwas bewusst: Ich hatte Liebeskummer, fühlte mich zurückgewiesen und hatte Angst vor dem Alleinsein. Gleichzeitig stürzte ich mich in einen Wohnungsumbau und brach alte Strukturen auf. Plötzlich wurde ich sensibel für die Zeit, die einer Trennung folgt:

Gibt es da einen bestimmten Verlauf? Kann Liebeskummer auch die Chance einer persönlichen Entfaltung, einer neuen Schaffenswut sein?

Diese Fragen beschäftigten mich von nun an immer dann, wenn eine meiner Freundinnen oder ein Freund Liebeskummer hatte. In der Fachliteratur fand ich keine befriedigenden Antworten. Es gibt zwar eine Fülle von Publikationen zu den Themen ›Scheidung‹ und ›Partnerverlust durch Tod‹, aber keine analytischen und empirischen Untersuchungen zu jenem existenziellen Thema, das jeder von uns mindestens ein- oder sogar mehrmals erlebt – zum Liebeskummer. Andererseits zeigten mir die Dichtung, Kunst und Literatur, was für eine zentrale Bedeutung Liebeskummer für jeden Einzelnen von uns hat.

In der Kunst ist Liebeskummer seit jeher ein Thema.
Warum nicht bei uns?

Ob es sich um Goethes »Leiden des jungen Werther«, um Euripides' »Medea«, um die Sonette von Shakespeare, die Gedichte von Elisabeth Browning, um Tolstois »Anna Karenina«, um Prevosts »Manon Lescaut«, Grillparzers »Des Meeres und der Liebe Wellen«, Schillers »Kabale und Liebe« oder um Opern wie zum Beispiel »Carmen«, »Madame Butterfly«, »La Traviata« oder »Rigoletto« handelt – im Mittelpunkt der Dramen, Romane, Lyrik und Libretti stehen immer zwei Menschen, deren Liebe und Liebeskummer.
Natürlich drehen sich auch die Trivialliteratur und Unterhaltungsmusik um Liebeskummer. Melvin Wilkinson überprüfte Schlagertexte und stellte fest, dass Traurigkeit über eine verlorene Liebe bei männlichen und weiblichen Interpreten das häufigste Thema, bei Männern sogar noch häufiger ist.
Die unzähligen Frauen und Männer, die wegen Liebeskummer in meine psychologische Praxis kamen und verzweifelt auf Hilfe hofften, sorgten dafür, dass mich das Thema auch später nicht mehr losließ: Einerseits sah ich Menschen, die von Liebesschmerz zerstört waren. Ande-

rerseits beobachtete ich, dass sie sich ab einem bestimmten Zeitpunkt veränderten und etwas aus sich und ihrem Leben herausholten, was noch Monate vorher unvorstellbar gewesen wäre.

Setzt Liebeskummer Entwicklungskapazitäten frei? Entstehen nach einer Trennung zwangsläufig neue Strukturen? Wenn das so ist – worin besteht dann die Chance eines durchlittenen Liebeskummers? Gibt es Gesetzmäßigkeiten, nach denen sich ein Mensch aus einer engen Beziehung löst? Wie und wodurch wird Liebeskummer schließlich doch bewältigt?

Fragen über Fragen. Ich fasste den Entschluss, dem Phänomen dieses Schmerzes methodisch nachzugehen.

Als ich erzählte, dass ich Interviewpartner für eine Liebeskummer-Untersuchung suchen wolle, reagierte meine Umgebung pessimistisch: Wer ist schon dazu bereit, über so etwas Intimes wie Liebeskummer zu berichten? Wer gesteht sich das Scheitern einer Liebesbeziehung schon ein? Diese allgemein negative Haltung ermutigte mich anfänglich nicht gerade dazu, aktiv zu werden.

Aber eines Tages wurde ich während eines TV-Interviews gefragt, welche Pläne ich für die nächste Zeit hätte. Ich erkannte blitzartig meine Chance und erzählte von meinem Vorhaben, Menschen mit Liebeskummer interviewen zu wollen. Noch im Studio erhielt ich mehrere Anrufe von Frauen, die zu einem Gespräch bereit waren. Ich war euphorisch: Schon dieser kleine Hinweis hatte mir die Kontaktaufnahme mit zwölf Personen ermöglicht! Jetzt hatte ich den notwendigen Schwung, diesen Weg zu beschreiten.

Ich bat im Österreichischen Rundfunk noch bei zwei weiteren Gelegenheiten Zuhörer darum, sich mit mir wegen Interviews in Verbindung zu setzen. Frauen als Gesprächspartnerinnen zu finden war unproblematisch – zuletzt hatte ich mehr Kontakte als notwendig. Männer waren nicht so leicht zu gewinnen.

Die Einschränkung, die ich bezüglich des Alters machte,

indem ich mich auf Gesprächspartner zwischen 23 und 53 Jahren konzentrierte, war, rückblickend betrachtet, weder notwendig noch von besonderem Vorteil: Liebeskummer ist kein altersspezifisches Phänomen. Meine Gesprächspartner waren ausschließlich Personen, deren Liebeskummer nicht in Zusammenhang mit einer Scheidung stand. Auch Personen, die den Verlust eines Partners durch Tod erlebten, kamen nicht infrage.

Die Voraussetzung meiner Untersuchung war nur, Teil einer Liebesbeziehung gewesen zu sein. Bedeutungslos war, von wem die Initiative zur Trennung ausgegangen war. Das offene Gespräch über diese misslungene Liebe war für alle Frauen und Männer der entscheidende Beweggrund dafür, die Mühe eines drei- bis vierstündigen Termines auf sich zu nehmen und sogar stundenlange Anfahrtszeiten zu akzeptieren. Dieses Engagement und die hohe Motivation, Liebeskummer zur Sprache zu bringen, beeindruckten mich zutiefst.

Insgesamt interviewte ich an die hundert Frauen und Männer. Der wissenschaftlichen Auswertung liegen die Daten von 30 Frauen und 30 Männern zugrunde.

Die Informationen, die ich schließlich in Form von tiefenpsychologischen Interviews erhielt, beruhen auf einer rückschauenden Analyse der Befragten. Das persönliche Interview ergänzte jeder mit einem von mir erstellten Fragebogen, der psychologische und soziologische Fragengruppen (s. Anhang) enthielt, die in Zusammenhang mit Liebeskummer stehen und mir für die psychologischen Interpretationen wichtig erschienen. Außerdem machten alle meine Interviewpartner auch noch den Giessen-Test. Mit Hilfe dieses psychoanalytischen Testverfahrens kann man sich selbst und auch seinen Partner in bestimmten psychologischen und soziologischen Kategorien beurteilen.

Bis auf zwei Gespräche führte ich alle Interviews bei mir zu Hause. Eine geschützte, private Atmosphäre war für so vertrauliche, meist hochgradig emotionale Gesprächssituationen notwendig. Viele Interviewpartner(innen) wurden während des Erzählens von so starken Gefühlen überwältigt, dass ich das Interview ein oder mehrere Male unterbrechen musste.

Zum Schutz der Anonymität habe ich die Namen der Interviewten sowie deren Wohnorte und unbedeutende biografische Daten verändert. Die persönliche Ausdrucksweise der Frauen und Männer ist bewusst nicht »geschönt«. Gerade die stilistisch unreinen Formulierungen vermitteln die emotionale Bewegung besonders deutlich und intensiv. Wenn ich im Text bei dem Begriff »Partner« auch Frauen einbeziehe, geschieht das nicht, um sie zu diskriminieren. Diese Vereinfachung dient nur der besseren Lesbarkeit eines grundsätzlich schwierigen Themas.

Die fast 2000 Seiten umfassenden Interviews, die statistische Auswertung der Fragebögen, deren Analyse und Interpretation gaben mir endlich die Antworten auf all die Fragen, die mich schon so viele Jahre beschäftigt hatten:

• Welchen Phasenverlauf hat Liebeskummer?
• Welche Bewältigungsstrategien werden benutzt?
• Wer/was hilft, Trauerarbeit zu leisten, Abschied zu nehmen?
• Und vor allem: Welche Chancen kann Liebeskummer eröffnen und welche Kräfte können durch den Schmerz mobilisiert werden?

Ich danke den 60 Frauen und Männern für die Geduld und Bereitwilligkeit, mit der sie die umfangreichen Tests und Fragebögen ausfüllten und mir ihre intimsten Erlebnisse und Gefühle anvertrauten, obwohl die Erinnerung daran fast immer mit großen Schmerzen verbunden war.

Der Unterschied zwischen »Liebeskummer« und »Trauer«

Vermutlich erscheint der Ausdruck »Liebeskummer« nicht nur mir seltsam antiquiert. Aber wie so oft trifft ein altmodisches Wort den Kern einer Sache sehr viel besser als so manche andere saloppe Bezeichnung.

Jakob und Wilhelm Grimm, die Verfasser des Deutschen Wörterbuchs von 1873, führen das Wort »Kummer« auf das altfranzösische »encombrer« zurück (= »hemmen«). Es wurde schließlich zum mittelhochdeutschen »kumber« und wandelte sich sprachgeschichtlich von »Schutt«, zu »Belastung«, »Mühsal« und »Gram«. Bereits Ende des 18. Jahrhunderts wurde »Kummer« von »Sorge« streng abgegrenzt.

Die inhaltliche Auslegung des Wortes »Kummer« beschreibt schon vor zwei Jahrhunderten sehr anschaulich den Zustand einer Person mit Liebeskummer: »Sorge oder sorgen bezieht sich noch auf bestimmt vorgestellte übel, an deren abhülfe man in gedanken arbeitet, kummer aber sind sorgen die sich so um das herz legen, dasz die kraft des widerstandes erlahmt, im gefühl des hoffnungslosen leidens versinkt; sorgen suchen uns nur mit zwischenzeiten heim, der kummer wird eine bleibende lähmende grundstimmung. da macht sich denn der alte grundbegriff der hemmung noch geltend, nur ganz ins innere versetzt.«

Moderne Trauerforscher wie zum Beispiel Bowlby ermuntern Fachleute dazu, den Begriff »Kummer« zu verwenden, weil sie zwischen »Kummer« und »Trauer« streng unterscheiden:

• Mit »Kummer« wird der Zustand eines Menschen bezeichnet, der eben einen Verlust erlebt. »Trauer« ist bereits der Prozess, der diesen Zustand verarbeitet.

Dieser Prozess ist sehr mühsam und schmerzvoll. Nicht ohne Grund spricht man von »Trauerarbeit«. Sie werden bald erkennen, dass es sogar wichtig und der Kernpunkt der persönlichen Chance ist, den Zustand des Kummers zu überwinden und »Trauerarbeit« zu leisten. Aber davon später. Bleiben wir erst noch beim Begriff des »Kummers«.

Die Emotionspsychologie sieht im Kummer eine fundamentale, ja sogar die häufigste negative Emotion von evolutionsgeschichtlicher Bedeutung:
Im Gegensatz zur Furcht, die zu einem Vermeidungsverhalten veranlasst und dadurch einen bestimmten Zustand zementiert (man fürchtet zum Beispiel das Fliegen und macht daher nie eine Flugreise), liefert Kummer jenes Maß an »negativer Motivation«, das schließlich zur Ursachenbeseitigung befähigt.
Kummer bleibt also nicht zwangsläufig ein lähmender Affekt. Er führt zu Abhilfestrategien, in denen oft ein hohes Maß an Entwicklungsmöglichkeiten steckt. Andererseits kann es aber doch passieren, dass das kreative Potenzial des Liebeskummers nicht ausgeschöpft werden kann. Das kann z.B. dann sein, wenn ein Kind, das von den Eltern oft allein gelassen wurde und deshalb weinte, für sein Weinen auch noch bestraft wurde. Dann kann es zu einer »Kummer-Furcht-Verbindung« kommen:
Jedes Mal, wenn der Betroffene vor einer kummerauslösenden Situation steht, reagiert er mit einer Furcht, die »toxisch« – lähmend – wirkt. Bewältigungsversuche gibt es dann nicht. Stattdessen entsteht ein Vermeidungsverhalten hinsichtlich der Bedingungen, die den Kummer verursachten: »Ich werde mich gefühlsmäßig nie mehr so tief auf einen Menschen einlassen.«
Durch bestimmte Kindheitserlebnisse kann sich Kummer auch an Scham koppeln. Das ist zum Beispiel dann möglich, wenn ein Kind aus Kummer wegen des Verlassenwerdens weint und die Eltern darauf mit Ablehnung, Gleichgültigkeit oder Geringschätzung reagieren. Dann verschmelzen die Kummer- und Schamreaktion und es

ist nicht mehr möglich, dass der Liebeskummer in produktive Trauerarbeit übergeht. Das Kind, später der Erwachsene, senkt unter Umständen immer dann den Kopf vor Scham, wenn ihm eigentlich nach Weinen zumute wäre. Liebeskummer wird ein Auslöser von Scham. Der Betroffene zieht sich in sich selbst zurück. Durch die Kummer-Scham-Verbindung wird der Kummer quasi »ausgelagert«. Die Aufmerksamkeit und die Energien richten sich dann auf externe Situationen (»Alle lachen über mich«), aber nicht auf das eigene Kummererleben. Unter solchen Bedingungen ist Trauerarbeit unmöglich.

Trauerarbeit ist Schwerarbeit

Freud war der erste Wissenschaftler, der bereits 1917 den Begriff der »Trauerarbeit« erwähnte. Die Schwerpunkte dieser Arbeit bestehen darin, einen geliebten Menschen als verloren anzuerkennen und die Wünsche, Erwartungen und Bedürfnisse aufzugeben, die noch mit ihm verknüpft sind.

Der Kern der Trauerarbeit ist das Erinnern. Jede einzelne Erinnerung ist wie Salz auf eine Wunde. Jedes Mal wird aufs Neue bewusst, dass der andere für immer verloren und das gemeinsam Erlebte nicht wiederholbar ist.

Zuerst erinnert man sich nur an die letzte gemeinsam verbrachte Zeit. Dann geht die Erinnerung nach und nach immer weiter zurück. »Im letzten Urlaub …« »Weihnachten vor zwei Jahren …« »Sein/ihr runder Geburtstag …« Schließlich wechselt die Erinnerung zwischen kurz und länger zurückliegenden Ereignissen. Typisch für dieses Erinnern ist der »Wiederholungszwang«: Man muss immer wieder und wieder an bestimmte Erlebnisse denken. Diese seelische Leistung ist so schmerzlich, dass sie nur mit großer Energie geschafft wird.

Echte Trauerarbeit beinhaltet auch das Erinnern an negative Eigenschaften und Erlebnisse. Erinnerungen zu verklären und zu schönen ist wie ein Klotz am Bein und der Schritt in die Freiheit ist dann nicht möglich. Die Trauer kumuliert und schwillt an wie ein Hochwasser führender Fluss. Stellen Sie sich vor, dass Sie auf der einen Seite des Flusses sind und am anderen Ufer ein möglicher, neuer Liebespartner steht. Er kann Sie nicht erreichen, Sie nehmen ihn nicht einmal wahr. Aber wenn die Trauerarbeit gelingt, ist man wieder frei und es gibt nichts, was neue Liebesgefühle hemmen könnte.

Nicht zufällig gibt es das Trauerjahr

In den letzten Jahrzehnten setzten sich viele Wissenschaftler intensiv mit der Trauer nach dem Verlust eines Partners durch dessen Tod auseinander. Alle versuchten, den »normalen« Trauerprozess zu definieren und dafür eine Phaseneinteilung zu finden. Hinsichtlich der Phasenabfolge besteht bis heute keine Einmütigkeit. Das häufigste Einteilungsschema in der »Trauer-Literatur« sind aber Drei- und Vier-Phasen-Modelle.

Uneinigkeit besteht auch in Bezug darauf, wie lange die »normale« Dauer der Trauer sei. Ein Psychologe bibliografierte in seiner Habilitationsschrift sämtliche zum Thema »Trauer« bestehende Untersuchungen. Die einzelnen Angaben reichen von zehn Wochen über sechs Monate bis zu einem Jahr. Ich finde es aufschlussreich, dass im Hinblick auf gesellschaftliche Trauerrituale die Trauerperiode sowohl in der modernen westlichen Welt als auch in nichtwestlichen Gesellschaften nach einem Jahr als abgeschlossen gilt. Mit dieser Frist werden auch die Tabus aufgehoben, die vor allem die Witwen angehen.

1973 wurde die bestehende wissenschaftliche Literatur zum Thema »Trauer« erfasst und ein wahrer Schreibboom festgestellt: In den Jahren zwischen 1960 und 1970 wurde mehr Material zu den Themen »Tod« und »Trauer« veröffentlicht als in den 100 Jahren davor.

Allein John Bowlby untersuchte fast zwei Jahrzehnte lang Erwachsene, die einen geliebten Menschen durch Tod verloren hatten. Bowlby bedauert allerdings die Beschränkung auf diese eine Verlustursache. Er erkannte, dass die meisten schmerzhaften Verlusterlebnisse durch andere Ursachen als den Tod bedingt sind.

Aber trotz der seit Jahrzehnten anhaltenden, intensiven Auseinandersetzung mit dem Tod, wird die Verzweiflung eines Menschen in einer »alltäglichen« Trennungssituation nach wie vor unterschätzt. Das erstaunt mich vor allem deshalb, da einzelne Autoren bereits auf den Zusammenhang von »Tod« und »alltäglicher Trennung« hinweisen.

Liebeskummer ist der Tod im Leben

Vor allem der Psychoanalytiker Igor Caruso, der auch einen Lehrstuhl an der Universität Salzburg hatte, sprach unumwunden davon, dass die Trennung von Liebenden eine »Offenbarung des Todes ist«, denn sie beinhaltet die Gegenwart des Todes im Leben.

Diese Thematik ist so ungeheuer und so paradox, dass sie auch heute noch tabuisiert wird. Doch wie dramatisch es ist, verlassen zu werden, veranschaulicht die volkstümliche Redewendung »Ich bin für ihn/sie gestorben« sehr eindringlich.

In der Vergangenheit hatte die Vorstellung, an »gebrochenem Herzen« sterben zu können, mehr Bedeutung. In einer Sterbeuntersuchung aus dem Jahre 1657 werden folgende Todesursachen genannt:

- Blattern und Pocken   835
- Tot in den Straßen gefunden etc.   9
- Französische Blattern   25
- Gicht   8
- Gram (!)   10
- Kolik und Bauchseuche   446
- Gehängt und selbst entleibt   24

Diese Statistik könnte als medizinische Mythologie abge-
tan werden, gäbe es nicht neue Untersuchungen, die
nachdenklich machen: Bei einer Gruppe von 4486 Ver-
witweten über 54 Jahren wuchs innerhalb der ersten
sechs Monate nach dem Tod des Ehepartners die Sterblichkeitsrate auf beinahe 48 Prozent; danach fiel die Kurve steil ab, bis sie wieder mit der Sterblichkeitsrate der
Verheirateten der analogen Altersgruppe gleich war.
In der Literatur findet der Liebeskummer als Ausdruck des
Todes ohnedies schon seit jeher und immer wieder Nie-
derschlag:
Goethe kommt nach 52 Jahren (!), nachdem er »Werthers
Leiden« geschrieben hatte, in seinem Gedicht »An Werther« wieder auf dieses Thema zurück und bringt in den
letzten vier Zeilen das Todeserleben des »Scheidens« zur
Sprache:

»Wie klingt es rührend, wenn der Dichter singt.
Den Tod zu meiden, den das Scheiden bringt!
Verstrickt in solche Qualen, halbverschuldet,
Geb ihm ein Gott zu sagen, was er duldet.«

Auch Stendhal bringt in seinem großem Werk »Über die
Liebe« Liebe und Tod immer wieder in einen Zusammenhang. Zum Beispiel schreibt er über die betrogene Liebe:

»Die Liebe muss sterben, und unser Herz muss mit
furchtbaren Zuckungen alle Phasen des Todeskampfes
durchmachen.«

24

Stendhal hätte heute noch Recht.

Im Übrigen verkaufte Stendhal von seiner Ideologie »Über die Liebe« im Laufe von 15 Jahren nur lächerliche 17 Exemplare. Gegen diesen vernichtenden Misserfolg versuchte er mit vier verschiedenen Vorworten anzukämpfen. In jedem einzelnen Vorwort bemühte er sich, darauf aufmerksam zu machen, dass »*Menschen, die über die ‚Schwächen ihres Herzens' erhaben sein wollen, seine Worte nicht begreifen werden.*«

Warum Liebeskummer eine Ich-Katastrophe sein kann

Einer der entscheidenden Punkte, der Verständnis für den Kummer, den Schmerz und die Trauer über eine misslungene Liebe schafft, ist die Auseinandersetzung mit dem Begriff des »Narzissmus«.

In der wissenschaftlichen Fachsprache kann mit einem einzigen Wort ein komplexes Geschehen auf den Punkt gebracht werden. Will man in der Alltagssprache dieselben Fakten vermitteln, ist es meist notwendig, weit auszuholen. Das ist mühsam, aber ich tue es trotzdem. Auch auf die Gefahr hin, dass es Ihnen aus unglücklicher Liebe gerade das Herz zerreißt und es Ihnen daher nicht schnell genug geht, zum »Eigentlichen« zu kommen. Aber auch ein kleiner Abstecher zur Interpretation eines allgemein ge- und missbrauchten Fachausdruckes gehört zum »Eigentlichen« des Liebeskummers.

Der Begriff »Narzissmus« ist zwar in die Alltagssprache eingegangen, gleichzeitig aber wurde immer deutlicher, wie schwierig es ist, diesen Ausdruck sinnvoll und richtig anzuwenden. Wenn man die verschiedenen wissenschaftlichen Definitionen auf einen einfachen Nenner bringt, kann man unter Narzissmus ein positives (gesun-

des) Selbstwertgefühl verstehen, das durch die gefühls-
mäßige Einstellung eines Menschen zu sich selbst zustan-
de kommt.

Mutter und Kind –
das »Modell« für Liebes-Glück

Heute wird der Begriff weiter gefasst und man spricht von
einem »narzisstischen Regulationssystem«. Das klingt
zwar kompliziert, ist aber auch nichts anderes als das innere Gleichgewicht eines Menschen in Bezug auf sein
Selbstwertgefühl, seine innere Sicherheit und sein Wohlbehagen.

Wenn ich weiter vereinfache, könnte ich sagen, dass es
für das narzisstische Erleben ein inneres »Vorbild« gibt: In
der Zeit vor der Geburt ist das Ungeborene mit der Mutter
auf vollkommene Weise verbunden. Dieses Einssein des
Ungeborenen mit seiner Mutter wird allgemein als ein
Zustand von Harmonie, Wohlbehagen und Spannungs-
freiheit vorgestellt – es ist quasi das Modell der narzisstischen Balance.

Obwohl es keine Erinnerung an diesen Zustand gibt,
kann man ihn aus dem Verhalten eines Säuglings, aus seiner aktiven Kontaktsuche und seinem unersättlichen Bedürfnis nach Akzeptanz, Geborgenheit und Einssein »re-
konstruieren«: Die einmal erfahrene paradiesische Verschmelzung und das Gefühl von Wohlbehagen und
Wunschlosigkeit sind uns zwar nicht in bewusster Erinnerung, aber jede einzelne unserer Körperzellen »erinnert«
sich daran. Daher unser dunkler Wunsch nach Verschmelzung und nach leib-seelischer Akzeptanz durch
einen Partner. Daher unsere Sehnsucht, die uns ein Leben
lang einander in die Arme treibt. Daher aber auch unsere
diesbezügliche Verletzbarkeit.

Der wunde Punkt

Die Tatsache, dass wir alle eine lange und verletzliche Kindheit verarbeiten müssen, spielt nicht nur beim Aufbau des narzisstischen Regulationssystems eine wesentliche Rolle, sondern auch in der Phase des Liebeskummers.

Bei jedem Menschen gibt es so genannte »wunde Punkte« – frühe Verletzungen, die in der »Kränkungssituation« des Liebeskummers wieder aufbrechen. Vor allem die »alten« Ereignisse des Verlassenwerdens sind alte Wunden, die bei einer neuerlichen Verletzung sofort wieder schmerzen und zu bluten beginnen. Oft beträgt der aktuelle Schmerz keine 50 Prozent, mehr als die Hälfte des Leidens macht die alte Verletzung aus, die sich nun wieder mit aller Macht bemerkbar macht.

Natürlich bringt das Verlassenwerden von einem Liebespartner das narzisstische Regulationssystem aus dem Gleichgewicht. Anstatt Sicherheit zu spüren, entsteht jene »Ur-Verunsicherung«, die jeder Säugling erlebt, wenn er mit der Geburt den paradiesischen Zustand der Geborgenheit verliert. Wie dem hilflosen Säugling, fehlt auch dem verlassenen Liebenden die Gewissheit, jemals wieder geborgen und sicher zu sein. Der »Urschmerz« der Trennung bricht wieder durch. Wie tief greifend diese Empfindungen sind, zeigt auch die Tatsache, dass in allen Religionen ein Sünder mit der Abkehr des schützenden anderen bestraft wird.

Es ist also kein Wunder, dass Liebeskummer und die dadurch wiederbelebte Ur-Verunsicherung mit Empfindungen von Angst, Wut und Ohnmacht verbunden sind. Dieselben Gefühle hat ein allein gelassener Säugling. Das Verlassenwerden von einem geliebten Menschen und seine emotionale Abwendung macht das erste schwere narzisstische Trauma wieder lebendig: den Verlust des schützenden anderen und das Zerbrechen des Einsseins mit der Mutter durch die Geburt. Das ist auch die Erklärung, warum viele Menschen den ersten Liebeskummer besonders dramatisch in Erinnerung haben – er ist zeitlich der allerersten »Trennung« am nächsten.

So wie der Säugling ab der Geburt geradezu verurteilt dazu ist, sich als Einzelwesen begreifen zu müssen, so ist auch der verlassene Liebende zu der Erkenntnis verurteilt: »Ich bin alleine.« Die Geburt ist die Urerfahrung der vielen Trennungssituationen, zu denen es im Laufe des Lebens kommt.

Die ungewollte Trennung von einem geliebten Menschen ist immer eine massive Erschütterung des Selbstwertgefühles. Die individuelle Reaktion darauf hängt allerdings vom Ausmaß der Kränkung und von der Stabilität des narzisstischen Systems des Betroffenen ab.

Zu einer »narzisstischen Katastrophe« kommt es umso eher, wenn ein narzisstisch labiler Mensch einen Partner wählte, der vermeintliche oder tatsächliche eigene Persönlichkeitsmängel ausgleichen sollte. Hat sich also ein selbstunsicherer Mensch an einen Partner gebunden, der so ist, wie er selbst sein möchte oder wie er selbst einmal in aller frühester Kindheit war, dann gewinnt er mit diesem Partner eine narzisstische Aufwertung – er wird wieder »ganz«. Wird der Betreffende dann von diesem Partner verlassen, erfüllt er also nicht mehr die ihm zugedachte, narzisstische Funktion, kann das narzisstische Gleichgewicht zusammenbrechen.

Nun ist es aber etwas typisch Menschliches, den völligen Zusammenbruch des narzisstischen Gleichgewichtes unbewusst zu verhindern. Allzu viele Möglichkeiten gibt es dazu nicht. Die nahe liegendste besteht darin, das Selbstgefühl zu retten, indem man psychisch auf eine Entwicklungsstufe »zurückfällt«, in der man noch jene narzisstische Zufuhr bekam, die man jetzt so dringend nötig hätte. Diesen Vorgang nennt man »Regression«.

Es geht aufwärts: Zurück in die Kindheit!

Jetzt muss ich Sie noch einmal strapazieren und Sie mit dem psychoanalytischen Ausdruck »Regression« vertraut machen. Das komplexe Geschehen rund um den Liebeskummer wird dadurch überhaupt erst verständlich.

Die Regression (lat. »Rückschritt«) ist ein seelischer Vorgang, eine Art Notbremse: Unter dieser extremen seelischen Last fällt man auf eine bereits überwundene Entwicklungsstufe zurück.

Sie müssen sich vorstellen, dass die seelische und körperliche Entwicklung eines Menschen in Etappen vor sich geht:

Der allererste Lebensabschnitt ist die so genannte »orale Phase«. Im Mittelpunkt dieses Stadiums ist einerseits die symbiotische Bindung an die Mutter, mit der ein Säugling neun Monate lang eins war, andererseits die Nahrungsaufnahme. Saugen, Nuckeln, Beißen und Lutschen bedeuten doppelten Lustgewinn: Der Nahrungshunger und Beziehungshunger eines Säuglings – im Sinne des Bedürfnisses nach Wärme, Sicherheit, Nähe und Berührungsbehaglichkeit – sind noch eins. Die Bindungsphase dauert in etwa bis zum 1. Lebensjahr.

Dann bekommt das Kind Kontrolle über die Ausscheidungsfunktionen, entsprechend gestalten sich auch seine Beziehungen. Zwischen dem 1. und 3. Lebensjahr, der analen Phase, geht es um das »Zurückhalten« und »Loslassen« der Ausscheidungen und Gefühle: Das Kind »kann« oder »kann nicht«. Wenn es »kann«, ist man stolz, wenn es »nicht kann«, schämt es sich. Mit »Ich kann« bezeichnet man noch als Erwachsener die Fähigkeit zum Stuhlgang.

Die anale Phase ist auch von »Macht« und »Ohnmacht« charakterisiert. Ein Kind erkennt seine Macht, der Mutter entweder die Freude zu machen und »aufs Topferl« zu gehen oder das eben nicht zu tun. In das 1. bis 3. Lebensjahr fällt auch die Trotzphase, in der es ja ganz offensichtlich um Macht geht. Wie oft es in angespannten partner-schaftlichen Situationen oder in einer Trennungsphase um Macht geht, brauche ich Ihnen nicht zu sagen. So manches eigensinnige, trotzige Verhalten eines Erwachsenen ist nichts anders als eine Wiederauflage der analen Phase. Die phallische Phase dauert vom 3. bis zum 5. Lebensjahr. Jetzt wird das eigene Geschlecht erforscht und es bilden sich die geschlechtstypischen Rollenbilder: Der schönen Prinzessin steht der starke Cowboy gegenüber.

In der phallischen Phase konstelliert sich das viel zitierte Dreieck: Das Kind rivalisiert mit dem gleichgeschlechtlichen Elternteil. (»Das ist meine Mama«/»Später heirate ich Papa«). Wenn es in der psychosexuellen Entwicklung keine Pannen gibt, wird der so genannte »Ödipuskomplex« überwunden. Das kleine Mädchen erkennt, dass Papa ja doch der Mama gehört. Es identifiziert sich in der Folge mit der Mutter und entschließt sich, »so zu werden wie Mama«. Umgekehrt anerkennt auch der kleine Junge, dass seine Mama für ihn als Liebesobjekt nicht mehr infrage kommt, weil sie schon dem Vater gehört. Er gibt daher die Mutter als Liebesobjekt auf und identifiziert sich mit dem Vater: »Ich werde einmal wie Papa.« Diese Entwicklung ist sowohl für die weibliche als auch für die männliche Identitätsbildung von großer Bedeutung.

Auch in der Rivalität unter Geschwistern klingt die ödipale Thematik an – jedes Kind will die Quelle seiner Liebe für sich alleine. Von meinen Interviews her zu urteilen, hat die Geschwisterrivalität großen Einfluss auf die Verarbeitung von Liebeskummer: Je größer die Geschwisterrivalität war, desto dramatischer ist die Rivalität gegenüber demjenigen, der einem die Liebe des Partners wegnehmen will (»Papa gehört mir«/ »Mama hat mich lieber«).

Den ersten drei wesentlichen Entwicklungsstufen folgen noch weitere, sie sind aber für unser Thema nicht so bedeutend.

Jede einzelne Entwicklungsphase bietet natürlich ganz bestimmte Befriedigungsmöglichkeiten. Wenn die aktuelle psychische Entwicklungsstufe durch eine besondere Belastung nicht mehr aufrechterhalten werden kann, kann es zur Regression kommen: Das ist die »Notbremse«, von der ich gesprochen habe. Die augenblicklichen Befriedigungen reichen nicht mehr aus, also kehrt man in ein Entwicklungsstadium zurück, in dem es andere Befriedigungsmöglichkeiten gab.

Ein simples Beispiel: Ihr Freund hat Sie versetzt und Sie essen zwei Stück Torte. Mit dieser einfachen Befriedigung sind Sie vorübergehend in die orale Phase zurückgekehrt, in der Nahrungs- und Beziehungshunger noch eins waren und die Nahrungsaufnahme die primäre Quelle Ihres Wohlbehagens war.

Dass man bei Liebeskummer in die erste Phase der Entwicklung regrediert, hat aber noch einen anderen, entscheidenden Grund: Durch die Trennung wird das allererste Verlassenheitserlebnis eines Menschen wieder belebt – seine Geburt, die ja gleichzeitig das Zerbrechen der Mutter-Kind-Einheit und das Ende der Ur-Geborgenheit bedeutete.

Sie werden bald sehen, dass in dem Trauerprozess des Liebeskummers die Phase der Regression zwar eine besonders kritische Phase ist, weil es nicht nur zu einem seelischen, sondern auch zu einem Zusammenbruch der äußeren Daseinswelt kommt. Gleichzeitig aber ist diese Phase auch die Rampe, von der aus sich nicht nur ein neues Verhalten und eine neue Identität organisieren – es eröffnen sich auch neue Entwicklungsmöglichkeiten.

Die Phasen des Liebeskummers

Die Fülle von Daten darüber, wie Erwachsene auf den Tod eines geliebten Menschen reagieren, und natürlich auch die Erfahrungen aus meiner psychologischen Praxis ließen mich von Anfang an vermuten, dass es auch bei dem Trauerprozess, der mit Liebeskummer verbunden ist, zu einem phasenweisen Verlauf kommt.

Tatsächlich zeigte die Auswertung meiner 60 Interviews einen typischen, phasenweisen Verlauf des Trauerprozesses. Er führt wie eine Reise von der alten zu einer neuen Identität. Wie bei einer Reise geht es auch nicht immer zügig voran. Einmal gibt es da einen größeren Halt, ein anderes Mal dort eine »Umleitung«.

Phasenverlauf

ALTE IDENTITÄT ⇒ Bedrohung ⇒ Lähmung ⇒ Verhandeln ⇒ Regression ⇒ (Bildung eines »Übergangsobjektes bzw. eines Übergangsphänomens) ⇒ Akzeptanz ⇒ NEUE IDENTITÄT

In seinen Grundzügen stimmt dieser Prozess mit den bisher bekannten Modellen mehr oder weniger überein. Die einzelnen Phasen sind nicht scharf voneinander abzugrenzen. Sie können unterschiedlich lang dauern und auch mehrmals wiederkehren. Auch nach der Überwindung einer bestimmten Phase kann ein »flash back« in Form massiver Sehnsucht, Regressionstendenzen etc. auftreten.

• Die statistische Auswertung ergab, dass Frauen länger als Männer trauern. Der gesamte *Trauerprozess-Verlauf* dauert bei den *Männern 10,7 Monate*, bei den *Frauen 14,7 Monate.* Die etwas kürzere Trauerzeit der Männer ist tatsächlich mit der Spaltung zwischen Gefühl und Sexualität zu erklären, die Männern nachgesagt wird. Aber ein paar Monate mehr oder weniger ändern nichts daran, dass es das »Trauerjahr« auch beim Liebeskummer gibt.

Obzwar auch meine Untersuchung eine grundsätzliche, prozessuale Übereinstimmung mit anderen Trauermodellen zeigt, entdeckte ich ein Phänomen, das bisher noch nie erkannt und diskutiert wurde:

• Zwischen der vierten und fünften Phase des Trauerprozesses, zwischen »Regression« und »Akzeptanz« wird fast immer ein so genanntes »Übergangsobjekt« oder »Übergangsphänomen« gebildet (s.S. 32). Dadurch verkürzt sich nicht nur die Trauerzeit. In diesem Wendepunkt steckt auch die Chance, zu einem persönlichen Gewinn zu gelangen.

Vor ungefähr 30 Jahren trällerte die schwedische Schlagersängerin Siv Malmquist: »Liebeskummer lohnt sich nicht, my darling.« Heute würde ich ihr widersprechen. Liebeskummer lohnt sich sehr wohl, Siv Malmquist! Sie werden staunen, was für ein kreatives Potenzial sich in diesem Phänomen verbirgt.
Ich nehme an, dass Sie schon einmal Liebeskummer hatten. Vielleicht stecken Sie sogar mittendrin. Sie werden daher schon aus eigener Erfahrung wissen, dass der Moment der Trennung nicht wirklich völlig unerwartet kommt.

1. Phase: Die Bedrohung

In der Bedrohungsphase lässt das, was Sigmund Freud so treffend das »Vorbewusste« nannte, eine Gefahr spüren, für die keine bewussten Gründe angegeben werden können. Ich möchte fast sagen, dass diese Bedrohung »gewitttert« wird – so wie ein Tier wittert, dass Gefahr in Verzug ist.

LORENZ, 33
BEZ. DAUER: 5 JAHRE
»Ich kann mich noch ganz genau erinnern, dass sie mir das gesagt hat und dass ich erkannt habe, dass ich es erwartet habe, dass es irgendwann passiert. Ich habe weder

darüber reden wollen mit ihr noch etwas zu sagen gehabt. Ich bin nur aufgestanden. Das Einzige, was dazu gepasst hätte, wäre gewesen: ›Es ist vollbracht.‹«

MATTHIAS, 50
BEZ. DAUER: 3 ½ JAHRE
»Wir waren glücklich. Dann habe ich bemerkt, dass irgendetwas nicht stimmt. Sie hat ziemlich genau ein Monat bei mir gewohnt. Sie hat immer Schönheitskuren gemacht, Ölungen, Wickel, damit sie abnimmt. Ich habe sie eingewickelt, ja, ich war übertrieben zärtlich. Aber ich wollte mehr Zärtlichkeit geben, als sie je empfangen hat. Sie liegt auf dem Sofa und ich sitz da und schau sie an. Und sie schaut mich an mit einem Blick, der eine Kälte gehabt hat, die unglaublich war. Wenn ich heute dran denke, tut mir das Herz weh. Als ob sie mich noch nie in ihrem Leben gesehen hätte. Da habe ich gewusst, sie wird sich nicht für mich entscheiden, auch wenn sie jetzt noch das Gegenteil behauptet hat.«

Warum man spürt, dass etwas nicht stimmt

Mehr als die Hälfte der Frauen und Männer sagten, sie hätten im Vorfeld des eigentlichen crash ein unheilvolles Geschehen geahnt, aber nicht konkret gewusst, was passieren würde.

Dieses »Wittern« einer Gefahr ist mit dem Phänomen des Atmosphärischen zu erklären. Unser Schmecken und Riechen sind ja nicht nutzlose oder nur wohltuende sinnliche Vorgänge. Sie haben auch einen Weltbezug: Die ersten biologischen Akte eines Säuglings bestehen aus Atmen, Riechen, Saugen und Schmecken. Diese erkennende Begegnung mit der Welt behält für immer Bedeutung. Jeder Mensch verbreitet eine »Atmosphäre«, die sich Ihnen, ohne dass es Ihnen bewusst wäre, als »Wesensausstrahlung« sensorisch mitteilt.

Natürlich ist diese atmosphärische Einstimmung vor allem dann besonders wirksam, wenn die sprachliche Kommunikation fehlt. Die oralsinnliche Orientierung bestimmt sogar den mitmenschlichen Umgang vom Anfang des Lebens an. Ein Säugling nimmt die Atmosphäre seiner Familie als Schutz spendenden »Nestgeruch« wahr oder er protestiert gegen die »seelischen Ausscheidungen«. Viele Wissenschaftler sehen eine direkte Verbindung zwischen dem Nahrungsverhalten und dem Grad der atmosphärischen Einstimmung eines Säuglings: Trinkfaulheit, krampfartiges Erbrechen und Ausspucken können ein atmosphärischer Protest sein.

»Besonders beim Essen hatte ich das Gefühl, dass irgendetwas nicht stimmt«, sagte die 37-jährige Ruth, deren Partner »aus heiterem Himmel die Trennung wollte«. So heiter war der Himmel aber nicht. Ruth erinnerte sich später, dass ihr schon seit langer Zeit die wortkargen Mahlzeiten mit Werner nicht geschmeckt hatten, obwohl doch gutes Essen für sie wichtig ist. In Ruths Verhalten macht sich ein entwicklungsgeschichtlicher Aspekt bemerkbar. Der Urmensch konnte nur in einer sicheren, unbedrohten Situation essen. Angst oder Aggression stören die Nahrungsharmonie. Heute genauso wie in grauer Vorzeit.

Das »Gespür für Atmosphärisches« wird in Krisensituationen besonders aktiviert. Das Wort »Spüren« enthält schon eine suchend-erfassende Haltung. Man »spürt«, dass irgendetwas nicht stimmt. Aus dem »Spüren« eines unabwägbaren Geschehens, aus dem »Gespür« für die Atmosphäre des anderen, entsteht das Gefühl der Bedrohung der bisherigen Sicherheit.

Viele Frauen und Männer spürten durch eine besondere Sensibilität für Ton, Sprachmelodie und Semantik eines scheinbar harmlosen Satzes, dass »irgendetwas nicht stimmt«.

SONJA, 33
BEZ. DAUER: 3 JAHRE
»Wir haben immer telefoniert ... Da war er am Telefon schon so komisch, überhaupt keine Freude in der Stimme. Ich habe ihn vom Flughafen abgeholt, da merkt man sofort, wenn einem jemand ein Busserl gibt oder einen Kuss.«

CLAIRE, 33
BEZ. DAUER: 10 JAHRE
Ich habe geahnt, dass da irgendwas falsch läuft. Sonst war es üblich, dass er immer vom Theater aus anruft. Das hat irgendwie schleichend aufgehört oder seine Gespräche waren einfach anders.«

VIVIEN, 37
BEZ. DAUER: 4 JAHRE
»Und auf dem Tonband berichtet er, er hat auch eine Kollegin kennen gelernt, die viel netter ist, als er gehört hat. Und obwohl er die Tage, bis wir uns wieder sehen, gezählt hat am Tonband, hat es schon damals geklingelt bei mir, weil seine Stimme ganz anders war. Dann vergingen noch ein paar Monate und er hat mir gesagt, dass er ein Verhältnis mit ihr hat.«

THERESIA, 24
BEZ. DAUER: 3 JAHRE
»Heute geht es mir besser, weil ich keine Angst mehr habe. Immer diese Angst, diese ewige Angst. Ich weiß, was dieses ewig Über-einem-Schweben bedeutet. Sisyphus, der den Stein immer hinaufrollt und weiß, irgendwann kommt er runter. Die Angst davor, wann er runterkommt, ist viel, viel ärger, als wenn er herunten ist. Jetzt brauche ich nichts mehr fürchten. Ich weiß, was auf mich zukommen kann. Ich habe nicht mehr so schreckliche Angst. Und Angst lähmt alles, alles. Jede Initiative, jeden Gedanken an morgen.«

KARIN, 23
BEZ. DAUER: 3 JAHRE
»Trotzdem schlafe ich besser als vor der Trennung, aber
ich träume fast jede Nacht von ihm. Ich wache entspann-
ter auf als in den Zeiten vor der Trennung.«

HENRIETTE, 42
BEZ. DAUER: 4 JAHRE
»Zum Beispiel habe ich nicht mehr die Pille genommen
und dann habe ich die Periode sechs Wochen nicht bekommen. Da hat er gesagt, es wäre ungünstig, wenn ich
jetzt ein Kind bekomme. Da hätte er die ersten drei Jahre
anders reagiert! Ohne diese Bedenken und Einschrän-
kungen. Ansonsten war in seinem Verhalten nichts zu
merken. Ach ja, da war noch so eine Situation. Ich war eifersüchtig und misstrauisch, wenn er Überstunden gemacht hat. Dann war er bei einem Seminar und telefonisch nicht erreichbar. Aufgrund der ganzen Aufregung
habe ich wieder die Periode* nicht gehabt und da hat er
gesagt. ›Na ja, vielleicht ist es letztendlich das Beste so.‹
Das war eine Antwort, die mir komisch vorkam. Weil un-
ausgesprochen war es ja ursprünglich klar gewesen, dass
wir heiraten. Wieso dann diese Formulierung?«

In der Bedrohungsphase besteht auch die Tendenz, das,
was noch nicht bewusst ist, zu somatisieren, also körperlich auszutragen. Diese körperlichen Beschwerden haben nichts mit denen zu tun, die bei ungewöhnlichen
Stressbelastungen entstehen. Es gibt eine körperliche Bereitschaft dazu, durch die sich unbewusste, seelische
Vorgänge einen Ausweg ins Körperliche verschaffen. Der
Körper ist oft klüger als der Kopf.

---

* Psychosomatiker meinen, dass Blutungen außerhalb der Periode an
die Stelle von ausgefallener Trauerarbeit treten können. Manche Fachleute sprechen sogar von einer »Periodentrauer«. Dieser Umstand hat
in der gynäkologischen Literatur kaum Widerhall gefunden.

MARESA, 41
BEZ. DAUER: 18 JAHRE
»In dieser Phase, in der ich von der anderen noch nichts
wusste, war ich sehr krank. Ich habe eine chronische
Dünndarmentzündung gehabt. Konnte nichts essen,
nichts trinken, mir ist immer schlecht geworden. Ich war
spindeldürr und alle Leute haben sich gewundert, denn
mir sollte es großartig gehen mit dem Mann. Ich habe
aber nur Diät gegessen und bin siebenmal am Tag aufs
Klo gerannt. Heute kann ich essen und trinken, was ich
will. Damals bin ich aufgewacht und eingeschlafen mit
Magenschmerzen.«

OTTO, 49, BEZ. DAUER 3 JAHRE, erzählte, dass ihm der emotionale Rückzug seiner Partnerin zwar nicht bewusst war,
er aber ihren 14 Tage später ausgesprochenen Trennungs-
wunsch körperlich vorweggenommen hatte:

»Was ich in dieser Situation nicht gemerkt habe, dass mein
Körper und meine ganze Konstitution das eigentlich fast
gleichzeitig, vielleicht sogar früher, derartig registriert hat,
dass sich zu dem Zeitpunkt eine ernsthafte körperliche Krise gehabt habe. Eine Art Kreislaufkollaps oder Schlagan-
fall, so irgendetwas. Ich musste ins Spital. Blutdruckverän-
derungen, die weit über das Normale gingen. Eine echte
körperliche Erschütterung, ein echter Zusammenbruch.«

2. Phase: Lähmung

In der zweiten Phase steht man dem Scheitern konkret
gegenüber. Egal ob Frau oder Mann, fast alle reagieren
mit Tränen. Diese ersten Tränen der Lähmungsphase sind
noch keine echten »Trauertränen«. Sie sind eine unmittel-
bare Stressreaktion, die die innere Spannung und Angst
reduzieren soll.

Der Zustand dieser zweiten Phase wurde mir von den Frauen und Männern immer wieder als »Lähmung« oder »Leere« beschrieben:

LORENZ, 33
BEZ. DAUER: 5 JAHRE
»Der Mittelpunkt ist auf einmal enorm verschoben. Und zwar in eine Richtung, die einen seelischen Wundschock verursacht. Ich würde sagen, es fließt kein Blut aus dieser Seele. Da wurde ein Loch gebohrt, das man nicht benennen kann. Das paralysiert derartig, dass man keinen Gedanken fassen kann.«

HENRIETTE, 42
BEZ. DAUER: 4 JAHRE
»Es war so schwer, ein Auto zu starten, das Auto zu fahren, die täglichen Sachen zu machen, einkaufen zu gehen, das habe ich noch lange nicht gemacht.«

MARESA, 41
BEZ. DAUER: 18 JAHRE
»Ich war vollkommen gelähmt. Ich konnte nichts mehr überlegen. Das einzig Wichtige war: Wie kriege ich mein Leben irgendwie in die Reihe? Es war fürchterlich und hat sieben Wochen gedauert.«

Durch den emotionalen Rückzug oder den Verlust des Partners bricht die bisher gültige Selbstdefinition zusammen – man ist buchstäblich »fassungslos«. Die Halt gebenden Orientierungspunkte gelten plötzlich nicht mehr, Bedürfnisse werden nicht mehr gestillt, auf den alltäglichen Bezugsrahmen ist nicht mehr Verlass. Die Summe dieser Belastungen beansprucht so viele Vitalenergien, dass sich viele Menschen »wie Roboter« fühlen.

»Wie gelähmt« zu sein ist ein Selbstschutz

In der Phase der Lähmung wird alle Energie darauf ver-
wandt, sich einerseits das Ausmaß einer existenzbedroh-
henden Katastrophe zu ersparen. Andererseits werden
aber seelische Vorbereitungen getroffen, um mit der aus
den Fugen geratenen Situation fertig zu werden.

Ivo, 26
Bez. Dauer: 4 Jahre
*»Für mich ist die Welt zusammengestürzt. Ich habe ge-
glaubt, es geht nicht mehr weiter. Alle Sachen, die man
normal macht, waren total automatisiert. Ich war wie
ferngesteuert. Wie tot. Mein Körper ist zwar gegangen
und hat gesessen, aber das war nicht ich.«*

Richard, 39
Bez. Dauer: 2 Jahre
*»Ich war wie ausgehöhlt im Hirn, wie wenn die Sonne
mir das Hirn ausgebrannt hätte. Ich bin unfähig gewesen
zu arbeiten, obwohl ich dringend Geld gebraucht hätte.
Ich habe mir Geld ausgeliehen von Freunden und bin nur
zu Hause gesessen und habe aus dem Fenster gestarrt.
Wenn ich auf die Straße gegangen bin, habe ich weder
ein Auto wahrgenommen noch Fußgänger. Wie in einem
Delirium bin ich herumgegangen.«*

Otto, 49
Bez. Dauer: 3 Jahre
*»Es war ein echtes Verlassensein. Auch eine furchtbare
Hilflosigkeit. Vor allem deshalb, weil keine Kommunikation möglich war. Wo ich doch ein Mensch bin, der für
alles in der Welt irgendwo einen Weg findet, irgendwo
was tun und machen kann. Ich war wie gelähmt und
konnte nichts machen, es war nichts drin. Ohnmächtig,
verurteilt zur Ohnmacht.«*

CHRISTIAN, 29
BEZ. DAUER: 2 JAHRE
»Ich habe zum Beispiel zum Wochenende zwei Kilo Ton gekauft und wollte etwas formen. Der Wunsch, etwas zu tun, war da. Aber ich habe das ganze Wochenende nichts gemacht.«

FRANZISKA, 44
BEZ. DAUER: 3 JAHRE
»Es war undenkbar, dass ich irgendetwas hätte machen können, in diesem schwarzen Loch, in dem ich war. Von Arbeit keine Rede. Ich war krank, gemütskrank, schwer depressiv, unfähig, etwas zu unternehmen. Immer in der Hoffnung, dass sich alles als Albtraum erweist und dass alles nicht wahr ist, was da passiert ist.«

LORENZ, 33
BEZ. DAUER: 5 JAHRE
»Ich war nicht in der Lage, irgendein Gefühl wahrzunehmen. Nicht im Geringsten. Es war nichts da als Leere. Eine vollkommene Leere. Nach dieser Leere kam eine Sinnlosigkeit. Der Gedanke der Sinnlosigkeit meiner Existenz momentan, weil für mich auf einmal kein Ziel für meine Gefühle da ist.«

SABINE, 40
BEZ. DAUER: 13 JAHRE
»Ich habe nur eine Leere gespürt, die totale Leere und diese Bodenlosigkeit. Keine Zusammenhänge mehr. Man hat mir den Boden unter den Füßen genommen. Ich habe nichts mehr verstanden, nur noch Schmerz, Schmerz, Schmerz.«

RUDOLF, 28
BEZ. DAUER: 2 ½ JAHRE
»Erst einmal habe ich nichts gespürt. Es war wie eine Narkose – alles taub.«

HARALD, 36
BEZ. DAUER: 5 JAHRE
»Wie sie mir gesagt hat, ›es ist aus‹, ist es mir so gegangen
wie dem Kaninchen vor der Schlange – ich war hand-
lungsunfähig. Ich habe gar nicht kapiert, was sie mir da
mitgeteilt hat. Warum sollte es aus sein? Ich habe keinen
Grund und keinen Sinn in der Bemerkung gesehen und
gar nicht drauf reagiert.«

FLORIAN, 34
BEZ. DAUER: 2 JAHRE
»Erst habe ich gedacht, das gibt's ja nicht, das darf ja
nicht wahr sein. Da habe ich gar nicht reagiert.«

Zur Hilflosigkeit verdammt

Wie kommt es zu diesem Zustand der Leere und der Erstarrung? Und wieso werden auch Frauen und Männer
davon erfasst, die im »normalen« Leben sogar hoch aktiv
sind? Liebeskummer in dieser Phase ist eben nicht das
»normale Leben«.
Der Lebensmodus der alten Identität gilt nicht mehr, der
Lebensmodus, der erst zu erwerbenden, neuen Identität
ist noch nicht da. Wie soll man sich in einer Welt zu-
rechtfinden, in der weder die gewohnten äußeren noch
die inneren Grundstrukturen gelten? Man ist handlungs-
unfähig. In den meisten Fällen signalisiert der Partner
auch noch, dass es völlig sinnlos wäre, irgendetwas zu
unternehmen. Man ist also zur »Hilflosigkeit ver-
dammt« – ein Zustand, der eine Depression geradezu
provoziert.
Vor Jahren wurde in den USA ein interessantes, heute
nicht unumstrittenes Experiment mit Hunden gemacht.
Hunde, die unvermeidlichen Elektroschocks ausgesetzt
waren, wurden passiv und nahmen die Elektroschocks
hilflos hin. Die Hunde »lernten«, dass sie nichts unter-

nehmen konnten, um dem Schock zu entrinnen. Die darauf folgende Passivität und Hilflosigkeit war also »erlernt«. Eine Vergleichsgruppe von Hunden, die dieselbe Anzahl Elektroschocks erhielten, aber die Möglichkeit hatten, diese zu kontrollieren oder ihnen auszuweichen, waren weder passiv noch hilflos. Der Rückschluss einer »erlernten« Hilflosigkeit lag also nah.

Dieses Phänomen der »erlernten Hilflosigkeit« könnte der reaktiven Depression bei einem Menschen mit Liebeskummer entsprechen: Von einem geliebten Partner abgelehnt, zurückgestoßen zu werden bedeutet, dass man keine Kontrolle mehr über diese wichtige Quelle von Glück und Bestätigung hat.

Die Phase der Lähmung kann so lange anhalten, solange andere Kontrollmöglichkeiten noch nicht ausgebildet werden können.

3. Phase: Verhandeln

Die natürlichen Selbstheilungskräfte, die in jedem Menschen stecken, sorgen dafür, dass es nicht bei diesem Lähmungszustand bleibt. Man versucht, die peinigende Situation wieder einigermaßen unter Kontrolle zu bekommen – die Phase des Verhandelns beginnt. In diesem Prozessabschnitt werden alle Kräfte mobilisiert, um einen abrupten Verlust zu vermeiden.

In der dritten Phase des Verhandelns geht es ganz vehement um einen Aufschub der bevorstehenden Trennung. Der vordergründige Wunsch besteht in dem Erhalt der bestehenden Beziehung oder zumindest in einem Kompromiss, der einen Aufschub des endgültigen Auseinandergehens mit sich bringen soll.

MICHAEL, 30
BEZ. DAUER: 2 ½ JAHRE
»Es sind von beiden Seiten immer wieder Bemühungen gewesen, die aber nichts gefruchtet haben.«

VIKTOR, 25
BEZ. DAUER: 1 ½ JAHRE
»Kaum ist sie aufgetaucht, war ich schon wieder bereit für sie. Ich gebe zu, es wäre einfacher gewesen zu sagen, aus, Schluss, vorbei. Aber sie wollte mich sehen und ich konnte nicht nein sagen. Ich hoffte, dass wir uns irgendwie zusammenraufen könnten.«

FRED, 35
BEZ. DAUER: 8 WOCHEN
»Drei Versuche habe ich gemacht. Dreimal bin ich gescheitert. Nach sechs Wochen war das erste Ende. Das war ein gigantischer Kampf. Da war noch die meiste Hoffnung. Dann hat es wieder angefangen. Aber ich habe doch gemerkt, dass von ihr keine Bereitschaft da ist. Bis sie es dann, nach dem dritten Versuch, doch mehr oder weniger offen gesagt hat – absolut nein.«

FRITZ, 39
BEZ. DAUER: 6 MONATE
»Wir haben etliche Wochen um unsere Beziehung herumgeredet und ich muss zugeben, dass ich doch immer wieder nach neuen Wegen gesucht habe. Natürlich hat sie mich dabei unterstützt und mich immer wieder um eine Chance gebeten. Ich weiß, dass ich mir selber eine gewisse Zeit gegeben habe, in der die Sache irgendwie geregelt sein sollte. Es war Fasching und ich habe mir den Aschermittwoch als dead-line gestellt. Ich habe mir gedacht, wenn sich bis Aschermittwoch irgendetwas Besonderes zwischen uns ereignet, das meinen Entschluss rückgängig machen könnte, dann nehme ich ihn zurück. Was das Besondere sein könnte oder sollte, habe ich

nicht gewusst und es ist auch nicht dazu gekommen. Für
mich war der Ausgang offen. Es war nicht ein endgültiges
Aus, aber ein ›fast Aus‹.«

HARALD, 36
BEZ. DAUER: 5 JAHRE

»*Ich habe verrückte Sachen gemacht, von Daueran-*
rufen über Drohungen, dann wieder Weinen. Ich habe
alles versucht, diese Frau noch an mich zu binden.
Zuerst habe ich versucht zu reden, ob wir es nicht
doch noch einmal probieren. Dann hat sie andere
Freunde gehabt und ich habe blöde Aktionen gemacht.
Ich bin mitten in der Nacht gekommen, habe angeläu-
tet, habe ihre Freunde blöd angeredet. Immer abwech-
selnd, einmal sanft, einmal hart. Es hat aber alles nichts
genützt.«

EVA, 26
BEZ. DAUER: 4 JAHRE

»*Dann hat es doch noch einmal den Versuch gegeben,*
alles wieder gutzumachen. Er sagte, er will sich trennen
von der Frau und er will mit der ja nichts machen. Aber
er muss noch einmal in einen Trennungsurlaub mit ihr
fahren. Da war es für mich klar, dass wir eigentlich
schon ziemlich getrennt sind. In diesem Urlaub ist die
Frau schwanger geworden. Dann war es für mich end-
gültig besiegelt, dass es aus ist. Es hat zwar noch ein
paar Wochenenden gegeben, wo wir versucht haben,
es noch irgendwohin zu lenken. Aber es ging nicht
mehr.«

FRANK, 39
BEZ. DAUER: 2 JAHRE

»*Die Trennung war nicht eine Trennung, um unter allen*
Umständen etwas zu beenden, sondern um unter Um-
ständen etwas zu bessern.«

FLORIAN, 34

BEZ. DAUER: 2 JAHRE

*»Ich bin ständig dran gewesen, dass sie wieder zurück-
kommt. Aber wie sie wieder gekommen ist, da war dann
eine Barriere bei mir da. Wir haben zwar nach einer Lösung für uns beide gesucht, aber ich habe gespürt, es ist
nicht das, wo man sagt, jetzt geht es wieder wie früher.
Da ist irgendetwas in der Luft gehangen. Bei ihr ist das
dann nach einer Woche wieder durchgebrochen.«*

PAUL, 40

BEZ. DAUER: 10 JAHRE

*»Wir haben dann ständig versucht, uns wieder zu errei-
chen. Wenn ich Schluss gemacht habe, hat sie wieder angefangen, und wenn sie Schluss gemacht hat, habe ich
wieder angefangen. Und so hat sich das dann über ein halbes Jahr gezogen. Dann gab es einen endgültigen Bruch.
Mit langen, langen Aussprachen. Mit Immer-wieder-re-
den-Darüber, mit gemeinsamem Weinen und irgendwann
dann Beschließen, dass es doch nicht mehr geht.«*

DIANA, 24

BEZ. DAUER: 3 JAHRE

*»Damals wollten wir uns trennen, da ist er total ausge-
flippt. Wir haben ein Monat getrennt gelebt. Dann wollten wir wieder zusammenfinden. Aber dann ist da ewig
der Vorwurf gekommen, du hast mich ja betrogen, und
man kann einen ja nicht mehr angreifen, wenn man mit
einem anderen geschlafen hat. Dann wieder: Versuchen
wir's!«*

Der letzte Aufschub: Das Übergangsritual

Wenn man sich geliebt hat, rennt man nicht einfach auseinander. Man kämpft um die Beziehung ebenso wie gegen eigene Freiheitswünsche. Dieser Kampf an mehreren

Fronten hat ein System. Mir fiel auf, dass die Phase des Verhandelns durch ritualisierte Merkmale charakterisiert ist.

Von den 60 Personen, deren Tonbandprotokolle ich analysierte, versuchten 50 mit drei unterschiedlichen Methoden ihre Liebesbeziehung zu retten. Ich verwende dafür den Ausdruck »Übergangsritual«. Diese mühselige Auseinandersetzung ist zwar nach außen hin von dem Wunsch geleitet, die Bindung zu erhalten, gleichzeitig aber hat sie bereits eine Funktion, die im Dienste der bevorstehenden, unvermeidlichen Trennung steht:

Solange man sich das endgültige Scheitern der Liebesbeziehung nicht eingestehen kann, sind eigene Entwicklungsschritte noch nicht möglich. Das Übergangsritual erleichtert die notwendige Identitätsentflechtung und gibt Zeit und Raum, ein Selbstbild zu entwerfen, das nicht mehr auf der Basis einer Paaridentität beruht. Das Charakteristische der Liebesbeziehung war ja, dass beide nach Ganzheit strebten. Die Sprache der Liebe zeigt diesen Verschmelzungswunsch: »Ich gehe ganz in dir auf«, »ich gehöre dir«, »wir sind eins«.

Das Übergangsritual ist also eine Durchgangsphase zum eigentlichen Trauerprozess, der nicht mehr mit der Paaridentität (wir) durchgestanden werden muss, sondern als ein Einzelwesen (ich). Es bietet zwar einen Aufschub hinsichtlich des niederschmetternden Eingeständnisses, dass eine Liebe misslungen ist. Andererseits aber zeigten mir die Gespräche, dass jeder Versuch, das Unvermeidbare hinauszuzögern, unvermeidlich zu Konfusion, Selbstzweifel und Überforderung führt.

GRETA, 26
BEZ. DAUER: 1 JAHR

»Bei den Trennungen, die mir wahrscheinlich noch bevorstehen, werde ich es vermeiden, solche Hoffnungen aufzubauen. Da denkt man doch jedes Mal, mein Gott, es ist so schön, es wird wieder was, und dann ruft er

*doch nicht an. So eine Kalt-Warm-Dusche ist schreck-
lich und im Endeffekt bringt es überhaupt nichts. Es ver-
zögert nur das unausweichliche Ende und man leidet
wie ein Hund. Es wird dadurch immer wieder eine
Wunde aufgerissen, die heilen will, aber nicht heilen
kann.«*

Um den endgültigen Bruch zu verhindern, wird verzweifelt nach einem Beziehungsmuster gesucht, das die Fort-
setzung der Partnerschaft ermöglichen und eine Identi-
tätskrise verhindern soll.
Bei dem Versuch, die Beziehung zu retten, wurden drei
verschiedene Taktiken angewandt:

• entweder versuchten die Frauen und Männer die Bezie-
hungsintensität zu reduzieren
• oder die Beziehung strukturell zu ändern,
• manche bemühten sich, die Beziehung toleranter zu
gestalten.

Nach welchem dieser drei Kriterien das neu ausgehan-
delte Partnerschaftsmuster erfolgt, hängt von den bewusst
gewordenen Beziehungskonflikten, von der Charakter-
struktur der Partner und von den individuellen Lebensge-
schichten und Hoffnungen ab. Das Resultat ist jedenfalls
immer dasselbe: Beide machen die Erfahrung, dass weder
das alte noch das neue Partnerschaftsmuster die unver-
meidliche Trennung verhindern kann. Im Gegenteil. Die
emotionalen Erfahrungen dieser Übergangsphasen werden zu weiteren Trennungsimpulsen.

»Versuchen wir es mit Toleranz«

Ganz offensichtlich ist das Bemühen um Toleranz besonders schwierig, denn es waren nur sieben Paare, die sich
zu dieser Verhaltensänderung entschlossen.

HANNA, 30
BEZ. DAUER: 7 JAHRE

»Ich habe mir gedacht, Toleranz ist vielleicht eine Möglichkeit, unsere Liebe zu befreien. Wenn ich ihm Freiraum gebe, dann wird er glücklich sein und spüren, dass ich die Einzige bin für ihn. Die, auf die er für sein Leben bauen kann. Ein Leben verlangt ja Großzügigkeit. Man kann ja nicht eine gemeinsame Zukunft planen, ohne dass man Zeichen von Toleranz setzt. Das macht doch Mut, dachte ich. Es ist dann so gekommen, dass er von einer Frau geschwärmt hat. Mit der kann er so gut reden, die ist so toll. Er hat mit der eine Beziehung angefangen und war mit ihr sechs Wochen zusammen.

Dann habe ich jemand anderen kennen gelernt und bin auch mit dem anderen ins Bett gegangen. Irgendwie war das so eine stille Vereinbarung zwischen uns. Aber dann habe ich kapiert, dass das so nie funktionieren kann. Ich weiß noch, wie mir das eines Nachts klar geworden ist. Dann habe ich für mich entschieden, dass es besser wäre, ich gehe zurück. Aber zu dem Zeitpunkt, wo ich nach … ziehen wollte, wollte er nicht, dass ich komme. Meine Überlegung war so was wie ein letzter Rettungsversuch. Entweder – oder. Wissen, was die Beziehung wirklich wert ist. Probieren wir es aus oder gar nicht. Das vorher war immer nur so ein Balanceakt, nicht ganz einlassen und nicht ganz auslassen. Aber das war letztendlich unbefriedigend, diese Toleranz. Zum Schluss waren wir uns unheimlich fremd und wussten nicht mehr, wie verbringen wir ein Wochenende. Wir wollten immer was Tolles machen zum Wochenende. Es ist aber dann nicht eingetroffen, weil wir die nötige Nähe zueinander nicht mehr gehabt haben.«

BEATRIX, 28
BEZ. DAUER: 4 JAHRE

»Er hat darauf, dass ich eine offene Beziehung gefordert habe, sehr verständnisvoll reagiert. Er war älter, hat mehr Erfahrung gehabt und es war in seinem Freundeskreis üb-

lich, offene sexuelle Beziehungen zu haben. Er war aber auch traurig. Vor allem war er gekränkt. Auch im sexuellen Bereich. Ich war gleichzeitig irre eifersüchtig. Ich wollte Offenheit für mich, aber nicht für ihn.«

Das Bemühen um Toleranz bezog sich nicht immer auf die sexuelle Treue. In der Mehrzahl der Fälle wurde versucht, Toleranz in Bezug auf das »Abgrenzungsprinzip« zu üben. Der sexuelle Kontakt mit dem Partner blieb bestehen, obwohl durchwegs zugegeben wurde, dass die sexuellen Begegnungen nicht mehr beglückend erlebt wurden.

INES, 32
BEZ. DAUER: 6 JAHRE
»Wir haben beide versucht, unser Verhalten zu ändern. Sowohl er als auch ich haben uns bemüht, nach außen zu gehen, einen eigenen Kreis zu aktivieren. Wir haben das ganz bewusst getan und sind getrennt fortgegangen. Nicht, um uns gegenseitig zu betrügen, sondern um unsere Beziehung in irgendeiner Form wieder zu stabilisieren. Es hat aber nichts genützt, ich habe keine Lust mehr auf ihn bekommen. Und ich glaube, das war auch der Punkt, an dem es endgültig zerbrochen ist. Bei all unseren Versuchen, wieder zueinander zu finden, und bei all dem Bemühen, über Umwege von außen und über Erlebnisse von außen wieder zu uns zu finden, ist es letztlich schief gegangen.«

SUSANNE, 30
BEZ. DAUER: 1 ½ JAHRE
»Es ist wieder alles in die alte Bahn gekommen. Wir haben wieder alle Nächte zusammen verbracht und auch einen Teil unserer Tage. Ich habe mich zunehmend weniger wohl gefühlt dabei. Das habe ich im sexuellen Bereich am meisten gespürt. Ich habe nicht mehr gerne mit ihm geschlafen. Ich habe mich durch körperliche Berührungen belästigt gefühlt. Aber ich habe ihn gleichzeitig

noch geliebt. Das habe ich nicht ausgehalten, ihn zu ver-
letzen. Ich habe dann geplant, für ein Jahr nach ... zu
übersiedeln. Um diesem Konflikt aus dem Weg zu gehen.
Ich habe ja schon vorher alle möglichen Formen über-
legt, um unsere Beziehung lockerer zu machen. Aber das
alles hat nicht geklappt. Ich glaube deshalb nicht, weil
mir das Konzept einer offenen Beziehung unheimlich
war. Ich habe zwar gespürt, dass es gut wäre für mich, et-
was erhalten zu können von der alten Liebe. Aber gleich-
zeitig wollte ich mehr Freiraum haben.«

MARESA, 41
BEZ. DAUER: 18 JAHRE
»Er ist zurückgekommen und hat nur mehr getan, was er
wollte. Ich fahr nach Venedig, ich fahr dorthin. Er ist al-
lein gefahren, wohin immer er wollte. Ich habe das dann
doch nicht ausgehalten und habe ihm ein Ultimatum ge-
stellt. Er hat sich das eine Woche überlegt und hat dann
gesagt, er geht. Er verlässt mich. Es war fürchterlich. Wir
haben die Nacht miteinander verbracht. Es ist ihm nicht
leicht gefallen zu gehen. Sicher nicht. Er war hin- und
hergerissen, aber er ist gegangen.«

»Frischer Wind durch neue Regeln«

Acht Paare entschlossen sich dazu, die Beziehungsform
grundsätzlich umzustrukturieren. Diesen Rettungsversuch probierten jene, bei denen zumindest einer der beiden die Sexualität von der Beziehung abspalten wollte.
So eine Veränderung fordert von dem Partner, der an der
Aufrechterhaltung der sexuellen Beziehung interessiert
ist, eine gewaltige seelische Anstrengung. Der andere ist
oft sogar in einer privilegierten Position: Er muss die gewohnten Vorteile der Paarbeziehung vorläufig noch nicht
aufgeben, fühlt sich aber andererseits von der Verpflich-
tung zu sexueller Intimität entbunden.

STEFANIE, 29

BEZ. DAUER: 3 JAHRE

»Er hat zu mir gesagt, wir trennen uns jetzt und versuchen miteinander eine Beziehung zu führen, die nicht auf dieser Liebespaar-Definition beruht. Wenn wir uns als Kameraden gut verstehen, kommen wir auch als Liebespaar wieder zusammen. Dann sind wir wieder wie früher. Ich war wieder im 7. Himmel, habe komischerweise schnell die Verletzungen vergessen und wir haben Silvester gemeinsam verbracht. Wir haben keinen sexuellen Kontakt aufgenommen, aber er hat sich mit mir sonst verhalten, als wären wir wieder ein Paar. Wir haben zwar miteinander gekuschelt, aber auf keinen Fall miteinander geschlafen. Ich habe damals extrem abgenommen, ich konnte nichts mehr essen, schlaflose Nächte, alle Zustände. Er hat zu mir gesagt, wir schauen jetzt, wie es zwischen uns als Kameraden läuft, und dann sehen wir weiter. Ich wollte eine Beziehung und wusste nicht, wie geht es weiter. Ich sitze so zum Anschauen da und wenn ich ihm gefalle, werde ich genommen. Es war unerträglich für mich. Ich sage heute, dass er damals seine Trennung auf meine Kosten durchgeführt hat.«

IVO, 37

BEZ. DAUER: 7 JAHRE

»Ich habe entsetzliche Schuldgefühle gehabt. Für mich war das ganz stimmig, dass da jetzt eine spannungslose Erotik und Sexualität endet und ich Freundschaft und Zärtlichkeit bestehen lassen möchte. Das hat langsam abgenommen und hat sich umgewandelt. So habe ich das empfunden. Es ist passiert, dass ich dann aus Schuldgefühlen heraus doch immer wieder mit ihr geschlafen habe oder zärtlich war, wo ich es eigentlich nicht wollte. Ich wollte sie, aber ich wollte nicht nur sie allein. Aber verlieren konnte oder wollte ich sie auch nicht. Diese Vorstellung hat mich umgebracht. Ich war ständig kaputt, erschöpft und bin in der Nacht oft aufgewacht.«

OTHMAR, 53
BEZ. DAUER: 23 JAHRE
»Ich habe vor 13 Jahren in die Scheidung ihr zuliebe ein-
gewilligt. Sie wollte die Scheidung, damit sie ›den Rücken
frei hat‹. Dann kann sie wieder mit mir, hat sie gesagt. Ich
wollte die Frau, unter allen Umständen. Da ist man halt
mit vielem einverstanden, auch mit einer Scheidung,
wenn man dadurch Hoffnung hat, sie kommt wieder.«

FRANK, 39
BEZ. DAUER: 2 JAHRE
»Die Trennung war eine Überlebensmaßnahme, aber
gleich auch wieder ein Versuch. Himmel noch einmal,
warum geht es denn nicht? Vielleicht wenn Distanz da
ist. Vielleicht wenn kleine Dinge nicht so eine Rolle spielen. Die Trennung war nicht eine Trennung, um unter allen Umständen etwas zu beenden, sondern um unter
Umständen etwas zu verbessern. Diese Hintertür habe
ich mir offen gelassen.«

FRED, 35
BEZ. DAUER: 8 WOCHEN
»Die Innigkeit war vielleicht bei mir, aber das ist nicht alles, um eine Beziehung zu führen. Sie war einfach unfähig dazu, weil sie mit dem anderen, wie sie gesagt hat, eine totale sexuelle Abhängigkeit gehabt hat. Unsere Beziehung war ab der Trennung sexuell fast tot. Das Herz
und die Innigkeit waren da, aber den Sex hat sie komplett
umgepolt.«

»Vielleicht ist weniger mehr«

Immerhin sahen 10 Paare in einer Reduktion der Beziehung eine Rettungsmöglichkeit. Um die »Einschränkung«
ihrer Beziehung bemühten sie sich vor allem aus drei
Gründen:

1. als bewussten Versuch, eine Beziehung durch emotionalen Entzug zu beleben
2. als Bemühen, sich aus einer Verbindung möglichst schmerzfrei auszuschleichen
3. aus Resignation

RICARDA, 29
BEZ. DAUER: 5 ½ JAHRE

»Aber dieses schrittweise mehr Distanz schaffen, indem ich in das eigene Zimmer gezogen bin, das war nur ein Anfang. So ungefähr zwei Jahre später bin ich dann in eine eigene Wohnung gezogen. Das war auch von uns beiden überlegt. Wir haben uns ja unheimlich lieb gehabt und wollten uns nicht aufgeben. Wir dachten, da entsteht wieder irgendwas, da kommt wieder was Neues hinein – die Entfernung. Wir treffen uns nur mehr, wenn wir uns sehen wollen. Dieses ständige Einander-Sehen, egal, ob man will oder nicht und ständig miteinander konfrontiert sein, das würde in der neuen Wohnung nicht sein.

Das Ganze war als Krisenlösung gedacht. Etwa so: Jetzt probieren wir das, getrennt zu leben, vielleicht wird es dann zwischen uns wieder aufregend.«

VIVIEN, 47
BEZ. DAUER: 4 JAHRE

»Auf einmal sagte er, legen wir uns am Nachmittag nieder. Wir legen uns nieder, er dreht sich um, fasst mich nicht einmal an, nicht einmal, dass er mich hält … Ich nehme seinen Arm und habe einen schlaffen Arm in der Hand. Da habe ich mir gedacht, es ist aus. Ich habe den Arm hingeworfen, bin aufgestanden und habe geheult. Er kommt dann in die Küche und ich heule, heule, heule. Und er sagt, was ist los? Ich sage, entschuldige, ich will ja nicht mir dir schlafen, aber reicht's auch fürs Zärtlichsein nicht? Dann geh mit mir nicht ins Bett. Was soll das, das ist eine einzige Quälerei. Er sagt darauf, warum sollen wir

nicht zur Entspannung nebeneinander im Bett liegen, wir sind ja nicht mehr liiert. Und bringt damit das Ganze mit einem Satz auf einen Nenner.

Ich bin fassungslos dagesessen und wollte reden. Er sagt, bitte, was willst du schon wieder reden? Das ist das Furchtbare an den Männern, dass die das überhaupt nicht wollen. Man will halt einfach was hören, was er eh nicht sagt.«

EVA, 26
BEZ. DAUER: 4 JAHRE

»Bevor ich nach München gefahren bin, haben wir uns die verbleibenden zwei Wochen noch sehr schön ge- macht und haben uns dann beim Abschied gesagt: Wir sind nicht albern, wir schreiben uns und bleiben in Kon- takt. Daraus hat sich ergeben, dass wir unsere Beziehung fortgesetzt haben, bis es April war. Dann ist ein Brief von ihm gekommen, er kann das nicht mehr, er hält das ein- fach nicht durch. Er bekommt mit jedem Brief und jedem Telefonat so große Sehnsucht und er hält das einfach nicht aus. Es wäre ihm lieber, wir schreiben uns nicht mehr und tun nicht so, als wäre alles in Ordnung. Das ha- ben wir dann auch so gemacht.«

RICARDA, 29
BEZ. DAUER: 5 ½ JAHRE

»Ich glaube, es war nach drei Jahren, da ist ein Zimmer in der Wohngemeinschaft frei geworden. Wir haben ge- dacht, jetzt nehme ich mir mein eigenes Zimmer, das ist mehr Distanz und das ist die Lösung. Wir leben zusam- men, aber nicht mehr so in einem Zimmer.«

MATTHIAS, 50
BEZ. DAUER: 3 ½ JAHRE

»Nach einer Woche hat sie mir gesagt, du, ich sehe keine Chance, dass wir zusammenbleiben. Ich war zu allem bereit. Ich habe gesagt, ich lieb dich so, dass ich ohne

dich nicht leben möchte. Ich bin bereit, dich nur einmal
in der Woche zu sehen.«

LINDA, 29
BEZ. DAUER: 4 JAHRE
»Ich habe den K. kennen gelernt, während ich noch in
der Beziehung mit dem P. war. Beendet habe ich meine
Bindung mit dem K. nicht, ich habe ihn nur kürzer gehal-
ten und bin zum P. gegangen.«

4. Phase: Regression

In der 4. Phase, der Phase der Regression, muss man endgültig zur Kenntnis nehmen, dass alle bisherigen Anstren-
gungen, die Liebe zu retten, gescheitert sind.
Schluss. Aus. Vorbei.
Die Einsicht des Verlassen- und Alleinseins macht das allererste Erlebnis des Verlassenseins lebendig, das jeder
von uns hatte – die Trennung von der Mutter durch die
Geburt. In dem vorgeburtlichen Paradies gab es keine
Gefühle von Angst, Verunsicherung oder Ungeborgenheit. Aber im Augenblick der Geburt wird ein winziges,
hilfloses Geschöpf von diesen Gefühlen geradezu überflutet.
Andererseits ist die erste Phase des Lebens aber auch ein
Zeitabschnitt, in dem man noch besonders große Befriedigungsmöglichkeiten hatte. Nach dem vorgeburtlichen,
paradiesischen Zustand der absoluten Wunschlosigkeit
im Körper der Mutter bleibt das Kind mit ihr auch noch
nach der Geburt wie mit einer seelischen Nabelschnur
verbunden. Die Mutter spürt, ob das Kind wach wird,
wann es Hunger oder Bauchschmerzen hat. Sie erfreut
sich an seiner weichen Haut, an seinem Duft und Lä-
cheln. Das Baby ist eingebettet in einen Strom der Wärme und Liebe und hat seinerseits ein unersättliches Be-

dürfnis nach Bindung und Nähe. Die Momente, in denen dem kleinen, abhängigen Wesen sein Verlangen nach Nähe, Wärme oder Sättigung nicht erfüllt wird, sind für ein hilfloses Kind Augenblicke der Todesangst: Nicht gehört und wahrgenommen zu werden bedeutet für ein abhängiges Lebewesen den Tod.

Verstehen Sie nun die tiefe Seligkeit und Befriedigung, wenn Sie das Gefühl haben, geliebt und angenommen zu werden? Man hat das Empfinden, endlich ein Ganzes zu sein, endlich anzukommen. Genau genommen wird man durch die Liebe wieder zum Kind, das symbolisch in den liebenden Armen der Mutter seinen Frieden, sein Glück und totale Akzeptanz findet. Im höchsten Stadium der Verliebtheit und Liebe fühlt man sich an einen Partner genauso gebunden wie früher an die Mutter. Daher wird die Trennung vom Partner zum Auslösemoment, sich wieder so »mutterseelenallein« zu fühlen wie damals als Kind, als man die Mutter entbehren musste.

Eigentlich ist es nicht überraschend, dass man in diesem Abschnitt des Trauerprozesses nicht arbeitsfähig ist.

RICHARD, 39
BEZ. DAUER: 2 JAHRE:
»*Anstatt dass ich meine Arbeit erledigt hätte, habe ich nur telefoniert. Jetzt deswegen, weil sie mir am Telefon angedeutet hat, dass sie jemanden kennen gelernt hat und ich mich nicht mehr in ihr Leben drängen soll.*«

VIVIEN, 47
BEZ. DAUER: 4 JAHRE
»*Ich habe nichts mehr essen können, nicht schlafen können, es war mir alles egal. Ich habe gewusst, es gibt Arbeit über Arbeit, ich habe nicht arbeiten können. Ich habe keinen Gedanken fassen können, kaum habe ich etwas konzentriert gemacht, ist wieder er da gewesen, wie ein böser Geist.*«

LUKAS, 34
BEZ. DAUER: 4 JAHRE
*»Meine Arbeitsfähigkeit war enorm reduziert und nahm
dann kontinuierlich wieder zu. Die Konzentrationsfähig-
keit auf andere Dinge hat sich nach und nach wieder eingestellt. Aber ansonsten gab es auch diese Stunden, im
Bett liegend, in die Luft starrend und über gewisse Sachen
nachdenkend. Das habe ich zugelassen. Ich weiß gar
nicht, worüber ich nachgedacht habe. Was mir so in den
Sinn kam.«*

Das Bett als Zufluchtsort

Falls Sie schon einmal die ganze Qual des Liebeskummers erfahren mussten, haben Sie vielleicht öfter als ge-
wöhnlich im Bett Zuflucht gesucht. Dieser Rückzug ins
Bett wurde von meinen Gesprächspartnern oft erwähnt.
Ich sehe darin eine »Mutterleibsregression«: Es ist still, es
ist warm und weich, vielleicht sogar dunkel. Ganz wie
ehemals im Leib der Mutter: Ein Zustand der Spannungs-
freiheit, Bedürfnislosigkeit und Sicherheit.

FRANZISKA, 44
BEZ. DAUER: 3 JAHRE
*»Ich habe mich bei ihm einfach vors Haus gestellt und
nach ein paar Stunden bin ich wieder gegangen. Einmal
in der Nacht, es hat sehr geregnet, bin ich auch vor seinem Haus gestanden. Zufällig hat seine Mutter runterge-
schaut und hat mich entdeckt und mich wie eine nasse
Maus in ihr Bett genommen. Das war eine besondere Befriedigung, die ich gehabt habe, dass ich jetzt, wenn nicht
schon mit ihm und bei ihm, mit seiner Mutter in einem
Bett liege. Ich habe diese Nacht mit seiner Mutter im Bett
liegend verbracht, die hat mich gehalten und getröstet. Es
war ein unheimliches Erlebnis. Das ist dann noch öfter
passiert, dass ich bei ihr im Bett übernachtet habe, so*

fünf- bis siebenmal war das sicher der Fall. Sie war ein richtiges Muttertier, sie hat sehr viel Verständnis gehabt, für diese ganze Situation.«

STEFANIE, 29
BEZ. DAUER: 3 JAHRE
»Unter der Woche von Montag bis Freitag bin ich um acht Uhr aufgewacht und habe dann die Rollos hochgetan. Ich bin dann noch im Bett bis zwölf gelegen und habe nur aus dem Fenster gestarrt, und das sechs Wochen lang. Das war ganz komisch, das Bett ist etwas ganz Zentrales für mich geworden. Aus dem Fenster zu schauen, über ihn nachzu-denken und eigentlich zu nichts zu kommen. Ich war kör-perlich wie gelähmt. Es ist damals schon viel passiert, ich kann nicht sagen, dass ich tot war. Ich war gedanklich nicht inaktiv, aber was das Praktikum anging, das anzufan-gen, das war mir einfach nicht möglich. Das ging nicht. Ich lag im Bett und dachte und dachte immer wieder an unsere Situation. Was könnte ich tun? Was muss ich tun? Wie, was passiert, wenn ich mich so verhalte? Das Bett war so schön warm, das hat mir Sicherheit geboten.«

Auch die von Karin geschilderten Aufenthalte in der Ba-dewanne sind eine Mutterleibsregression: Das warme Badewasser, das die Haut umspült, erinnert an die tröst-liche Geborgenheit, bei der das Fruchtwasser wohltuen-de Gefühle vermittelte.

KARIN, 23
BEZ. DAUER: 3 JAHRE
»Die ersten Tage habe ich sehr viel geweint. Ich bin in der Badewanne gesessen und habe haltlos geweint. Ich habe später noch oft das Gefühl gehabt, dass ich gerne weinen würde, weil es ein Schmerz ist, der ganz tief drinnen in der Brust sitzt, aber da auch gefangen ist. Das ist aber nicht gegangen. Nur wenn ich in der Badewanne geses-sen bin, konnte ich weinen.«

Rosa, 26
Bez. Dauer: 4 Monate
»Manchmal habe ich auch 16 Stunden geschlafen. Und ich ging viel ins Kino.«

Der verstärkte Wunsch nach Schlaf kann – ebenso wie Schlaflosigkeit – symptomatisch für eine Regression sein. Während Schlaflosigkeit der Ausdruck mangelnder Harmonie mit der Umwelt sein kann, ist der verstärkte Wunsch nach Schlaf ein regressiver Rückzug, eine Flucht vor einer vermeintlich feindlich gesinnten Umwelt.
Auch der Aufenthalt im Kino, in einer dunklen, warmen Atmosphäre, weit weg von jeder Realität, kann eine Mutterleibsregression sein.

Otto, 49
Bez. Dauer: 3 Jahre
»Manche Abende habe ich im Kino verbracht. Zwei Filme hintereinander, das war keine Besonderheit.«

Claire, 33
Bez. Dauer: 10 Jahre
»Es war oft eine Müdigkeit da, die nicht wirklich eine Müdigkeit war, sondern eine Art Flucht. Und da ist Schlafen das Einfachste. Ich habe geschlafen, wann ich nur konnte.«

»Weil nicht sein kann, was nicht sein darf ...«

Typisch für die regressive Phase ist auch, dass das schwierige, komplexe Beziehungsgeschehen des Liebeskummers vereinfacht wird. Die eigentlichen Ursachen, die zum Scheitern der Partnerschaft führten, werden nicht zur Kenntnis genommen. Anstatt dessen wird eine Person oder ein bestimmtes Verhalten für das Zerbrechen der Partnerschaft verantwortlich gemacht. Man reagiert ganz wie ein Kind: »Ich war's nicht! Der war's!«

OTHMAR, 53
BEZ. DAUER: 23 JAHRE
»Die Trennung wurde sozusagen auf ein ärztliches Attest hin durchgezogen. So traurig es ist, muss ich sagen, dass sie ihrem Herrn Therapeuten mit Haut und Haar verfallen war. Ich meine nicht sexuell, das natürlich nicht. Aber was er gesagt hat, war für sie wie ein Evangelium. Man kommt sich da schon ziemlich idiotisch vor als Ehemann, der auf einmal gar nichts zu vermelden hat. Der Herr Therapeut hat gesagt ›Milieuwechsel‹, was natürlich soviel hieß wie ›Trennung‹, und sie hat es durchgezogen.«

WOLFGANG, 41
BEZ. DAUER: 1 JAHR
»Ich bin immer zu mir nach Hause gegangen, weil der Kleine in der Nacht unheimlich viel geschrien hat. Die Nacht war dann kaputt. Da ich einen harten Job habe, wo ich nicht blass ausschauen darf, habe ich mich entschlossen, nicht bei ihr zu schlafen. Jetzt kann ich verstehen, dass sie gekränkt war, sehr sogar, und dass sie daraus ihre Konsequenzen gezogen hat.«

Diese Verhaltensmuster sollen die Trennung als »unnotwendig« darstellen. Ihre Realität soll abgewehrt werden, frei nach dem Motto von Wilhelm Busch: »Weil nicht sein kann, was nicht sein darf.«

Knapp die Hälfte der Männer und ein Drittel der Frauen sagten, dass sie sich in dieser Phase schwere Selbstvorwürfe gemacht hätten. Dafür kann es natürlich handfeste Gründe geben. Ein Zusammenhang zwischen dem eigenen Verhalten und dem Scheitern der Beziehung ist denkbar. Es ist also nahe liegend, dass sich ein Liebender, der in der einen oder anderen Angelegenheit wirklich versagt hat, Selbstvorwürfe macht.
Selbstvorwürfe können aber auch ein Hinweis darauf sein, dass insgeheim schon eine Beendigung der Bezie-

hung gewünscht war oder dass unbewusste Vorwürfe dem Partner gegenüber existierten. Genauso gut ist es möglich, dass die Aggression zwar dem Partner gilt, sich aber nicht gegen ihn, sondern in Form von Selbstvorwürfen gegen das eigene Ich richtet.

OTTO, 49
BEZ. DAUER: 3 JAHRE
»Ich habe sie, weil ich zeitweise sehr dominant sein kann, unterdrückt und ihr nicht genügend Freiheit gelassen.«

MARESA, 41
BEZ. DAUER: 18 JAHRE
»Ein halbes Jahr, dieses ununterbrochene Wiederkäuen, das Radl, das Wiederholen, sich in Erinnerung rufen, warum was gelaufen ist. Die immer während Frage, hätte ich nur, könnte ich nur. Warum habe ich erst so spät begonnen zu kämpfen? Warum habe ich in all den Jahren getrotzt? Warum war ich nicht liebevoller? Ich habe zu einem gewaltigen Teil mir die Schuld in die Schuhe geschoben.«

Das Spiel mit dem Tod

In der regressiven Phase hat die Selbstmordthematik große Bedeutung. Immerhin hatte ein Drittel der Frauen Selbstmordgedanken. Das Spiel mit dem Tod treiben Frauen – mehr als Männer – als Fantasie einer Zuflucht in einen harmonischen Zustand. Das Überwiegen von »weichen« Selbstmordmethoden bei den Frauen entspricht der Todesvorstellung als unklarem Zustand von Wärme, Ruhe, Geborgenheit und Erlösung.

MARESA, 41
BEZ. DAUER: 18 JAHRE
»Ich habe an Selbstmord gedacht. Aber ich wollte nicht wirklich sterben. Ich bin feig. Ich habe mir nur nicht vor-

stellen können, dass ich es noch länger ertrage. Ich konnte mir nicht vorstellen – morgen. Das Morgen war unvorstellbar.«

SABINE, 40
BEZ. DAUER: 13 JAHRE
»Es gab Momente, wo ich an Selbstmord gedacht habe. Wozu sollte ich noch weiterleben, weiterkämpfen? Für diesen Mann hätte ich mein Leben hingegeben. Ich weiß, dass alle mich für blöd gehalten haben. Das war mir egal. Ich habe auch nichts von diesem schwarzen Loch, in das ich gefallen bin, gesagt.«

Wie soll ich weiterleben?

Das Zerbrechen einer Zweierbeziehung rüttelt vor allem an Grundfesten der Frauen: Zwei Drittel der Frauen, aber nur ein Drittel der Männer empfanden aufgrund der Trennung eine existenzielle Bedrohung.

DORIS, 35
BEZ. DAUER: 7 JAHRE
»Ich hatte das Gefühl, der Himmel stürzt ein über mir. Es gibt nichts anderes mehr, jetzt ist es aus, vorbei. Das Leben hat seinen Sinn verloren, denn es gab doch nur ihn und jetzt gibt es ihn nicht mehr. Das war ganz extrem. Ich dachte, ich falle in ein Loch. Es gab keine Perspektiven, die Welt war grau. Ich wusste nicht, was ich tun soll. Mein einziger Gedanke war: Es ist alles zu Ende.«

ELVIRA, 35
BEZ. DAUER: 9 JAHRE
»Mein Zähneknirschen ist so arg, dass ich deswegen in ärztlicher Behandlung bin. Ich sehe in nichts einen Sinn, mir fehlt jeder Schwung, ich habe absolut gestutzte Flü-

gel. Ich weiß auch nicht, wozu ich überhaupt da bin. Das letzte Jahr habe ich so viel und auch so viel mit Erfolg gemacht, aber jetzt frage ich mich, ob all das wirklich etwas bringt, ob ich überhaupt was kann. Und wie ich alleine etwas weiterbringe. Das Schlimme ist, dass mich ständig Zweifel plagen, ob ich ohne ihn in meinem Beruf etwas weiterbringen werde. Dabei hatte er damit nie etwas zu tun.«

GERLINDE, 28
BEZ. DAUER: 5 JAHRE
»Natürlich habe ich öfter gesagt ›Lassen wir es‹, aber im Grunde hat er es dann entschieden. Und das war furchtbar. Es war eine Katastrophe. Ich war ja so auf ihn fixiert, dass dieser Bruch von ihm für mich wie eine Hinrichtung war. Ich habe gedacht, ich überlebe das nicht. Wenn ich in der Nacht alleine zu Hause war, habe ich Angst vor dem Einschlafen gehabt und Angst vor allem. Diese Vorstellung, dass es ihn jetzt nicht mehr geben soll neben mir, die hat mich völlig kaputtgemacht. Ich habe nicht nur Angst gehabt, ich bin mir auch so null und nichtig vorgekommen. Ich habe absolut nicht gewusst, wie das mit mir weitergehen soll.«

Auch so genannte »Power-Frauen« definieren ihr Selbstbild und ihre Identität weit mehr als Männer über den Partner und die Partnerschaft. Frauen fühlen sich ohne ihren Partner nicht nur »unvollständig«, sie haben auch mehr Angst vor einer ungewissen Zukunft.

»Ich bin eine Null«

Ein schlechtes Selbstwertgefühl hatten allerdings Frauen *und* Männer gleichermaßen. Diese Übereinstimmung lässt darauf schließen, dass das Scheitern einer Beziehung, unabhängig von der Geschlechtsrolle, als persönliches Scheitern und Selbstwertminderung erlebt wird. Dazu kommt, dass das Gefühl der eigenen Wertlosigkeit durch die Tatsache verstärkt wird, nicht mehr gebraucht zu werden, ersetzbar, überflüssig zu sein. Auch die Entwertung der gemeinsamen Vergangenheit vertieft das schlechte Selbstwertgefühl (s. S. 124 ff.).

FRANK, 39
BEZ. DAUER: 2 JAHRE
»*Dann sagt man sich, was kann ich einer Frau eigentlich bieten außer zwei gescheiterten Beziehungen und zwei Kindern? Man möchte ja irgendwie eine frische, ursprüngliche romantische Vorstellung von sich geben.*
Drittens fragt man sich, liegt es vielleicht wirklich an mir? Was mache ich falsch? Bin ich intolerant, bin ich dieses, bin ich jenes? Da beginnen die Selbstzweifel. Man ist dann zerstört und nicht beziehungsfroh. Das drückt sich aus bei allem, was man tut, das merken auch die Freunde. Man wirkt dadurch auch nicht besonders attraktiv. Diese Kraft, dass man sich sagt, das stimmt alles nicht, man ist trotzdem noch ein vollwertiger Mensch, hat man lange nicht.«

Lohn der Qual:
Reifung und Bereicherung

Im Höllentrip des Liebeskummers steckt etwas, was der Gepeinigte am wenigsten erwartet: Wachstum und Bereicherung. Falls Sie sich erst am Beginn des Trauerprozesses, also mitten im seelischen Tief befinden, können Sie sich kaum vorstellen, dass Sie aus dieser Situation vermutlich bereichert hervorgehen werden. Aber immerhin schaffen es etwa mehr als drei Viertel der Frauen und Männer, der Trennungsqual auch etwas Gutes abzutrotzen.

Das Übergangsobjekt und Übergangsphänomen

Ein letztes Mal bitte ich Sie noch, sich mit einem Fachausdruck auseinander zu setzen, der Ihnen fürs Erste vielleicht wenig sagt: »Übergangsobjekt und Übergangsphänomen«. Es handelt sich dabei um ein faszinierendes Geschehen, in dem die Chance steckt, die Qual des Liebeskummers zu einem lohnenden Ereignis zu machen.

Bringen wir das Theoretische hinter uns:

Mit den Ausdrücken »Übergangsobjekt und Übergangsphänomen« wird ein Phänomen bezeichnet, das etwa im 4. Lebensmonat beginnt. Unmittelbar nach der Geburt kann ein Baby noch nicht zwischen sich selbst und der Mutter, die Sättigung, Frieden, Geborgenheit und Liebe gibt, eine Grenze ziehen. Aber nach und nach muss es die Frustration aushalten, dass die Mutter nicht immer verfügbar ist.

Vorausgesetzt, ein Baby macht die Erfahrung, dass seine wichtigste Bezugsperson trotz ihrer zeitweisen Abwesenheit ja doch immer wieder zurückkehrt, um es zu trösten und zu nähren, schafft es sich in seiner Fantasie für die Zeit ihrer Abwesenheit ein Symbol. Dieses Symbol ist ein Übergangsobjekt. Das Übergangsobjekt kann zum Beispiel eine Windel oder ein Schmusetier sein. Es kann aber auch ein Übergangsphänomen sein, wie zum Beispiel das Daumenlutschen, das Sich-in-den-Schlaf-Singen oder das Lallen in dem Dämmerzustand zwischen Wachen und Einschlafen. Über dieses Symbol hat das Kind dann Kontrolle. Dadurch bekommt es das dringend benötigte Vertrauen und die notwendige Sicherheit wieder.

Der britische Psychotherapeut D.W. Winnicott erkannte, dass die Fähigkeit, ein Übergangsobjekt oder Übergangsphänomen zu bilden, nicht nur eine Illusion ist, die der eigenen Sicherheit nützt. Die Möglichkeit, für einen nicht anwesenden, geliebten Menschen ein Symbol zu schaffen, hat im Erwachsenenleben einen großen Anteil an der Religion, am Spiel und an der Kunst.

Natürlich wollte Goethe mit seinem »Werther« der Öffentlichkeit eine kulturrevolutionäre Botschaft zukommen lassen. Gleichzeitig aber versuchte er mit dem Roman, den er in drei Monaten schrieb (er selbst sagt in seinen Erinnerungen »Dichtung und Wahrheit«, dass er nur vier Wochen daran arbeitete), seine unglückliche Liebe zu der verheirateten Charlotte zu bewältigen. In meinen Augen ist Goethes Liebesroman ein klassisches Übergangsphänomen: Nachdem er sich sein Leid von der Seele geschrieben hatte, mied Goethe diesen Roman. Er hat auch nie daraus vorgelesen, wie er es aus seinen anderen Werken oft tat.

Goethe schrieb »Die Leiden des jungen Werthers« in Form von Tagebucheintragungen, Briefen und in der Art eines Selbstgespräches. Auch Stendhals Essay »Über die Liebe«, das er als knapp 40-Jähriger aufgrund seiner leidenschaftlichen, unglücklichen Liebe zu Mathilda Dembowska schrieb, bestand ursprünglich nur aus einer Zettelsammlung. Stendhals Biograf Opel-Bronikowsky zitiert das Bekenntnis Stendhals »… dass ihn diese unglückliche Liebe geadelt und seinen Charakter gereift habe«. Stendhals Werk war nach Opel-Bronikowsky »in der Hauptsache eine Befreiung von eigenem Liebesgram«. Ein Übergangsphänomen par excellence!

Die Tatsache, dass Stendhal nicht dazu zu bewegen war, sein Essay zu strukturieren, bestärkt mich in dieser Meinung. Auch in seiner hartnäckigen Weigerung, seine Bekenntnisse im Nachhinein stilistisch durchzufeilen, sehe ich einen Beweis dafür, dass es sich um ein Übergangsphänomen handelt: Es hat seine Schuldigkeit getan und an Bedeutung verloren.

Der himmelschreiende Misserfolg von Stendhals Werk – 17 verkaufte Exemplare in 15 Jahren! – wäre vielleicht vermeidbar gewesen, hätte er es geschafft, sich mit seinen Aufzeichnungen noch einmal auseinander zu setzen. Sein Biograf ist jedenfalls überzeugt davon:

»Das Systemlose, Sprunghafte der Darstellung wird manchmal recht fühlbar. Manches ist notizenhaft trocken,

hin und wieder geradezu unklar. Das heißt, dem Leser etwas zu viel ›Natürlichkeit‹ zuzumuten und sich selbst mutwillig den Weg zum Erfolg verbauen.«

Auch meine Gesprächspartner berichteten mir oft von Briefen, Notizen und Tagebuchaufzeichnungen – Übergangsphänomene wie die von Goethe oder Stendhal –, nur haben sie eben nicht Weltruhm erlangt. Natürlich ist nicht jeder von uns ein Künstler, dessen Kummer ein Meisterwerk ermöglicht. Aber die Fähigkeit, ein Übergangsobjekt oder Übergangsphänomen zu schaffen, hat für den »normalen« Erwachsenen dieselbe Bedeutung wie ehemals für das Baby:

• Es hilft, die Ich-Strukturen zu stützen, die durch den Liebeskummer instabil wurden.
• Es entfalten sich Eigenschaften, die bis jetzt noch nicht ausgereift waren: Entschlusskraft. Das Gefühl dafür, was wichtig ist und was nicht. Oder das Wissen, was man zur eigenen Befreiung tun und von nun an vielleicht immer praktizieren muss.
• Außerdem stellte ich fest, dass sich die Trauerzeit verkürzt, wenn ein Übergangsobjekt oder -phänomen gebildet wird.

Die schöpferische Krise

Liebesschmerz öffnet die Tore der Sinne. Plötzlich sehen Sie die Welt mit anderen Augen. Sie betrachten die Wirklichkeit nicht nur mit dem kalten Blick der Nützlichkeit, Sie erfahren sie mit Ihren Sinnen. Durch den Schmerz werden Ihre fünf Sinne geschärft und für neue Eindrücke empfänglich. Dieses Be-sinnen macht die Dinge in ihrem Wesen sichtbar. Sie nehmen Farben wahr, spüren den Wind, entdecken Gerüche und Klänge. Musik kann Sie verzaubern, ein Wort zutiefst berühren.

Sie machen diese Sinneserfahrungen zwar mit einer gewissen Wehmut, weil sie Ihnen auch Ihr Alleinsein vor Augen führen. Aber Sie haben ein anderes, komplexes Bild der Umwelt bekommen. Ein Bild, das Ihnen nicht nur vom Verstand, sondern auch von den Sinnen vermittelt wurde. Solche Sinneseindrücke und ihre bewusste Wahrnehmung bereichern nicht nur den Augenblick – sie sind unvergessliche Erinnerungen eines gelebten Lebens.

»Ich suche nicht, ich finde«, sagte Pablo Picasso einmal über seine intensivsten Schaffensperioden. In diesem Ausspruch wird deutlich, dass ein Gegenstand, ein Vorgang oder Gedanke, in einem alten Zusammenhang gleichgültig war. Erst durch die veränderte Empfindungslage gewann er an Bedeutung: Plötzlich wird wahrgenommen, was schon immer da war.

Nahezu alle Frauen und Männer, die mit mir den Prozess ihres Liebeskummers noch einmal durchlebten, sagten mit mehr oder weniger ähnlichen Worten: »Auf einmal kam ich zu dieser oder jener Einsicht.« Sie hatten den Eindruck, als ob eine Erkenntnis aus der Tiefe des Unbewussten aufgestiegen sei.

Was passiert tatsächlich?

Vereinfacht könnte man sagen, dass der Liebesschmerz einen schöpferischen Prozess auslöst. Eine Zeit lang wird nach Lösungen gesucht, die in einem unmittelbaren Zusammenhang mit dem Problem stehen: »Wir versöhnen uns wieder«/»Wir versuchen es anders zu machen«/»Ich werde mich ändern«/»Er wird sich ändern« usw. Dann erkennt man, dass diese konventionellen Lösungsversuche nicht zielführend sind. Aber nun »arbeitet« das Problem im Unbewussten weiter. Nach außen hin sind Sie frustriert, angespannt, unglücklich. »Innen« nimmt ein neues Entwicklungsthema mehr und mehr Gestalt an. Es hat schon lange darauf »gewartet«, aus dem Schatten des Unbewussten herauszutreten und in die Persönlichkeit, in Ihr Ich, integriert zu werden.

Eigentlich ist Liebeskummer ein »Geburtshelfer« – er entbindet etwas schon lange Fälliges. Wie jeder Geburtsvorgang ist auch dieser schmerzhaft, aber es kommt dabei »etwas heraus«. Vielleicht haben von nun an andere Wünsche und Bedürfnisse mehr Bedeutung. Möglich, dass sich eine neue Kraft entwickelt. Ich hörte immer wieder, dass der Partner im wahrsten Sinne des Wortes persönliche Fähigkeiten, die sich erst jetzt im vollen Ausmaß zeigten, »herausgeliebt« hatte. Es kann auch sein, dass ein Lebenskonflikt zutage kam. Vielleicht hat sich der Focus Ihrer Aufmerksamkeit auf einen anderen Lebensaspekt verlagert. Sie werden reif für etwas Wesentliches.

Das alles bedeutet, dass in einer problemlosen Zeit Reaktionen zu Stereotypien und flexible Fähigkeiten zu Verhaltensschablonen degenerieren können. Schlimmstenfalls wird man zu einem Automaten, geleitet von eingeengten und fixierten Gewohnheiten und ausgetretenen Spuren folgend. Dann durchdringt Sie Liebeskummer bis in Ihre tiefsten inneren Schichten und aus der Tiefe Ihres Unbewussten schälen sich neue Fähigkeiten und Perspektiven.

Ich habe immer wieder erlebt, dass Betroffene in dieser Phase häufig Träume haben, in denen bereits verschlüsselte Hinweise auf die bevorstehenden Veränderungen vorkommen.

Diejenigen, die in dieser schöpferischen Krise einsehen, dass ihnen ein anderer Mensch allein durch Zuhören und Reden helfen kann, sind in der Phase zwischen dem, was ist, und dem, was sein wird, schon einen entscheidenden Schritt vorangekommen.

FRITZ, 39
BEZ. DAUER: 6 MONATE
»Nach einer Zeit, in der ich so etwas wie ein Innehalten gespürt und gelernt habe, habe ich begonnen, mich abzulenken und mit Freunden zu reden und etwas zu unternehmen.«

INA, 37
BEZ. DAUER: 12 JAHRE
»Heute weiß ich, dass gewisse Sachen nicht zu ändern sind und dass man sich nicht wehren soll. Dass man auch loslassen können muss, damit man wieder frei wird. Jede Trennung hat ja auch was Positives. Das Negative tut weh, aber das Positive ist, dass neue Bewusstseinsdimensionen auch erreicht werden können. Ich sehe so viele Dinge viel positiver. Ich habe mich überhaupt sehr geändert. Mich kann heute nichts mehr umwerfen, nichts mehr. Ich habe das Gefühl, was immer geschieht, es muss geschehen.«

GERDA, 32
BEZ. DAUER: 6 JAHRE
»Ich glaube, dass ich mich durch diese ganze Geschichte ziemlich geändert habe. In eine Richtung, in der ich mehr Bedeutung auf das lege, wie ich selber von mir denke. Das ist natürlich noch nicht in einem hohen Ausmaß vorhanden, aber auf jeden Fall sehr viel mehr als damals. Zumindest hat dieser Bereich bereits konkretere Formen bekommen. Zum Beispiel, dass ich erst mal überlege, dass nicht die Dinge, die die anderen sagen, unbedingt die richtigen sein müssen. Das ist mir erst zu dem Zeitpunkt klar geworden, nachdem er ausgezogen war.«

HELGA, 41
BEZ. DAUER: 9 JAHRE
»Ich bin vorsichtiger geworden, auch in dem, was für Fantasien ich mir von einer Beziehung mache. Ich bin realistischer geworden.«

Mit Herzblut geschrieben

Der Säugling, der am Daumen lutscht und sich dabei vorstellt, es sei die Mutterbrust, vollbringt ebenso eine schöpferische Leistung wie der Dichter, der in der Phase

71

des Liebeskummers besonders kreativ ist. Der von mir sehr geschätzte Dichter und Freund Peter Turrini gestand mir, dass er immer dann, wenn er Liebeskummer hatte, besonders schöpferisch war. Edna O'Brien sagte, dass sie ihre schönsten Romane in Phasen von Liebeskummer schrieb. Petrarca verfasste seine berühmtesten Liebesgedichte aus unglücklicher Liebe zu Laura. Die Liste der Dichter, Maler und Musiker, die von Liebeskummer zu Meisterwerken inspiriert wurden, ließe sich unendlich fortsetzen.

Wenn Amor seinen Pfeil aus einem Herzen zieht, tut's nicht nur höllisch weh. Mit Herzblut lässt es sich auch dann wunderbar schreiben, wenn Sie nicht gerade ein begnadeter Poet sind. Es gibt unzählige Argumente, die dafür sprechen, bei Liebeskummer zur Feder zu greifen.

• Beim Schreiben werden Erlebnisse wieder lebendig, Sie erleben Schönes, aber auch Schweres noch einmal und verinnerlichen es. Die klassische Trauerarbeit!
• Aus dem, was schwarz auf weiß vor Ihnen steht, lassen sich Entwicklungen von gestern auf morgen ablesen.
• Tagebuchaufzeichnungen oder Briefe führen buchstäblich Fakten »vor Augen« und werden dadurch oft zur Basis von Entscheidungen.
• Geschriebenes hilft Ihnen auch, jene Aussprachen zu ersetzen, zu denen es wegen der aufgewühlten Emotionen nicht kam. Jetzt haben Sie die Gelegenheit, sich Ihr Herz auszuschütten und sich die Sorgen von der Seele zu reden.
• Wenn Sie Ereignisse oder Emotionen aufschreiben, machen Sie sie überschaubarer. Sie bekommen den notwendigen Durchblick und werden sich über vieles klar.
• Im Liebeskummer empfindet man vieles gleichzeitig – Sehnsucht ebenso wie Angst und Unsicherheit. Mit einem Gedicht oder Tagebuchaufzeichnungen können Sie zwar entschwundene Gefühle nicht zurückzaubern, aber

Sie kommen zu Einsichten über Beziehungen und über sich selbst.

• Das systematische Aufschreiben von Erinnerungen, Vermutungen und Überlegungen, ist nicht nur eine sinnvolle Therapie gegen den Seelenschmerz – das analytische Denken wird generell geschult.

• Wenn Sie sich hingesetzt haben und die ersten Worte ganz von selbst »aus der Feder geflossen sind«, gewinnen Sie auch Vertrauen in die eigene Spontaneität.

• Last, not least: Das geschriebene Wort hat eine stärkere Wirkung als das gesprochene. Oft gelingt es erst beim Schreiben, Gefühle von bloßem Sein zu Bewusstsein zu bringen.

Sonja, 33
Bez. Dauer: 3 Jahre
»Ich habe damals sehr viel Tagebuch geschrieben. Tagebuch schreibe ich seither immer nur, wenn ich unglücklich bin. Wenn ich glücklich bin, schreibe ich nicht. Nur wenn es wirklich extrem schön ist, schreibe ich auch Tagebuch, aber nur ganz kurz. In der Zeit der Trennung habe ich täglich geschrieben, jetzt nur sporadisch, aber im ersten Jahr nahezu ununterbrochen.«

Claus, 41
Bez. Dauer: 2 Jahre
»Ich habe ihr ein Jahr lang geschrieben, unentwegt, immer. Sie hat auf meine Briefe nicht reagiert. Ich habe einige Kopien einer gemeinsamen Bekannten zum Lesen gegeben, die hat geheult, als sie das gelesen hat. Sie hat gesagt, die Frau gibt es nicht, die da nicht zurückkommt.«

Marena, 26
Bez. Dauer: 3 Jahre
»Eines Tages habe ich dann aufgehört, Briefe zu schreiben. Ich habe nur mehr Gedichte geschrieben. Daraus er-

gab sich dann eine Phase, in der ich richtiggehend besessen geschrieben habe. Ich habe fast jede Nacht ein Gedicht geschrieben. Diese Gedichte habe ich so lange geschrieben, bis wir in der Lage waren, uns wieder als Freunde zu empfinden.«

RICHARD, 39
BEZ. DAUER: 2 JAHRE
»Ich habe dann so etwas wie ein Tagebuch geschrieben, eigentlich nur so Notizen. Ich habe ganz eng geschrieben und viele Zeilen auf einer Seite. Komischerweise, wenn ich mir das heute anschaue, ist es eine andere Schrift. Sonst schreibe ich eher groß und wenig Zeilen auf einer Seite. Und manchmal habe ich hintereinander 15 Seiten eng beschrieben.«

JONAS, 48
BEZ. DAUER: 1 JAHR
»Für mich war nach dem Seminar klar, ich rufe sie nicht an. Da habe ich meine ganzen Gefühle in Briefen runtergeschrieben. In dutzenden Seiten. Und auf einmal, am Donnerstag, war mir klar, sie kommt nicht. Das habe ich im letzten Satz in einem Brief geschrieben. Dann war mein Bedürfnis zu schreiben vorbei. Die Spannung war weg.«

THOMAS, 36
BEZ. DAUER: 4 JAHRE
»In meinen Gedichten habe ich meine Haltung und meine Einstellung zu dieser Frau ausgedrückt. Es gibt ein Gedicht ›Ich träume‹. Da träumt ein Mann, dass die Geliebte zu ihm kommt und ihm gesteht, dass sie einen anderen kennen gelernt hat. Sie sagt, dass sie diesen Mann liebt, und er sagt, er versteht das. Ich habe auch gesagt, ich verstehe das, und habe immer darauf gehofft, dass eine Zeit kommt, in der sich die beiden nicht mehr verstehen und wir wieder zueinander finden. Darauf habe ich die ganze

Zeit gehofft. Meine Briefe waren das erste Zeugnis dafür, die Gedichte das zweite.«

Die einen schreiben sich ihr Leid von der Seele, andere bekommen in irgendeiner künstlerischen Tätigkeit einen kreativen Schub. Viele Frauen und Männer erzählten mir, dass ihnen in der dunklen Phase des Liebeskummers eine schöpferische Tätigkeit Kraft und Halt gab.

DORIS, 35
BEZ. DAUER: 7 JAHRE
»Nachdem ich zu der wirklich endgültigen Entscheidung gekommen bin, dass wir nicht mehr zusammenbleiben, habe ich im Anschluss daran eine Zeit lang bei einer Freundin gewohnt. Am nächsten Morgen bin ich aufgestanden und habe plötzlich und unvermittelt angefangen zu malen. Es ist ein schönes Bild geworden, das heute noch bei mir hängt. Ich habe von dem Tag an ununterbrochen weitergemalt und die Freunde, die bei meiner Freundin ein und aus gegangen sind, haben gar nicht danach gefragt, wieso ich plötzlich male. Sie haben gemerkt, es geht mir dreckig, sie haben ungefähr gewusst warum und haben mich sehr lieb und verständnisvoll behandelt. Die haben ein ganz großes Herz bewiesen. Ganz phänomenal, ganz toll war das. Mir ist dadurch etwas gelungen, womit ich vorher nicht umgehen konnte: Ich habe mich nicht mehr im Zimmer versteckt mit meinem Kummer, sondern konnte zeigen, wie mir zumute ist. Vielleicht konnte ich das aber auch deshalb, weil ich das erste Mal für mich selber beschlossen habe, dass jetzt endgültig Schluss sein muss. Es war das erste Mal nach so vielen Jahren, dass ich dazu stehen konnte.«

CHRISTIAN, 41
BEZ. DAUER: 5 JAHRE
»Ich habe in der Zeit nach der Trennung viel Keramik gemacht, selbst Dinge geschaffen. Wenn man dann schöpferisch tätig ist, macht einen das sehr glücklich.«

DORIS, 35
BEZ. DAUER: 7 JAHRE
»Das Malen und auch das Musizieren, das ich damals begonnen habe, das sind Dinge, die ich nicht tue, wenn es
mir gut geht. Nur wenn es mir elend geht, male ich immer
wieder ganz tolle Bilder.«

HARALD, 36
BEZ. DAUER: 5 JAHRE
»Ich habe damals sehr engagiert und sehr kreativ fotogra-
fiert und es immerhin bis zu einer Fotoausstellung gebracht.«

Die wenige Literatur, die zu dem Thema »Übergangsphänomen« existiert, zeigt, dass es an Bedeutung verliert,
wenn es keinen emotionalen Nachschub mehr gibt. Anders gesagt: Ein Übergangsphänomen oder -objekt bleibt
nicht ewig von zentraler Bedeutung. Im Gegenteil. Wenn
es seine Funktion erfüllt hat, kann es – vorübergehend –
wieder bedeutungslos werden.

Sex als Trost

Dass man sich mit Sex trösten kann, ist eine Binsenweisheit. Auch dieser Trost gehört zum Phänomen der Über-
gangsobjektbildung. Für dreimal so viele Männer als
Frauen (60:20) wird ein/e andere/r Partner/in zum Übergangsobjekt. Wie das geschieht, können Sie sich inzwischen schon ausmalen. Der Verlassene regrediert in jenes frühe Stadium seiner Kindheit, in der er von der Mutter ein Höchstmaß an Befriedigung im Sinne von Geborgenheit und Zuwendung erfahren hatte. Diese Wiederauflage der oralen Phase ist also die eigentliche Ursache
dafür, wenn sich ein Mann ziemlich schnell mit einer
neuen Frau tröstet – er idealisiert die rasch gewählte Sex-
partnerin.

Ich bin überzeugt davon, dass Sex für viele Männer eine legitime Möglichkeit ist, Bedürfnisse nach Hautkontakt, Berührungsbehaglichkeit und Nähe zumindest symbolisch zu stillen. Um von einer Frau die Geborgenheit und Zuwendung zu bekommen, die von der »gewährenden Mutter« erwartet wird, bietet der Mann ein bewährtes, typisch männliches Verhaltensmuster: Sex. Trotz ihres Kummers gelingt es vielen Männern, eine hoch aktive, sexuelle Beziehung herzustellen: Im Laufe einer langen patriachalen Tradition verinnerlichten die Männer die Spaltung von zärtlichen und sexuellen Gefühlen. Das ist die simple Erklärung, warum wesentlich mehr Männer als Frauen Sex dazu benützen, Trennungsschmerz zu bewältigen. Männer mit Liebeskummer können meist nur wenig geben. Sie regredieren zu einem strampelnden Riesenbaby, das sich nach mütterlicher Fürsorge und Bemutterung sehnt. Viele Männer wollen, dass sich ihre Mutter-Geliebte zärtlich mit ihrem »kleinen Mann« beschäftigt, sie wollen erotisch versorgt werden, ohne ihrerseits etwas geben zu können oder zu wollen.

LORENZ, 33
BEZ. DAUER: 5 JAHRE
»Im Zuge dieses Rachefeldzuges ist sie mir begegnet. Hier gab es das erste Mal in meinem Leben ein sexuelles Aha-Erlebnis. Die Faszination, dass ich in der Lage bin, eine Frau sexuell zu faszinieren. Das hat mir eine ganz neue Erfahrung gebracht: Du kannst jemanden sexuell so beeindrucken, dass er in einer gewissen Abhängigkeit zu dir steht! Das ist eine Praktik, die ich bis zur Perfektion ausgefeilt habe. Nicht meine sexuelle Technik, sondern die Frau herauszufinden, bei der ich damit landen kann. Das heißt, ich wittere förmlich jede. Ein Täter sucht sein Opfer. Ich würde den Teufel tun, um zu irgendeiner zu kommen, von der ich glaube, dass sie nicht reagieren würde. Wenn man sein Opfer gesehen hat und das bekannte Spiel loslässt, dann ist es ja so, dass man bereits

überzeugend ist durch die eigenen positiven Erfahrun-
gen, die man gehabt oder gemacht hat. Das habe ich da-
mals das erste Mal kennen gelernt. Und das war letztend-
lich meine Lösung aus dieser Depression. Das war auch
der Grund, warum ich mit ihr zusammengezogen bin.
Nicht weil ich sie geliebt habe, sondern weil ich nicht
wollte, dass sie mir abhanden kommt.«

Die genitale Aktivität stabilisiert die zusammengebroche-
ne Ich-Struktur und die Geschlechtsidentität. Doch abgesehen davon, dass das Begehren einer Frau das ange-
schlagene männliche Selbstwertgefühl stärkt, kehrt ein
Mann beim Geschlechtsverkehr symbolisch in den Mut-
terschoß zurück. Wer dahin zurückkehrt, woher er gekommen ist, kommt mit einem Bereich in Kontakt, in
dem Leben und Tod ebenso nebeneinander existieren
wie beim Erleben von Liebeskummer.
Dass nahezu alle diese Beziehungen auf Kosten der je-
weiligen Frauen gehen, ist klar. Sie ist Mutter, Geliebte,
Freundin und Therapeutin in einem. Vor allem aber ist sie
eine Halt gebende, tröstende Mutter. In dieser Geber-Rol-
le kommen natürlich ihre eigenen Bedürfnisse zu kurz.
Mehr noch: Viele Frauen empfinden die Potenz des Partners als seelenlos. Sie fühlen sich – nicht zu Unrecht –
missbraucht.

RICHARD, 39
BEZ. DAUER: 2 JAHRE
»Ich habe nur an die Tina gedacht, ich war impotent.
Und wenn diese Frau nicht so wahnsinnig verständnis-
voll gewesen wäre und sich so um mich bemüht hätte,
dann hätte ich es kein zweites Mal versucht, so eine Nie-
derlage war es. Eine der schlimmsten und peinlichsten
Niederlagen in meinem Leben. Aber die Frau war so sou-
verän und hat mir mein Selbstbewusstsein als Mann wie-
dergegeben. Es ist dann aber trotzdem sehr bald aus ge-
wesen mit ihr. Nicht von mir aus, sondern von ihr aus.

Weil sie gesagt hat, sie kann nicht mit mir, ich kann zu wenig geben.«

WOLFGANG, 33
BEZ. DAUER: 6 JAHRE
»*Mein Liebesbedürfnis ist vorweg gleich einmal in ein sexuelles Beziehungsbild umgewandelt worden. Das ist bis heute so geblieben bei mir, immer wieder. Für mich ist Sexualität das Einzige, wo ich mit jemandem kommunizieren kann, ohne dass gelogen wird.*«

KURT, 34
BEZ. DAUER: 3 JAHRE
»*Dann habe ich mich einige Monate lang für die, die mich verlassen hat, an allen anderen Frauen gerächt. Das war aber nur möglich in betrunkenem Zustand. Das ging monatelang. Ich habe versucht, mit so viel Frauen wie möglich zu schlafen. Ich habe von ihnen erwartet, dass sie mir ihre Liebe zeigen, und bin dann ganz schnell verschwunden. Noch bevor sie die Möglichkeit gehabt haben, mich stehen zu lassen. Das Frühstück nicht abwartend, denn dann hätte man darüber reden müssen und dann hätte ich womöglich zugeben müssen, dass die eine oder andere Beziehung mir doch angenehm gewesen wäre.*«

BRUNO, 53
BEZ. DAUER: 7 JAHRE
»*Dann ging es nahtlos in die nächste Beziehung hinein. Die ich vorsichtshalber – vielleicht – ich weiß es nicht, wenige Wochen vorher aufgebaut habe. Aber dann, wieder in das Loch fallend. Wieder eine neue Beziehung, diesmal schon meine Überlegenheit fühlend der armen Frau gegenüber, sexuell zuzuschlagen. Nach ihren eigenen Erzählungen war sie eine Frau, die noch nie einen Höhepunkt erlebt hat und auf einmal, nachdem sie mich kennen lernt, nach zwei Monaten ihren Höhepunkt auf*

Befehl erlebt. Nein, nicht auf Befehl, sondern auf mein Gefühl, weil ich es wollte. Eine Berührung, egal wo, hat gereicht. Eine Frau, die unheimlich darauf bedacht ist, nach außen hin nur ja nicht aufzufallen, die mit 100 Schutzschildern herumrennt. Dieser Frau kann ich mitten auf einer Gesellschaft, unter dem Tisch, auf den Schenkel greifen und sie ansehen, und sie erlebt ihren Höhepunkt so, dass sie Mühe hat, dass es nicht alle mitbekommen. Für mich natürlich das gefundene Fressen.«

NIKO, 24
BEZ. DAUER: 1 JAHR
»Ich bin auf die Jagd gegangen. Nicht auf Frauen, nach meinen Gefühlen, um sie irgendwo zu erwischen. Meine Gefühlsbedürfnisse zu befriedigen, von wem auch immer. Es hatte nichts mit Aussehen zu tun oder mit irgendeiner Zielgruppe von Frauen. Egal wer da kommt – wer es schafft, meine Gefühle zu befriedigen, ist im Moment Weltmeister.«

WOLFGANG, 41
BEZ. DAUER: 1 JAHR
»Normalerweise schmeiße ich mich bei einer Trennungsphase ins Leben hinein. Ich bin immer sehr schnell mit irgendjemandem im Bett gewesen, um zu vergessen.«

DANIEL, 34
BEZ. DAUER: 1 JAHR
»Das Erste, was ich gemacht habe – ich habe die neue Bekanntschaft in London angerufen und mit ihr vereinbart, dass ich kommen werde. Das hat mir gut getan, dieses Ziel zu haben, aber ich war trotzdem sehr depressiv.«

CHRISTIAN, 29
BEZ. DAUER: 2 JAHRE
»Wenn ich jetzt Kontakt zu Frauen suche, dann nur zu solchen, wo ich von vornherein weiß, dass sich daraus

nichts ergeben kann. Ich habe inzwischen zwei Frauen kennen gelernt, die beide einen festen Freund haben. Mit einer bin ich auch ins Bett gegangen, aber dass die sich in mich verliebt, ist nicht möglich. Dass ich mich in sie verliebe aber auch nicht, weil ich innerlich noch immer bei meiner letzten Freundin bin und meine ganzen Hoffnungen auf sie setze. Ich habe mit dieser Frau sogar über meine unglückliche Liebesgeschichte gesprochen und sie hat mich unheimlich gut verstanden. Ich glaube, dass Männer weniger Sinn für den Liebeskummer eines Mannes haben.«

Obwohl Frauen Sex und Liebe nicht so sehr trennen wie Männer, ist es doch immerhin jede fünfte, die sich zum Trost einen Mann sucht. Manche Frauen neigen dazu, Sex anzubieten, um mehr Emotionalität zu bekommen. Sie haben nicht deshalb Sex, weil sie einen Mann begehren, sondern weil sie »innerlich frieren«. Andererseits geht es auch bei den Frauen darum, mit Hilfe von Sex die labile weibliche Identität zu stärken.

INES, 32
BEZ. DAUER: 6 JAHRE
»Ich habe gewusst, ich werde von ihm begehrt. Weil ich mich nicht viel wert gefunden habe damals, habe ich mich durch sein Begehren erhöht gefühlt. Die Tatsache, dass er sexuell auf mich gestanden ist, hat mich in meinem Gefühl aufgewertet.«

RITA, 31
BEZ. DAUER: 3 JAHRE
»Mir war wichtig, von anderen Männern zu hören, zu sehen und zu spüren, dass ich toll bin und dass ich okay bin, so wie ich bin. Das habe ich mir geholt. Ich hatte in dem einen Jahr keine festen Beziehungen, nur lose.«

LISA, 32
BEZ. DAUER: 9 MONATE
»Ich habe gedacht, ich bin als Frau nichts mehr wert, keiner kann mich mögen, jeder Mann findet mich furchtbar. Das habe ich noch lange mit mir herumgeschleppt. Ich habe das dann kompensieren müssen, indem ich mich bei vielen Männern ausprobiert habe: Kann ich noch Männer verführen? Wie leicht geht es? Oft nur für eine Nacht. Nachdem ich das lang genug ausprobiert habe, habe ich dann das Gefühl gehabt, es liegt nicht an mir als Frau. Ich habe gesehen, dass es seine Schwäche war oder seine Angst vor der Situation.«

TANJA, 23
BEZ. DAUER: 8 MONATE
»Mich mit einem anderen Mann trösten, das konnte ich nie. Ich bin ja verliebt. Wenn ich wirklich Liebeskummer habe, da will ich ja nur den einen, da kann kommen, wer will. Das geht jetzt seit ein paar Monaten, aber ich bin kein Mensch für Anschlussbeziehungen. Habe ich noch nie gehabt, dass ich nach einer festen Beziehung sofort in die nächste gerutscht wäre. Da waren immer ein paar Monate dazwischen.«

Natürlich kann eine schnelle Sexbeziehung dazu gut sein, das gebrochene Herz behelfsmäßig zu kitten. Gleichzeitig aber ist damit auch die Gefahr verbunden, dass der Abschied von einem Partner nicht wirklich verarbeitet wird. In diesem Fall werden die zerbrochenen inneren Bilder des verlorenen Menschen nicht wieder neu errichtet. Schlimmstenfalls kann in Zukunft auch von einem anderen Partner kein inneres Bild mehr errichtet werden. Aber diese Verinnerlichung wäre notwendig, um dem neuen Partner mit Gefühlen des Vertrauens, der Nähe, kurz, der Liebe, begegnen zu können. Wenn sich in der »inneren Welt« die eigenen Anteile nicht mit denen eines anderen vereinigen können, bleibt der Betreffende beziehungs- und kontaktlos. Er erlebt sich selbst als einsam und wird vom anderen als seltsam »fern« und bindungsunfähig empfunden. Verwunderlich ist das nicht, schließlich hat derjenige ein Stück eigenes und fremdes Leben verloren.

PAUL, 40
BEZ. DAUER: 10 JAHRE
»Diese Trennung damals ist ja übergegangen in eine neue Beziehung. Dadurch war die neue Beziehung nicht ein Hinweghelfen, sondern ein Wegschieben von dem, was wirklich mit mir los war.«

WERNER, 40
BEZ. DAUER: 15 JAHRE
»Ich weiß, dass es nicht gerade das Gescheiteste ist, von einer gescheiterten Beziehung in die andere zu steigen. Aber es hatte irgendetwas Erleichterndes, dem ich nicht widerstehen konnte. Die Beziehung begann schneller, als die Trauerzeit vorüber war. Ich habe mit dieser Frau damals mein ganzes Leid und meinen ganzen traurigen Zustand diskutiert. Tag und Nacht. Sie hat mir unheimlich viel Trost gegeben und ich habe gespürt, dass sie ein echtes Verständnis für mich und meine Situation aufgebracht hat. Das war der Grund, warum ich gar nicht in der Lage war, sie aufzugeben. Außerdem gebe ich zu, dass es mir sehr wohl getan hat, zu wissen, da ist eine Frau, die mich begehrt und haben will.«

Übergangsbeziehungen können, aber müssen nicht Sex beinhalten. In dieser Phase werden Freundschaften oft so intensiviert, dass sie den Rang einer Übergangsbeziehung einnehmen. Sie sind die Brücke zwischen der Vergangenheit und der Zukunft. Man steckt Tag und Nacht mit der besten Freundin oder dem besten Freund zusammen, sie oder er ist unentbehrlich. Er ist nicht nur der Ansprechpartner für das eigene Leid, sondern auch ein Spiegel.

Jetzt, da das Selbstkonzept verloren gegangen ist, ist es fast lebensnotwendig, dass der Freund einen definiert. Vorübergehend lebt man durch die Definition des anderen: So bin ich also.

IRINA, 26
BEZ. DAUER: 2 JAHRE
»Meine Freundinnen tun nichts mit einer Handbewegung ab. So – na ja, das passiert jedem einmal. Im Gegenteil, meine Freundinnen hören sich mit einer Engelsgeduld alles an und sie denken nach. Über ihn und über mich, so als wäre es ihre Sache. Manchmal reden wir auch scherzhaft. Wir haben ihm dann Spitznamen gegeben und haben Abkürzungen verwendet, wenn wir von ihm in Gesellschaft geredet haben. Aber alles nur scherzhaft. Wenn es notwendig ist, sind sie sehr für mich da.«

Auch wenn die Aussagen des besten Freundes psychologisch nicht immer richtig sind, ist dieses Psychologisieren für den Moment ein Kitt, der die einzelnen Teile des zerbrochenen Ichs zumindest behelfsmäßig zusammenfügt. Außerdem lindern diese intimen Gespräche das Gefühl des Alleinseins. Es gibt ja doch ein »Wir«, wenn auch ein anderes.

TANJA, 23
BEZ. DAUER: 8 MONATE
»Da war dann so eine Phase, wo mich meine beste Freundin herausgeholt hat, weil ich sonst der Schokolade verfallen wäre. Sie hat gesagt: ›Den vergessen wir jetzt gemeinsam.‹ Das war wichtig für mich, dass ich eine Freundin hatte, der ich alles erzählen konnte.«

PAULA, 32
BEZ. DAUER: 4 JAHRE
»Nachdem ich nicht mit ihm reden konnte, brauchte ich irgendjemand, mit dem ich wenigstens über ihn

reden konnte. Meine beste Freundin war dazu bereit.
Sie hat mir Stunden und Stunden zugehört und geant-
wortet.«

Hunger nach Liebe

Wie in einer emotionalen Achterbahn bewegt man sich
im Trauerprozess von der Phase der Lähmung, über die
Phase des Verhandelns und Hoffens bis zur Regression:
Der Schmerz über den Liebesentzug ist so groß, dass man
einen emotionalen Salto rückwärts macht.

Wenn ein Erwachsener sich zur oralen Entwicklungsstufe
zurückkatapultiert, flammt nicht nur der erste Trennungsschmerz wieder auf. Man kehrt auch in eine Phase zurück, in der es gleichzeitig auch eine maximale Bindung
an einen geliebten Menschen gab. Kein Wunder, dass
nun Nahrungs- und Beziehungshunger wieder eins werden. Damals als Baby an der Brust der Mutter erlebte man
die lebensnotwendige Sicherheit. Damals wurde gleichzeitig mit der Nahrungsaufnahme auch das unersättliche
Bedürfnis nach Nähe gestillt.

Es ist kein Zufall, dass sich Gourmets und Liebende ihren
Wortschatz teilen: Die Lust aufs Essen und der Wunsch
nach körperlicher Nähe haben denselben Ursprung – die
Mutterbrust. Für ein Baby, das, an die weiche Brust der
Mutter gekuschelt, mit schmatzenden, saugenden Lippen
Milch und Wärme aufnimmt, sind Essen und Liebe noch
identisch. Die Lust, die mit dem Gefühl der Sättigung verbunden ist, breitet sich genauso im ganzen Körper des
Säuglings aus wie das durch die Wärme und Nähe der
Mutter vermittelte Wohlbehagen. Vor allem betroffen von
diesen Empfindungen sind natürlich jene Körperzonen,
die diese Befriedigung primär erfahren: Lippen und Gau-
men.

Die Fähigkeit, Lust zu empfinden, tritt also zuerst in Verbindung mit der Befriedigung unseres wichtigsten Le-

bensbedürfnisses auf, das heißt bei der Nahrungsaufnahme. Die erste »lustvoll besetzte Zone« unseres Körpers ist und bleibt der Mund. Auch dafür ist unsere Sprache der beste Beweis: Wir haben jemanden »zum Fressen gern«, eine bestimmte Frau sieht »zum Anbeißen aus« oder wir sind »ausgehungert nach Zärtlichkeit«.

Die Erfahrung, dass mit dem Mund nicht nur der Hunger nach Nahrung, sondern auch nach Nähe, Wärme und Geborgenheit und Akzeptanz gestillt werden kann, bleibt in unseren Körperzellen ein Leben lang lebendig. Wenn es scheint, als würde es gar nicht mehr weitergehen, wird die orale Bedürfnisbefriedigung wieder aktiviert. In diesem Zustand trösten sich die einen mit Süßem, andere suchen ihr Seelenheil beim Alkohol oder sie »verbeißen« sich in die Arbeit.

Wenn Sie in der Phase Ihres größten Schmerzes von Torten oder Käsebroten nicht genug bekommen, haben Sie ein Übergangsobjekt gebildet, mit dem Sie versuchen, symbolisch Ihren Hunger nach Ihrem Liebespartner zu stillen. Auch die Leere, die der verlorene Mensch im Ich hinterlässt, soll mit Nahrung symbolisch gestopft werden. Letztendlich dienen Fressorgien dazu, das emotionale Gleichgewicht im Sinne von innerer Sicherheit, Wohlbehagen und Selbstwert zumindest notdürftig wieder herzustellen.

Frauen trösten sich übrigens nicht mehr als Männer mit Essen oder Süßem – etwa die Hälfte der Männer und die Hälfte der Frauen tun es. Diejenigen, die vermehrt essen oder naschen, rauchen meist auch vermehrt.

TANJA, 23
BEZ. DAUER: 8 MONATE
»Ich esse Schokolade, bis mir ganz schlecht wird. Ich esse trotzdem noch weiter. Wirklich destruktiv. Da lasse ich mich total gehen, ich weiß nicht, warum. Denn ich bin dann todunglücklich, wenn ich fett werde und unmöglich ausschaue. Aber ich mache es trotzdem.«

ROSA, 26
BEZ. DAUER: 4 MONATE

»Es war Sommer und es waren viele von meinen engen Freunden weg. Ich habe irrsinnig zugenommen. Fress-Suchtanfälle, ziemlich massiv und stark. Und Alkohol und Zigaretten.«

MICHAELA, 32
BEZ. DAUER: 9 MONATE

»In der Zeit habe ich mich mit viel Essen getröstet. Ich habe mehr getrunken und geraucht und furchtbar viel genascht. Arbeiten konnte ich kaum. In den ganz schlechten Phasen ist das Essen für mich zu einer Sucht geworden. Ganz typisch das, was man als Ess-Sucht bezeichnet, wo man wahllos in sich hineinstopft, bis einem schlecht ist, und dann wieder drei Tage nichts isst. Das ist wirklich furchtbar. Jetzt kenne ich das nicht mehr.«

Dass sich auch die Männer mit Essen trösten, wurde mir bei den Gesprächen nicht klar. Erst die Antworten des Fragebogens zeigten mir das konkrete Ausmaß der Bedeutung eines Übergangsobjektes in Form von Essen. Die diesbezügliche Verschwiegenheit der Männer erkläre ich mir damit, dass die »Essthematik« von Frauen unbefangener verbalisiert wird als von Männern, die den Ausfall der »Appetitsteuerung« als Schwäche empfinden.

FRANK, 39
BEZ. DAUER: 2 JAHRE

»Erst konnte ich nichts essen. Aber dann kam eine Zeit der Fresserei. Ich war einfach nicht satt zu kriegen.«

PETRA, 28
BEZ. DAUER: 4 JAHRE

»Ich bin daheim gesessen, habe mir irrsinnig Leid getan, habe Schokolade in mich hineingestopft und eine nach der anderen geraucht. Ich glaube, wenn es ganz arg war,

habe ich schon gesagt: ›Jetzt kommt der Schokoladeanfall.‹ Dann habe ich kiloweise Schokolade gegessen und
habe mich mit meinem dicken Bauch unattraktiv und
nicht mehr liebenswert gefühlt. Wie es dann nicht so
schlimm war, habe ich mir gesagt, es gibt auch noch andere, auch wenn du mir wehgetan hast. Dann habe ich
viel gearbeitet, bin ausgegangen und habe Freunde getroffen. Jetzt habe ich alle drei Stadien hinter mir: Hyste-
rie, Schokoladeanfall und viel Arbeit.«

Dass Süßigkeiten eine besondere Bedeutung zukommt,
kann auf die Wichtigkeit alles Süßen, Weichen und Sämi-
gen in der oralen Phase zurückgeführt werden. Ernäh-
rungswissenschaftler bieten eine chemische Erklärung
an: Süßes wandelt die im Darm gebildeten Aminosäuren
in Tryptophan und Serotonin um, die angeblich eine nie-
dergeschlagene Stimmung heben.
Haben Sie schon einmal überlegt, dass das Essen mit
zwei gegensätzlichen Phänomenen verbunden ist? Man
kann etwas nicht essen, ohne es zu zerstören. Gleichzeitig aber ist die Aufnahme dessen, was man eben noch
zerstört hat, die radikalste Form der Verschmelzung.
Wenn ich davon ausgehe, dass das Nahrungsmittel ein
Übergangsobjekt ist und den verlorenen Liebespartner
symbolisiert, wird auch die widersprüchliche Haltung eines Verlassenen deutlich: Einerseits hasst er ihn dafür,
dass er weggegangen ist, andererseits will er mit dem verlorenen Partner verschmelzen.

Die Zigarette ist eine Intimitätsattrappe

Wenn sich der geliebte Mensch abwendet und damit eine
Quelle der Wärme, Geborgenheit und Befriedigung versiegt, fühlt sich ein Verlassener wie ein Junkie, dem der
Stoff ausgegangen ist. Die Sehn-sucht übermannt Frauen
ebenso wie Männer. Etwa 50 Prozent sind süchtig nach

ihrer Zigarette. Vom Alkohol erwarten sich mehr Männer als Frauen eine Linderung des Liebesschmerzes. Egal, ob Zigarette oder Schnaps – Suchtmittel fördern die Regression, weil die Ich-Grenzen gelockert werden und eine Wirklichkeitsleugnung erleichtert wird.

Dass vor allem das Rauchen bei Liebeskranken im Zustand der Regression so hoch im Kurs steht, ist nicht verwunderlich: Das Saugen ist die Wiege der menschlichen Beziehung und die erste Erfahrung eines Menschen in Verbindung mit Befriedigung.

RICHARD, 39

BEZ. DAUER: 2 JAHRE

»Ich habe rasend viel geraucht in dieser Zeit. Wenn es draußen geregnet hat und ich habe nur noch ein Päckchen zu Hause gehabt, bin ich auch im Regen weggegangen, um mir ein zweites zu holen. Wenn ich aufwache am nächsten Tag, darf es nur ja nicht passieren, dass ich keine Zigarette im Haus habe.«

Der britische Verhaltensforscher Desmond Morris sieht in der Zigarette eine Intimitätsattrappe, mit der symbolisch Intimität hergestellt wird. Er vergleicht die Zigarette mit der mütterlichen Brustwarze und den inhalierten Rauch mit der tröstlichen Muttermilch. Mich erinnert der warme inhalierte Rauch an den beim Küssen ineinander fließenden warmen Atem der Liebe, in dem schon Plato das »Ineinanderfließen der Seelen« sah.

Seelentröster Alkohol

»Ich trink auf dein Wohl, Marie«, lallt Schlagersänger Frank Zander im Liebesschmerz. »Marie, auf das, was mal war.« Auch die wärmende, spannungslösende Wirkung des Alkohols erleichtert die Realitätsverleugnung – nicht ohne Grund sagt man »Er/sie schüttet sich zu«.

Außerdem beflügelt Alkohol Fantasien von Verschmelzung und Pseudoharmonie.

LORENZ, 33
BEZ. DAUER: 5 JAHRE
»Ich habe meine gesamten Gefühle in mich verbannt und in gewisse Bereiche, wo ich sie ausleben konnte. In späterer Folge im Alkoholismus. Dadurch kann ich verschiedene Bereiche schaffen, wo man geliebt wird, wo man selbst Liebe gibt und zeigt.«

FLORIAN, 34
BEZ. DAUER: 2 JAHRE
»Ich habe zu trinken angefangen. Ach was, ich habe gesoffen, habe aber Gott sei Dank schnell erkannt, dass das nicht der richtige Weg ist. Da kommt man aus dem Loch gar nicht mehr heraus. Schmerz, Saufen, Absturz, Schmerz. Das ist wie Enthäuten, Schicht für Schicht. Verarbeitet habe ich es dann eigentlich durch den Sport.«

LUKAS, 34
BEZ. DAUER: 4 JAHRE
»Das Betrinken und Rauchen – auch das habe ich gemacht. Ich bin sehr oft allein in gewisse Kneipen gegangen und habe vor mich hin getrunken und die Leute betrachtet und mich selbstverliebt in meinen Kummer ergeben. Ich war viel allein und hatte viel Zeit, über gewisse Sachen nachzudenken, ohne dauernd auf jemand anderen reagieren zu müssen. Ich habe nur auf mich selber reagiert.«

PAUL, 28
BEZ. DAUER: 3 JAHRE
»Ich wusste früher nie, warum ich trinke. Mittlerweile weiß ich es. Es hat immer tagsüber begonnen, eine gewisse Stimmung, nämlich das Gefühl einzuholen. Ein Ge-

fühlshunger. Je nach meiner Situation, in der ich mich gefühlsmäßig gerade befunden habe, bin ich in das Lokal gegangen, das dazu gepasst hat, mit der gesamten Geschichte. Dort habe ich dann gelebt. Mit unendlichen Alkoholmengen. Wobei es für mich nur wichtig war, die Realität hinter mir zu lassen, alles zu vergessen, denn das war ja der Sinn des Trinkens.«

JONAS, 48
BEZ. DAUER: 1 JAHR
»Meine Sekretärin war schon nervös, weil ich habe eine Woche durchgetrunken, und sie hat geglaubt, jetzt geht alles in die Binsen.«

TANJA, 23
BEZ. DAUER: 8 MONATE
»Ich habe viel Alkohol getrunken, obwohl ich sonst nichts trinke. Dann bin ich wieder daheim gesessen, habe mir sehr Leid getan und habe Schokolade gegessen. Später habe ich den ganzen Tag bis in die Nacht gearbeitet.«

Welches Suchtmittel wie gebraucht wird – Nikotin und Alkohol können sowohl Beruhigung, als auch Erregung erzeugen –, hängt von der Persönlichkeitsstruktur, den persönlichen Bedürfnissen und natürlich von der Steuerung des Suchtmittels ab.
Die Reaktionsmechanismen, die Tier und Mensch in Konfliktsituationen zur Verfügung stehen, haben drei Entsprechungen in stoffgebundenen Suchtformen:

• Der Reaktionsform »Kampf/Angriff« entsprechen aufputschende Mittel,
• der Reaktionsform »Flucht/Rückzug« dämpfende Mittel,
• der Reaktionsform »Erstarren/innere Emigration« halluzinogene Mittel.

Wie die Zigarette kann auch der Alkohol nicht nur eine Droge sein, die das Zentralnervensystem stimuliert, sondern auch ein Symbol des verlorenen Liebespartners, ein Übergangsobjekt. Es beruhigt oder regt an. Sobald sich die Seele wieder stabilisiert, wird – im »Normalfall« – auch der Gebrauch des Suchtmittels wieder reduziert. Zumindest eine Zeit lang war die Zigarette oder der Wein ein Übergangsobjekt, das man stellvertretend für den verlorenen Menschen gebraucht hat und das eine vorübergehende Befriedigung erlaubte.

Mit der Arbeit verheiratet

Der Rückschritt auf die orale Stufe, in der Nahrungs- und Beziehungshunger noch eins waren, ist nicht nur mit vermehrtem Essen, Rauchen oder Trinken verbunden. Auch exzessives Arbeiten, eine regelrechte Arbeitssucht, beweist die Regression in die orale Phase, und zwar in deren zweite Hälfte. In diesem Entwicklungsabschnitt wird ein Kind nicht nur zunehmend mobil, in seinem Verhalten zeigt sich auch die Tendenz zum »Haben-Wollen«. Typisch dafür ist das aggressive Anfassen, Zurückholen und Packen der mütterlichen Brust, die sich vielleicht vor den Zähnchen des Babys rettet. In der zweiten Phase der oralen Entwicklungsstufe entwickelt sich gleichzeitig mit den Zähnen das Bedürfnis, »sich durchzubeißen«.
»Biss« zeigen auch diejenigen, die sich suchthaft in die Arbeit verbeißen, sich buchstäblich »durchbeißen wollen«. Sie bürden sich so viel Arbeit auf, dass sie von dieser geradezu »verschlungen« werden. Das Bemühen, durch vermehrte Arbeit den verlorenen Liebespartner doch wiederzugewinnen, entspricht dem Bemühen des Babys, durch verstärktes Zubeißen die Mutterbrust doch noch zu halten. Die Arbeit ist ein eindeutiges Übergangsobjekt, das den Liebespartner symbolisiert.

Aber ein Mensch kann weder durch Nikotin noch durch Alkohol und auch nicht durch vermehrte Arbeit wieder zurückgewonnen werden. Dennoch hat Arbeitssucht ihre Vorteile: Die soziale Anerkennung des massiven Arbeitseinsatzes und die euphorisierende Wirkung der Befriedigung, etwas geschafft zu haben, symbolisieren den Liebe-Anerkennungs-Aufwertungsaspekt des verlorenen Partners. Mit der Zeit stabilisiert sich dieser »verschlingende« Weltbezug – die Arbeitsintensität normalisiert sich wieder und das Übergangsobjekt »Arbeit« kann Schritt für Schritt aufgegeben werden.

OTHMAR, 53
BEZ. DAUER: 23 JAHRE
»Gott sei Dank habe ich meine Arbeit gehabt. Jeden Morgen ins Krankenhaus, viele Nachtdienste, die Ordination, meine Arbeit als Gerichtssachverständiger, die Vorlesungen und dann und wann musste ich ja auch einmal schlafen. Ich habe immer viel gearbeitet, aber damals habe ich mich von der Arbeit richtig auffressen lassen. Ohne Arbeit wäre ich wahrscheinlich durchgedreht.«

MICHAEL, 30
BEZ. DAUER: 2 1/2 JAHRE
»Nach dem ersten Schock geht's dann wieder. Langfristig hat das aber eine Flucht in die Arbeit bedeutet. Das allerletzte und definitive Ende war vor einem Jahr. Das war der Punkt, wo ich mit meinem Studium fertig war. Da habe ich die Sache noch nicht ganz überblickt und habe viel Arbeit angenommen. Ich habe mich mit der überdimensionalen Arbeit selber ohnmächtig gemacht. Ich habe mehrere Monate hindurch 18 Stunden am Tag gearbeitet.«

CHRISTIAN, 36
BEZ. DAUER: 4 JAHRE
»Aber ansonsten habe ich meinen Schmerz nicht an die große Glocke gehängt. Ich habe auch nicht in erster Linie

Unterstützung gesucht, sondern mich auf meinen Beruf geschmissen. Voll.«

RUDOLF, 29
BEZ. DAUER: 4 JAHRE
»Das Eigenartige ist, dass ich damals sehr aktiv und kreativ geworden bin. Ich habe irrsinnig viel gemacht. Beruflich hat mir das ganz bestimmt einen positiven Schub ermöglicht. Ich habe den nicht bewusst angestrebt. Der hat sich ergeben, weil ich so hoch aktiv war. Vielleicht war das so ein gewisser Betäubungseffekt, aber in dem Moment war es okay und es hat mir geholfen.«

Anerkennung von außen – zum Beispiel durch Lob des Chefs, Studienfortschritte oder Bewunderung von Kollegen und Freunden – ist wichtig für das angeknackste Selbstwertgefühl. Für viele Frauen und Männer ist diese Phase ein entscheidender Schub in der Berufslaufbahn oder beim Studium. Nicht wenige verdanken es ihrem Liebeskummer, dass sie Karriere oder eine Ausbildung gemacht und ein Studium beendet haben.

JOCHEN, 25
BEZ. DAUER: 3 JAHRE
»Für mich hat im Moment meine Ausbildung Priorität. Das Krankenpflegerdiplom, das ich jetzt in einem Monat bekomme. Dann die Aufnahmeprüfung für die Physikalische Medizin. Das sind meine nahen Ziele.«

KARIN, 23
BEZ. DAUER: 3 JAHRE
»Ich will nicht die ganze Zeit an ihn denken oder wie er gerade mit seiner Freundin ist, wie auch immer. Mein einziger Ansatz ist meine Zukunft. Da muss ich dranbleiben. Wenn ich das aus den Händen gebe, dann ist überhaupt nichts mehr da, wo ich mich anhalten kann. Insofern denke ich an meine Zukunft und schau, dass mein

Studium schnell fertig wird, oder zumindest mache ich mehr damit. Ich bin aktiv, da läuft was weiter. Ich habe eine Zukunftsperspektive, nicht die totale Resignation.«

LINDA, 29
BEZ. DAUER: 4 JAHRE
»Andererseits habe ich doch mehr gemacht als zu der Zeit, wie ich noch mit ihm zusammengewohnt habe. Damals habe ich die Wohnung aufgeräumt und gebügelt oder ich habe für uns gekocht. Das habe ich immer als Ausrede dazu benützt, mich um meine Diplomarbeit herumzudrücken. Jetzt habe ich diese Ausrede nicht mehr gehabt und habe mich mit allen Energien auf die Arbeit konzentriert.«

SONJA, 33
BEZ. DAUER: 3 JAHRE
»Ich habe dann unvermittelt zum Studieren angefangen, habe sechs Semester an der WU studiert. Das Studium war sozusagen mein Rettungsanker, denn es hat mir sehr geholfen, wegzukommen von zu Hause. Ich war nicht dazu verurteilt, die ganze Zeit zu Hause zu sitzen und zu grübeln. Ich war sehr viel auf der Uni und das war wie ein Segen, eine Überlebensdroge. Ich habe Handelswissenschaft studiert, diese Idee ist auf seinem Mist gewachsen. Ich möchte nicht sagen, dass er mich dazu angeregt hat, aber es ist in mir der Wunsch entstanden, irgendwas zu tun, was er wollte.«

FRANK, 39
BEZ. DAUER: 2 JAHRE
»Wichtig war, dass ich den Hochseesegelschein gemacht habe, nachher. Ich habe mich hineingestürzt in Segeltörns und Segelschule und Navigation. Ich habe schon vorher Segeltörns gemacht, aber nicht als Skipper. Das war etwas, was ich immer machen wollte und dann nicht die Zeit gehabt habe, es zu machen.«

95

Tanja, 23
Bez. Dauer: 8 Monate
»Ich glaube, dass ich in den letzten Monaten einen Ent-
wicklungsschub gemacht habe. Ich habe bei mir beobachtet, dass diese Entwicklung stufenweise gekommen
ist. Dass ich eine Zeit lang dieselbe bin, und dann passiert es innerhalb von wenigen Wochen, dass ich ganz
anders werde. Das ist vielleicht nach außen hin nicht so
offensichtlich, aber ich weiß es.«

Wolfgang, 41
Bez. Dauer: 1 Jahr
»Ich bin allerdings nachdenklicher geworden. Ich betrachte mich selbst. Meine Mentalität, wo ich verletzlich
bin im Umgang mit Menschen. Ich stelle mich vor den
Spiegel und schaue mich richtig an. Deswegen betrachte
ich diese ganze Geschichte nicht nur negativ, sondern
auch positiv. Sie ist eine Konfrontation mit mir. Ich war
ein sehr unverbindlicher Mensch. Ich wollte mich nicht
binden, ich wollte mir eine gewisse Freiheit bewahren.
Mir ist klar geworden, dass, wenn man sich unverbindlich deklariert, auch der andere so reagiert.«

Fabian, 27
Bez. Dauer: 3 Jahre
»Mir hat damals die Arbeit sehr geholfen, über diese Nie-
derlage hinwegzukommen. Nach der ersten Hilflosigkeit
und maßlosen Enttäuschung war ich wie betäubt. Ich habe angefangen, mich um eine eigene Wohnung umzuse-
hen, denn ich habe damals noch bei meinen Eltern gelebt. Ein eigenes Zuhause und Erfolg bei der Arbeit, das
waren die Ziele, die ich mir gesteckt und die ich im Auge
behalten habe. Plötzlich waren wieder meine berufli-
chen Ziele wichtig, an die ich während dieser drei Jahre
gar nicht gedacht und schon gar nicht daran gearbeitet
habe.«

Bücher sind Freunde

Ein Werbespruch sagt »Bücher sind Freunde«. Diese Aussage gilt auch für den Trauerprozess bei Liebeskummer. In etwa gleich viele Frauen wie Männer – circa 75 Prozent – wandten sich nach der Trennung Tätigkeiten oder Interessen zu, die ihnen als Übergangsobjekte über die Trennung hinweghalfen. Bücher erwiesen sich tatsächlich als echte Freunde. Das Bücherlesen führt den oralen Aspekt deutlich vor Augen. Man »verschlingt« sozusagen den Lesestoff.

HENRIETTE, 42
BEZ. DAUER: 4 JAHRE

»Ich hab viel gelesen, da war ich schon im grünen Bereich. Ich habe unheimlich viel gelesen über all diese Sachen, ich habe das verschlungen. Ich habe mich mit nichts anderem beschäftigt als nur gelesen. Tag und Nacht gelesen, nur gelesen. Kaum war das eine Buch zu Ende gelesen, schon das nächste. Alles psychologische Literatur und Liebesanalysen, Erich Fromm, ein paar Amerikaner. In Englisch habe ich auch gelesen. Und je wissenschaftlicher das war, umso lieber war mir das. Da konnte ich alles wissenschaftlich aufgliedern und mich einordnen in einen Typ. Ich habe auch Liebesromane gelesen, überhaupt alles, was sich mit diesem Thema beschäftigt. Ich habe das ja noch nie wirklich geistig analysiert, weil ich ein Mensch bin, für den es entweder gestimmt hat oder nicht. Was für psychologische Hintergründe da sind, das war mir wurscht. Immer. Da habe ich mir nie besonders Gedanken gemacht. Ich habe höchstens in Zeitungen gelesen, was man halt so drüber liest, aber es wäre mir nie eingefallen, ein diesbezügliches Buch zu kaufen oder anzurühren.
Es war mir aber leichter, wenn ich eine wissenschaftliche Erklärung für mich oder uns oder ihn gefunden habe.«

NIKO, 24
BEZ. DAUER: 1 JAHR
»Ich habe in diesen Tagen ein Buch in die Hände bekommen. Es hieß ›Wittgensteins Neffe‹ von Thomas Bernhard. Dieses Buch habe ich in einem Atemzug, in einer Nacht durchgelesen. Dabei habe ich dann angefangen zu heulen. Diese Geschichte hat mich so unerhört erschüttert, dass ich es nicht beschreiben kann. Das war der Wendepunkt. Von da an ging's bergauf. Ich habe zwar viel geweint, aber das war's, was ich bis dahin nicht konnte.«

RICHARD, 39
BEZ. DAUER: 2 JAHRE
»Sie sagte auch ›Bitte hör auf anzurufen, wenn du nicht willst, dass ich dich hasse‹. Da habe ich das erste Mal akzeptiert, es ist aussichtslos, ich gewinne sie nicht mehr zurück. Und ich habe gewusst, ich muss mir selber Hilfe schaffen. Ich habe angefangen zu lesen. Ich habe Dostojewskis ›Schuld und Sühne‹ gelesen. Bis drei oder vier Uhr früh. Ich habe von dem Tag an nur mehr gelesen. Ich habe nur alte Bücher, alte Literatur gelesen. Ich habe die Wirklichkeit und die Welt um mich herum ausgeschaltet, es war wie eine Droge. Ich bin aufgewacht und habe sofort nach einem Buch gegriffen und habe es nicht mehr aus der Hand gelegt.
Ich habe in der Badewanne gelesen und beim Kochen. Mit dem Lesen, obwohl es eine Art von Rückzug war, habe ich schon gespürt, dass es ein gesünderer Zustand war.«

Natürlich bleibt es nicht bei diesem exzessiven Stil des Lesens. Aber durchweg alle Frauen und Männer bestätigten mir, dass sie seither durch diese Leseerlebnisse eine andere Einstellung zu Büchern haben. Selbst wenn diese Einstellung schon vorher positiv war, ist sie jetzt noch besser.

Auf und davon – dem Schmerz davonrennen

Was dem einem das Schreiben und dem anderen das Lesen, ist für den Dritten eine körperliche Aktivität. Wie das Baby, das vor Wut strampelt, weil es nicht die Brust oder das Fläschchen bekam, trainieren manche Männer bis zum Umfallen.

Natürlich sind die Zeiten, in denen Männer körperlich stark sein mussten, längst vorbei. Der Mann im Jahr 2000 braucht Hirn, nicht Muskel. Er muss weder wilde Tiere jagen noch schwere Felsbrocken vor eine Höhle rollen. Trotz des Sinnverlustes seiner muskulären Kampfeswut und körperlichen Kraft scheint es, als ob in Krisensituationen oft wieder ein archaisches Verhaltensmuster lebendig wird: Das körperliche Funktionsideal, das dem Urmann das Überleben sicherte, wird aktiviert. Jetzt, in einem Zustand seelischer Verletztheit und in einer Phase, in der sein Mann-Sein infrage steht, ist er mehr denn je auf Beweise seiner Kraft, die sein Überleben sicherte, angewiesen. Es lebe der Sport!

HARALD, 36
BEZ. DAUER: 5 JAHRE
»Aber ich habe dann die Kraft, mich wieder selber aufzubauen, indem ich mir sage, ich kann besser als die anderen sein. Ob das nun beim Laufen oder in einem anderen Sport ist – besser als die anderen sein heißt für mich, den Schmerz, den man wegen einer unglücklichen Liebe hat, damit zu verkleinern.«

ULRICH, 31
BEZ. DAUER: 7 JAHRE
»Ich war richtig stigmatisiert. Aber dann ist bei mir der Sport dazugekommen. Ich glaube, das hat mich vor einem geistigen Verfall gerettet.«

KURT, 26

BEZ. DAUER: 4 JAHRE

»Ich habe dann versucht, über den Sport gegenzusteuern. Das Gefühl, dass ich jetzt gegensteuern muss, habe ich sehr deutlich gehabt. Dass ich jetzt ganz konkret was machen muss, weil ich gemerkt habe, wie ich mich zurückgezogen habe. Ich habe gemerkt, dass mir das nicht gut tut, weil ich nicht der Typ bin, der sich zurückzieht, sondern mich eigentlich unter Menschen recht wohl fühle. Und da habe ich gedacht, beim Sport ist mir das am ehesten möglich. Da kann ich mir Erlebnisse holen. Zwischen 17 und 19 Uhr habe ich intensiv Sport betrieben. Ich habe damals sportliche Leistungen erbracht, die ich nie wieder erbracht habe. Notgedrungen, sozusagen, aber doch.«

GÜNTHER, 52

BEZ. DAUER: 7 JAHRE

»Ich habe dann Leistungssport betrieben. Abgenommen habe ich nicht allzu viel, aber ich habe auch nicht viel zum Abnehmen gehabt. Ich habe sehr intensiv Sport betrieben. 15 Stunden Sport in der Woche! Ich bin 800 Meter und 1500 Meter gelaufen. Es hat sich alles erst ab dem Zeitpunkt normalisiert, wo ich das Gefühl hatte, jetzt kannst du wieder in eine Beziehung rein. Jetzt hast du die Sicherheit. Vorher war nichts. Auch keine sexuelle Beziehung.«

FRANK, 33

BEZ. DAUER: 2 JAHRE

»Ich wollte nichts mit Freunden unternehmen, sondern bin alleine Laufen gegangen. Da spielen die Gedanken beim Laufen eine große Rolle. Wenn man den inneren Schweinehund überwindet, siegt man über sich selbst. Es war etwas Körperliches, was mir aber mental sehr viel gegeben hat.«

FLORIAN, 34
BEZ. DAUER: 2 JAHRE

»Mich hat der Sport herausgerissen. Ich habe wie ein Irrer zu trainieren begonnen, bin 20 Kilometer Mountain-
bike gefahren, gelaufen, den ganzen Tag gerackert, dass
ich am Abend schlafen konnte. Jeder, den ich kenne, der
Beziehungsschwierigkeiten hat, trainiert wie ein Wilder.
Da war einer, der war fett, der hatte schon einen Fettbu-
ckel. Bei dem ist die Beziehung in die Brüche gegangen.
Dann ist er zu mir gekommen und hat fatale Werte gehabt. Der hat dann voll zu trainieren begonnen, hat die
besten Blutwerte bekommen und hat 24 Kilo abgenommen. Der hat sich damit voll rausgerissen. Jetzt sind die
zwei wieder zusammen. Da habe ich gesehen, wie viel
Sport bringt.«

Auch Frauen reagieren ihren Kummer manchmal körperlich ab. Da bei Frauen eher das limbische System, also
das Gefühlszentrum, aktiv ist, sind körperliche Aktivitäten emotional gesteuert. Oft verändern sie die Wohnung,
die ja die dritte Haut eines Menschen ist. Möbel werden
umgestellt, Wände gestrichen, nichts soll an das »Vorher« erinnern. Bei Männern wird eher das wachsame
Reptiliengehirn aktiviert. Indem sie aggressiv und wett-
kampforientiert Sport betreiben, versuchen sie auf diesem Weg ihre Angst und Wut unter Kontrolle zu bekommen.

DIANA, 24
BEZ. DAUER: 3 JAHRE

»Nachdem es endgültig zu Ende war, habe ich mein Ate-
lier hergerichtet. Das war eine schwere, körperliche Arbeit. Ich bin da an die Grenzen meines Körpers gestoßen,
und das war für mich total wichtig.«

5. Phase: Die Akzeptanz

Noch erscheint der Schmerz manchmal unerträglich. Das ganze Denken und Fühlen dreht sich nach wie vor um den Liebesverlust. Aber es ist schon »Land in Sicht«. Es geht aufwärts. Jetzt wird »Trauerarbeit« in dem Sinne geleistet, dass der verlorene Liebespartner und die mit ihm verbundene, aber nun endlich als verloren akzeptierte innere Welt in sich neu errichtet wird. Sie dürfen sich diesen Vorgang nicht wie eine konkrete »Arbeit« vorstellen, wie es zum Beispiel Holzhacken ist. »Trauerarbeit« ist eine unbewusste Tätigkeit der Seele, sie »geschieht« Ihnen.

Warum? Weshalb? Wozu?

Zu diesem gewaltigen Seelenbeben gehört unter anderem das ständige gedankliche Kreisen um den verlorenen Liebespartner.

STEFANIE, 29
BEZ. DAUER: 3 JAHRE
»Die Personen, die in meine Geschichte involviert waren, haben mir gesagt, dass sie mein Thema nicht mehr hören können. Für mich gab es kein anderes Thema. Jedem, ob er wollte oder nicht, habe ich das Thema aufgedrängt. Es war mir egal, ob jemand interessiert war oder nicht. Es war ein richtiger Zwang.«

SABINE, 40
BEZ. DAUER: 13 JAHRE
»Ich habe versucht, das Ganze zu analysieren, mich selber zu analysieren. Warum ist es dazu gekommen? Bis zur Selbstzerfleischung. Was habe ich falsch gemacht? Ich habe lange Zeit nicht klar gesehen. Es war wie ein Nebel um mich, um meine Gefühle und mein ganzes Denken. Was habe ich falsch gemacht? Was hat er falsch gemacht?«

OTTO, 49
BEZ. DAUER: 3 JAHRE
»Damals war ich ihr schrecklich verhaftet. Es war ein
ständiges Drandenken, Hängen, Kleben. Ich hatte damals
noch kein Hilfsmittel, um mich da irgendwie herauszu-
ziehen. Heute weiß ich vielleicht, was ich tue.«

MATTHIAS, 50
BEZ. DAUER: 5 ½ JAHRE
»Meine Gedanken sind bis vor kurzem nach wie vor um
sie gekreist. Ich würde sagen – ununterbrochen. Ich habe
Kopfweh gehabt. Ich bin aufgestanden, der erste Gedan-
ke war sie. Ich habe mich hingelegt, mein letzter Gedan-
ke war sie. Warum hat sie mich immer gequält? Wieso?
Warum? Wie ist das möglich?«

FRANK, 49
BEZ. DAUER: 6 JAHRE
»Ich weiß nicht, wie oft ich das Gleiche gesagt habe, tau-
sendmal. Warum, warum, warum? Ich weiß, dass ich immer wieder die gleichen Fragen an meine Freunde oder
wenigen Bekannten gestellt habe. Man fragt immer wieder dasselbe. Ich bin bestimmt vielen Menschen auf die
Nerven gegangen, wo ich immer wieder dieselben Fragen wiederholt habe.«

Die unbewusste Suche nach dem Partner

Auch die Sehnsucht, die oft ein richtiges »Suchen« nach
dem verlorenen Liebespartner bedeutet, ist für die Phase
der Akzeptanz charakteristisch. Manche Menschen sind
sich ihres Dranges bewusst, den verlorenen Partner zu
suchen, manche nicht. Bei einer großen Witwen-Befra-
gung sagten die Frauen, dass sie sich auf magische Weise
zu den Orten hingezogen fühlen, an denen sie mit dem
Verstorbenen gewesen waren.

Zu derselben Feststellung kam auch ich bei meiner Untersuchung. Die Interviewten erzählten, dass sie »wie von äußeren Mächten« in die Wohngegend des verlorenen Partners »getrieben« wurden.

WOLFGANG, 41
BEZ. DAUER: 1 JAHR
»Ich ertappte mich schon noch dabei, dass mein Auto automatisch einbiegt zu ihr. Plötzlich bin ich in ihrer Straße. Da wollte ich doch gar nicht hin! Ich wohne am anderen Ende der Stadt. Was mache ich da? Oder ich wache in der Früh mit dem Gefühl auf, jetzt gehe ich frühstücken zu ihr.«

Meist zieht es den Suchenden an den Wohn- und Arbeitsort des Partners oder auch an Orte, an denen man gemeinsam gewesen war. In diesem Zusammenhang bekam ich aber öfter zu hören, dass diese Plätze als seltsam fremd und – da ja der Gesuchte nicht anwesend ist – »leer« empfunden werden.

VIVIEN, 47
BEZ. DAUER: 4 JAHRE
»Zwei Wochen später bin ich allein Wasserskifahren gewesen. Allein bin ich noch nie gewesen, immer mit ihm. Aber ich habe mir gedacht, vielleicht bringt mir das was, vielleicht geht es mir besser, wenn ich an dem Ort bin, wo ich immer mit ihm war. Aber ich habe es schrecklich gefunden. Es war so, als wäre ich da noch nie gewesen. Es war ganz fremd, sogar ungut.«

FLORIAN, 34
BEZ. DAUER: 2 JAHRE
»Sonst habe ich immer ihre Nähe gesucht. Wenn ich wusste, sie ist dort, bin ich hin. Ich bin immer in die Lokale, in denen wir gemeinsam waren. Es hat mich einfach hingetrieben vor lauter Sehnsucht nach ihr. Dann hat es

mir irrsinnig wehgetan, wenn sie mit einem anderen da-
gesessen ist. Jetzt möchte ich sie überhaupt nicht mehr
sehen.«

Noch eine Übereinstimmung stellte ich zwischen Menschen mit Liebeskummer und Menschen, die den Partner
durch Tod verloren hatten, fest. Trauerforschungen zeigen, dass Trauernde häufig intensive Vorstellungen davon
haben, der verlorene Partner würde zurückkehren bzw.
sie könnten ihm jeden Augenblick begegnen. Auch ich
machte bei meinen Interviews die Erfahrung, dass sich
unglücklich Liebende oft einbilden, die oder den Expart-
ner/in irgendwo »zu entdecken«. Oder sie fühlen sich
heftig zu einem Menschen hingezogen, der dem Ex-Ge-
liebten ähnlich sieht.

HANNA, 30
BEZ. DAUER: 7 JAHRE
»In Tunesien habe ich ein Erlebnis gehabt, das war ein
Wahnsinn. Da trafen wir in der Wüste ein paar Leute und
da war einer, der hat dem Karl unheimlich ähnlich gese-
hen. Da habe ich mir gedacht, ich falle dem um den Hals,
ich halte es nicht mehr aus. Ich war schon kurz davor,
hinzugehen und mit dem zu reden. Das habe ich dann
Gott sei Dank nicht gemacht, das wäre ja völlig absurd
gewesen.«

IVO, 26
BEZ. DAUER: 4 JAHRE
»Ich habe blöderweise vor zweieinhalb Jahren ein Mäd-
chen kennen gelernt, das eine Zwillingsschwester von ihr
sein könnte. Von der Art und vom Aussehen her, das war
fast schon brutal. Ich war mir auch nie sicher, ist es jetzt
sie, die ich gerne habe? Oder ist es die Gabi? Ich glaube,
dass es an mir lag, dass es nicht geklappt hat, durch mei-
ne eigene Unsicherheit. Weil ich nie so richtig habe tren-
nen können zwischen beiden. Es war oft gar nicht sie ge-

meint, das hat mich selbst sehr verunsichert. Wir haben
es ein paar Mal probiert, aber es hat nicht geklappt.«

Bei dem Phänomen des Suchens gibt es einen ganz bestimmten, standardisierten Ablauf. Erst wird unbewusst »gesucht«. Dann wird das Suchverhalten einer Realitätsprüfung unterzogen. Im Zuge dieser Prüfung wehrt sich der Betroffene vorerst, sich die Vergeblichkeit seines Suchens einzugestehen. Schließlich siegt doch die Erkenntnis, den herbeigesehnten Menschen nicht »gefunden« zu haben.

Tränen – eine heilsame Seelenwäsche

Auch wenn die Phase der Akzeptanz bereits der Anfang einer positiven Entwicklung ist, bleiben kaum jemandem depressive Verstimmungen bzw. Depressionen und heftiges Weinen erspart.
Weinkrämpfe und Tränenausbrüche in dieser Phase (bei 90 Prozent der Männer und 93 Prozent der Frauen kommt es immer wieder unvermittelt zu Tränen) sind jetzt als Zeichen dafür anzusehen, dass der Verlust akzeptiert wird.
Weinen Sie nach Herzenslust!
Es gibt nicht zufällig Klageweiber, die bei einem Begräbnis durch lautstarkes Weinen bei der Trauergemeinde den erleichternden Tränenstrom auslösen sollen. In der Antike schluchzten und heulten auch die schlachterprobten Helden zum Steinerweichen: Odysseus, Agamemnon, Achilles, all die tollkühnen Helden, schätzten Tränen als Göttergabe: Sie wussten, dass Tränen die Katharsis, die seelische Reinigung, ermöglichen.

VIKTOR, 25
BEZ. DAUER: 1 1/2 JAHRE
»Man weint und weint, es geht gar nicht anders.«

106

NIKO, 24
BEZ. DAUER: 1 JAHR
*»Ich bin schluchzend und weinend durch die Straßen ge-
gangen und alle Leute haben mich angeschaut. Ich hatte
das Gefühl, dass ich im Stich gelassen worden bin, bezie-
hungsweise auch ich habe meinerseits jemanden im
Stich gelassen. Das Gefühl, dass niemand da ist, um dich
zu trösten, hat mich überflutet. Dadurch habe ich so haltlos zu weinen angefangen.«*

SABINE, 40
BEZ. DAUER: 13 JAHRE
*»Ich habe fürchterlich geweint, konnte nicht aufhören zu
weinen.«*

KARL, 38
BEZ. DAUER: 3 JAHRE
*»Es kam eine ganz ungeahnte Traurigkeit über mich.
Schwere Depressionen. Ich war lebensüberdrüssig.
Plötzlich hat mein Leben überhaupt keinen Sinn mehr gehabt. Der Sinn, den ich meinem Leben mit vielen selbst
auferlegten Qualen gegeben hatte, war weg. Plötzlich
war ich ganz, ganz allein. Es war die traurigste Zeit meines Lebens.«*

»Heute rot, morgen tot«

In der Phase der Akzeptanz stellte ich bei fast allen Frau-
en und Männern einen auffallenden Wechsel von Zu-
rückgezogenheit einerseits und sozialen Aktivitäten andererseits fest. Nach außen hin wirkt dieses unberechen-
bare Verhalten chaotisch. Aber der Wechsel von Rückzug
und Aktivität zeigt bereits an, dass schon nach einem
neuen Platz im Leben gesucht wird. Nicht nur das: Der
wechselhafte Lebensstil ist ein Beweis für die konkrete
Suche nach einer neuen Ordnung.

RUDOLF, 28
BEZ. DAUER: 2 ¹/₂ JAHRE
»Ich habe damals eine Kontaktanzeige aufgegeben. Ich war einfach in der Situation, was erleben zu wollen. Um mir das Gefühl zu geben, mir geht es total gut mit Frauen. Dann habe ich mich sehr zurückgezogen, habe extrem wenig gemacht und bin wenig weggegangen.«

GRETA, 26
BEZ. DAUER: 1 JAHR
»Ich habe viel unternommen. Aber nicht immer. Manchmal war ich ja völlig am Boden zerstört. Wie ausgelöscht und unfähig, irgendetwas zu tun und total verzweifelt. Dann habe ich irrsinnig viel gemacht, um mich abzulenken.«

Aus »Wir« wird »Ich«

Wer die Kraft hatte, das Höllental der Trauerphasen zu durchqueren, kommt zu einer reifen Konfliktlösung: Der Liebespartner wird als verloren akzeptiert und gleichzeitig »verinnerlicht«. Es ist nicht mehr notwendig, immer nur die schlechten Eigenschaften des anderen hervorzuheben und auf diese mühsame Art Distanz zwischen sich und dem verlorenen Partner zu schaffen. Der/die Geliebte ist zwar real nicht mehr da, aber er/sie lebt, mit allen seinen/ihren positiven Eigenschaften, symbolisch im Herzen weiter.

Dieser reife Abschied ist übrigens der Sinn des »Leichenschmauses«, bei dem der Verstorbene symbolisch in Form der Nahrungsaufnahme für immer »verinnerlicht« werden soll.

Gleichzeitig mit dem Akzeptieren des Verlustes oder kurz vorher wird von rund 80 Prozent der Frauen und Männer ein Übergangsobjekt oder -phänomen gebildet. Damit gewinnt man nicht nur neue Bezugspunkte für sein Leben ohne Partner. Schritt für Schritt formt sich auch eine neue

Identität – man ist nicht mehr »der/die Alte«, zu der/dem noch ein anderer gehörte. Dieser vielschichtige Prozess verläuft auf mehreren Ebenen: Einerseits bildet sich ein neuer äußerer Lebensmodus, andererseits eine neue Identität. Aus dem »Wir« wurde »Ich«.

Man muß sich quasi von der Paar-Identität auf die Ich-Identität zurückorganisieren. Das ist nicht leicht, denn die Paar-Identität birgt viele positive Aspekte in sich: Man wird durch seinen Partner sowohl im Guten als auch im Schlechten wahrgenommen. Man hat buchstäblich ein »An-Sehen«. Darüber hinaus gehört es oft auch zu Beziehungen, dass man bestimmte Persönlichkeitsanteile an den Partner delegiert. Indem er stellvertretend das auslebt, was man selbst nicht ausleben kann oder will, fühlt man sich »rund« und ganz. Wenn der andere geht, ist man vielleicht gezwungen, auf diese gelebten Persönlichkeitsanteile wieder zu verzichten. Es kann aber auch sein, dass man die eigenen, fehlenden Anteile dazugewinnt, indem man den Partner als Ganzes verinnerlicht hat.

Jedenfalls ist man jetzt so weit, dass man die neue soziale Rolle als Einzelwesen übernehmen kann. Dementsprechend richtet sich ab nun das gesamte Alltagsverhalten zukunftsorientiert und vorausschauend aus.

Der Weg durch die Hölle*

Im Horrortrip eines Trennungsschmerzes bleibt uns nahezu nichts erspart. Man kann nicht schlafen und wird von Todesvorstellungen gemartert. Das Selbstwertgefühl ist

---

* **Auswertung des Fragebogens (s. Anhang):**
Die folgenden Daten und Aussagen sind Ergebnisse des statistisch ausgewerteten und durch tiefenpsychologische Interviews ergänzten Fragebogens.

verloren gegangen, Gedanken an eine bessere Zukunft sind unmöglich. Das Schlimmste: Die Gratwanderung zwischen Schmerz und Angst einerseits und Sehnsucht und Leidenschaft andererseits muss alleine bewältigt werden.

Schlafstörungen: Wo kein Friede ist, ist auch kein Schlaf

In der Folterkammer des Liebeskummers gibt es keinen friedlichen Schlaf: Etwa 80 Prozent der Männer und 84 Prozent der Frauen sind in ihrer Schlafqualität mehr oder weniger stark beeinträchtigt. Kein Wunder: Der Verlust eines geliebten Menschen aktualisiert die Ur-Unsicherheit, die der Säugling unmittelbar nach dem Geburtserlebnis verspürt. Mit seinem verzweifelten Protest und Schreien gibt er dem Schmerz Ausdruck, die friedliche, bedürfnislose Existenz im Mutterleib verloren zu haben. Der erste beruhigende Schlaf des Neugeborenen ist vermutlich eine Nachahmung jener Sicherheit, die er im Schutz des Mutterleibes verspürt haben musste.

Ruhiger, friedlicher Schlaf ist nur dann möglich, wenn zwischen einem Menschen und seiner unmittelbaren Umwelt ein spannungsfreier Zustand existiert. So gesehen ist es nicht verwunderlich, dass sexuelle Unbefriedigtheit so oft mit Schlaflosigkeit verbunden ist: Schlaflosigkeit ist oft Beischlaflosigkeit.
Natürlich lässt sich darüber streiten, ob Schlaflosigkeit wirklich mit Beischlaflosigkeit gleichzusetzen ist. Tatsache ist, dass es der Hingabe bedarf, sich dem Schlaf zu »überlassen«. Wenn diese Hingabe nicht möglich ist, weil Angst, Wut, Kränkung und Traurigkeit die Seele aufwühlen, ist auch der Schlaf oft nicht möglich.

WOLFGANG, 41

BEZ. DAUER: 1 JAHR

»*Ich konnte fast vier Wochen überhaupt nicht schlafen. Ins Bett gehen und an diese Frau denken, das war eins. Dann war es gleich zwei, drei, vier Uhr früh. Dann hat mir ein befreundeter Arzt Schlaftabletten gegeben. Da schläft man halt so fünf, sechs Stunden, aber das ist nicht dieser gesunde Schlaf.*

Dieses Nichtschlafenkönnen ist zermürbend. Da fallen einem die berühmten Gedichte von Goethe ein – ›Flammen lodern in meiner Brust‹. Dann diese Verzweiflung und Hilflosigkeit.«

MARIANNE, 47

BEZ. DAUER: 7 JAHRE

»*Eine Zeit lang war das so arg, dass ich jede Nacht immer zu gleicher Zeit, immer zwischen drei und vier Uhr, aufgewacht bin. Man sagt, das ist die Stunde des Wolfes, und dann wird alles schlimm. Man steht plötzlich vor einem Abgrund, man ist triefend nass, es ist so, dass man in der Nacht aufsteht, sich umzieht, was Trockenes anzieht, dann nicht mehr einschlafen kann, dann eine Zigarette nach der anderen raucht, dann versucht, wieder seine Gedanken irgendwie unter Kontrolle zu kriegen, und dann schläft man in den frühen Morgenstunden total erschöpft ein, was natürlich nicht gut ist, weil man zeitig aufstehen muss. Man ist dann für den Tag vollkommen erschöpft und erledigt.*«

Andererseits ist Schlaf für manche auch eine Möglichkeit, sich von einer Welt zurückzuziehen, von der nur Schmerz und Leid zu erwarten ist.

CLAIRE, 33

BEZ. DAUER: 10 JAHRE

»*Wenn ich sehr traurig bin, flüchte ich mich ins Schlafen, damit ich nicht nachdenken muss. Wenn ich ganz erschöpft bin, gelingt es mir.*«

Gedanken an den eigenen Tod:
Morgen früh, wenn Gott will...

In einem Gespräch, das ich vor Jahren mit dem Wiener Psychoanalytiker Erwin Ringel führte, meinte er, dass Schlafstörungen mit einer verdrängten Todesproblematik zu tun hätten. Ringel galt als Selbstmord-Spezialist. Er befasste sich viele Jahre mit der Thematik des Selbstmordes und damit, ob und wie sich ein Suizid ankündigt. Ringel war überzeugt davon, dass der Schlaf nicht zufällig als »Bruder des Todes« bezeichnet wird. Sowohl beim Schlaf als auch beim Tod überlässt man sich etwas Dunklem, Unbekanntem: »Morgen früh, wenn Gott will, wirst du wieder geweckt!«

Etwa jeder Zweite denkt in der Phase des Liebeskummers vermehrt an den eigenen Tod. Mit dem Verlust des Liebespartners ist ja oft auch der Mensch verloren, mit dem man sich identifizierte. Mit der Trennung geht nicht nur der Partner, sondern auch das eigene Ich verloren: »Meine bessere Hälfte!«

Dass Liebeskummer und Todesgedanken so häufig und so eng miteinander verbunden sind, hängt gewiss auch damit zusammen, dass, wie Igor Caruso es treffend ausdrückte, eine ungewollte Trennung das »Erlebnis des Todes in einer Lebenssituation« ist.

Die Tatsache, dass man von dem Menschen, der einen verlassen hat, über kurz oder lang vergessen wird, für ihn vielleicht jetzt schon »gestorben« ist, stellt die Gegenwart des Todes im Bewusstsein dar. Man stirbt für den anderen bei lebendigem Leib. Diese Erfahrung ist vermutlich die schwerste narzisstische Kränkung. Wenn ein verlassener Liebender bittet: »Vergiss mich nicht!«, schwingt in diesem flehentlichen Wunsch die Angst mit, für den anderen »nicht mehr zu sein«.

Otto, 49
Bez. Dauer: 3 Jahre
»Theoretisch habe ich immer wieder Selbstmordgedanken gehabt. Man spielt ›Was wäre, wenn nichts mehr ist‹.
Man könnte sich des Schmerzes damit am einfachsten
entledigen. Man hat endlich wieder Frieden. Aber das
sind einfach nur Gedankenspiele.«

Sonja, 33
Bez. Dauer: 3 Jahre
»Ich habe mir überlegt, was wäre, wenn ich nicht mehr
wäre. Ich glaube, das ist etwas vollkommen Normales.
Man stellt alles infrage, es wird einem der Boden unter
den Füßen weggezogen, man verliert den Glauben und
das Vertrauen in alle Menschen. Wenn so etwas passiert,
dann zweifelt man wirklich an seiner Umgebung, überhaupt an allem, nicht nur an sich selber.«

Christian, 29
Bez. Dauer: 2 Jahre
»Außerdem versuche ich so viel wie möglich weg zu
sein am Abend, weil diese Abende mit mir allein sind
schrecklich. Das kommt das Selbstmitleid dazu, und
dann trinke ich ein Glas Wein nach dem anderen, rau-
che eine Zigarette nach der anderen, esse nichts und bin
ziemlich schnell in einem total besoffenen Zustand, wo
ich dann auch heule und mir todunglücklich vorkomme
und mir meinen eigenen Tod immer wieder vor Augen
führe.«

**Mangelnde Energie: Nach außen kraftlos,
aber innen in Aufruhr**

Wer vor dem Scherbenhaufen seiner Beziehung steht,
fühlt einerseits so intensiv wie nie, andererseits hat er
subjektiv den Eindruck, völlig energielos zu sein. Rund

57 Prozent der Männer und 37 Prozent der Frauen klagten über mangelnde Energie.

Energie ist gleichbedeutend mit »Kraft«. Diese Kraft drängt in eine bestimmte Richtung, sie durchwirkt aber auch das gesamte seelische System. Energie kann also sowohl nach innen als auch nach außen gerichtet sein kann. Anders gesagt: Eine Depression ist zwar von »Antriebslosigkeit« gekennzeichnet, aber im Grunde handelt es sich um eine »Hemmung des Antriebes«, die gleichzeitig mit einer quälenden Angestrengtheit verbunden ist.

MARESA, 41
BEZ. DAUER: 18 JAHRE
»Ich war immer müde, müde, müde. Nicht weil ich es mir eingeredet habe, sondern weil ich so viel Kraft für das Verdrängen und das Aufrechterhalten der Situation gebraucht habe. Ich habe so viel Energie gebraucht, die heile Welt darzustellen, dass mir eigentlich jetzt viel Energie übrig bleibt. Ich lebe jetzt und ich mache mir nichts vor. Okay, ich stehe zu der Tatsache, dass ich vielleicht ein zweites Mal gescheitert bin. Das erste Mal bin ich gegangen, das zweite Mal wurde ich verlassen. Ich erzähle niemandem, wir hätten uns getrennt. Nein, ich bin verlassen worden, dazu stehe ich. Ich lebe es. Ich lebe mein Leben, wie gut oder schlecht es sein mag, aber ich mache mir nichts mehr vor.«

TANJA, 23
BEZ. DAUER: 8 MONATE
»Natürlich gab es eine Phase, wo ich mich habe hängen lassen, wo ich nichts tun wollte, nicht mehr arbeiten, nicht mehr studieren.«

Eine Hemmung des Antriebes in Form von mangelnder Initiative und Entscheidungsfähigkeit gehört ohne Frage zum Symptomenkomplex der Depression. Beim Liebeskummer wird allerdings in der Lähmungsphase (s. S. 38 ff.) alle Energie darauf verwendet, sich an eine neue Situation anzupassen und zu einer neuen Selbstdefinition zu gelangen. Es kann also durchaus sein, dass Sie, niedergestreckt von der Qual des Liebeskummers, nach außen hin »energielos« erscheinen. Tatsächlich aber wenden Sie viel innere Energie auf, um sich auf eine neue Lebenslage einzustellen.

VIKTOR, 25
BEZ. DAUER: 1 ½ JAHRE

»Ich habe mich vollkommen zurückgezogen. Ich war apathisch, habe nichts gegessen, nichts getrunken und habe zwölf Kilo abgenommen. Ich war ein Schatten. Ein Geist. Es war schrecklich. Ab und zu bin ich zu Freunden geflüchtet, wenn ich es nicht mehr ausgehalten habe. Ansonsten bin ich zu Hause im Pyjama herumgehangen, meistens im Bett gelegen, wie in Trance. Ich habe null Lebenslust und null Lebensenergie gehabt. Wenn mich Freunde irgendwohin mitnehmen wollten, ins Theater oder in ein Lokal, war mir das unmöglich. Ich war nur traurig und apathisch.«

IVO, 26
BEZ. DAUER: 4 JAHRE

»Ich war gefühlsfähig, aber mir war es absolut nicht möglich, Gefühle zu zeigen. Gefühle nach innen sehr wohl. Aber nach außen hat es nichts gegeben. Eintönig. Ich glaube, es war alles ein Schock, durch den der Schmerz nicht eindringen konnte.«

FABIAN, 27
BEZ. DAUER: 3 JAHRE

»Für meine Musik hat sich das damals entsetzlich ausgewirkt. Ich habe sicher nicht sehr künstlerisch gespielt, eher technisch und ziemlich blockiert. Das hat eine ziemliche Zeit gedauert, hat sich dann aber ins Positive

115

verändert. Ich habe plötzlich festgestellt, dass die Zeit, die ich allein und in Auseinandersetzung mit mir verbrachte, mich positiv verändert hat. Nach ein paar Monaten habe ich gefühlt, dass ich mehr Energie habe als vorher und dass ich auch als Persönlichkeit mehr Konstanz bekommen habe.«

Ich konnte eindeutig feststellen, dass Frauen viel leichter über Schmerz, Verlust und Trauer sprechen können als Männer. Daher ist es einfach zu erklären, warum weitaus mehr Männer als Frauen unter einem Energiemangel litten. Die Männer verwenden mehr Energien als die Frauen dazu, Haltung zu bewahren und Schmerz zu verdrängen.

MATTHIAS, 50
BEZ. DAUER: 5 ½ JAHRE
»Ich habe mich wahnsinnig leer und einsam gefühlt. Aber ich habe mich ins gesellschaftliche Leben reingestürzt. Ich wäre lieber mit ihr gewesen, aber man muss sich eben zusammenreißen, um darüber hinwegzukommen, nicht wirklich darüber hinwegzukommen, aber mich zumindest abzulenken.«

Mangelnde Lebenslust:
An Leib und Seele gebrochen

Wenn das Herz gebrochen ist, kann es nicht gleichzeitig vor »Freude hüpfen«. 70 Prozent der Männer und 47 Prozent der Frauen hatten nach der Trennung besonders wenig Lebenslust. Diese Antwort überrascht natürlich nicht. Aber was ist eigentlich unter dem Begriff »Lebenslust« zu verstehen?
Vereinfacht gesagt, ist es das Streben und Erreichen von körperlichem und seelischem Wohlbefinden. Lebenslust beinhaltet aber auch die Lust an den Vitalfunktionen und

Vitalgefühlen. Ein depressiver Verstimmungszustand wird ja auch körpernahe erlebt. Der Betroffene fühlt sich buchstäblich »niedergeschlagen«, »ausgelöscht«, »gebrochen«. Die sinnliche Erlebnisfähigkeit ist schwer beeinträchtigt – man ist »wie tot«. Es fehlt – mehr oder weniger stark ausgeprägt – die Lust am Essen und an der Erotik, aber auch die Lust an Aktivitäten, die üblicherweise positive Lebensgefühle vermitteln.

KARIN, 23
BEZ. DAUER: 3 JAHRE
»Nach dem ersten Schlag habe ich sehr viele Leute gesehen und ich habe sehr viel gemacht, mehr als vorher. Aber alles ohne Lust.«

SONJA, 33
BEZ. DAUER: 3 JAHRE
»Ich war eigentlich nur mehr ein einziges Bündel aus Weh und Schmerz und Verzweifeltsein und habe nichts gesehen, was mir Freude macht. Ich bin zwar weggegangen, aus dem Grund heraus, um von zu Hause wegzukommen, andere Leute zu sehen und um was zu tun zu haben. Es war gar nicht so der Spaß, sondern einfach das Gefühl – ich muss nicht zu Hause sein. Dass mich wieder etwas gefreut hat, ich wieder nach vorne geschaut habe, ist erst nach Monaten wieder gekommen.«

FRANK, 39
BEZ. DAUER: 2 JAHRE
»Man ist zerstört und nicht lebensfroh. Das drückt sich aus bei allem, was man tut, das merken auch die Freunde. Man wirkt dadurch auch nicht besonders attraktiv. Diese Kraft, dass man sich sagt, das stimmt alles nicht, man ist trotzdem noch ein vollwertiger Mensch, hat man lange nicht.«

VIVIEN, 47
BEZ. DAUER: 4 JAHRE
»Es gibt da und dort Männer, die mich umschwirren und verehren und wollen. Ich hasse sie dafür. Ich verachte sie dafür. Ich will sie nicht. Ich weiß nicht, wie ich das erklären soll, ohne dass es überheblich klingt. Ich will niemanden. Ich will ihn – aus.«

JONAS, 48
BEZ. DAUER: 1 JAHR
»Ich wollte mit ihr wegfahren, jetzt fährt sie mit dem anderen. Da ist mir die Lebenslust total verloren gegangen.«

Zukunftsperspektiven: Es gibt ein Leben danach

Falls Sie nicht gerade Liebeskummer haben, gestaltet sich das Leben eines seelisch gesunden Menschen prospektiv. Das heißt, dass bei entscheidenden Handlungen die Zukunft direkt oder indirekt mitgedacht wird. Anders ist es, wenn man einen Liebespartner verliert. Durch den Verlust wird nicht nur die Gegenwartsbezogenheit beeinträchtigt, die mit der Verbundenheit mit dem anderen zusammenhängt. Auch das darauf bezogene, vorausschauende Planen ist – buchstäblich – fragwürdig.

Der Begriff »Zukunftsperspektive« kündigt ja eine Wirklichkeit an, die noch nicht da ist. Gedanken und Überlegungen des Kommenden stehen mit dem Gegenwärtigen in einem unmittelbaren Zusammenhang.

Rund 87 Prozent der Männer und Frauen leiden eine Zeit lang unter der »Aussichtslosigkeit« ihrer Situation und sehen nur »schwarz«. Diese »schlechte« Zukunftsperspektive wurzelt in dem Umstand, dass durch die Trennung von einem Partner alte Verhaltensmuster nicht mehr gelten. Das Denken, Fühlen und Handeln, also auch der praktische Alltag, müssen unter dem Aspekt, nicht mehr Teil eines Paares, sondern allein lebend zu sein, neu organisiert werden.

H<small>ENRIETTE</small>, 42
B<small>EZ</small>. D<small>AUER</small>: 4 J<small>AHRE</small>

»Das war, als hätte man mir einen Arm abgerissen und den Kopf. Ich habe auf einen Schlag alles verloren, den Menschen, mit dem ich zusammenlebte, den Reisepartner, den Sexual- und Ansprechpartner, den besten Freund. Es war ein so schwarzes tiefes Loch, ich kannte in dem Sinn keine Depressionen. Ich kannte sie bis dahin nicht. Ja, den Zustand von sehr traurig oder jähzornig. Aber dieses tiefe, schwarze, furchtbare Loch, das sich da auftut, wo man überhaupt keinen Ausweg sieht. Ich kann seit dieser Zeit Depressionen durchaus verstehen. Ich habe zu diesem Zeitpunkt nicht gewusst, wie ich es überleben soll.«

J<small>OCHEN</small>, 25
B<small>EZ</small>. D<small>AUER</small>: 3 J<small>AHRE</small>

»Wie ich realisiert habe, dass es aus ist, war ich sehr gedrückt und depressiv. Es hat bei mir grauenhaft ausgeschaut. Ich war durch das Bundesheer und durch das Krankenhaus Ordnung gewöhnt. Dadurch ist mir aufgefallen, wie es bei mir ausgeschaut hat. Es hat mich zwar gestört, ich habe es aber auch nicht beseitigt. Ich weiß nicht, ob man das schon mit Verwahrlosung bezeichnet, es war irgendwie eine Lethargie.«

Zu Beginn des Trauerprozesses ist eine positive Zukunftsperspektive unmöglich. Aber je weiter die einzelnen Phasen voranschreiten, desto mehr Kontur bekommt die Zeit, die vor einem liegt.

W<small>ILFRIED</small>, 41
B<small>EZ</small>. D<small>AUER</small>: 1 J<small>AHR</small>

»Mein Lebensrhythmus kommt wieder. Verändert hat sich aber, dass ich noch nicht für Frauen offen bin. Ich träume

zwar schon, mit jemandem zu schlafen, aber es wird mir sicher schwer fallen. Vielleicht ändert sich das schon in einer Woche, ich weiß es nicht. Ich bin noch zu sehr fixiert auf sie. Auf ihren Körper, auf ihr ganzes Wesen, auf ihre Art. Wenn ich sie sehe, muss ich mich zwingen, das weniger Hübsche an ihr zu sehen, weil ich sonst zergehe.«

HARALD, 36
BEZ. DAUER: 5 JAHRE
»Der Wunschtraum, den ich bis dahin noch gehabt habe, nämlich, dass sie einfach in der Tür steht und sagt ›Jetzt fangen wir wieder an‹, war von dem Moment an nicht mehr da. Ich bin zwar ein großer Optimist, aber da habe ich dann eingesehen, dass auch der Optimismus seine Grenzen hat. Hätte ich noch weiter an diese Illusion geglaubt, wäre es mir nicht besser, sondern eher schlechter gegangen. Ich habe mir also nicht mehr diese Vorstellungen gemacht, sondern, ganz im Gegenteil, mir ausgemalt, wie es jetzt ohne sie sein wird. Ohne die Gespräche mit ihr, ohne die Auseinandersetzungen über bestimmte Themen, ohne den Sex, der zumindest für mich sehr schön war. Das habe ich mir sozusagen verordnet, diese permanenten Vorstellungen in Bezug auf ein Leben ohne sie.«

HANNA, 43
BEZ. DAUER: 1 JAHR
»Ich war froh darüber, dass ich immer seltener an ihn gedacht habe. Das hat mich beruhigt. Dann habe ich gemerkt, mit den Nerven geht es auch schon besser, der Appetit war wieder da und da habe ich mich irgendwie aufgebaut.«

LUKAS, 34
BEZ. DAUER: 4 JAHRE
»Da sind zwei Seiten einer Medaille. Die eine wird blasser und die andere scheint ein bisschen mehr auf. Eine

120

Beziehung geht zu Ende und man hat auf der anderen Seite die Freiheit, das Abenteuer des Neuen. Ich kann jetzt mit jeder anbandeln. Ich habe mir wieder die kühnsten Träume ausmalen können, was alles passieren könnte, jetzt, wo ich die Xanthippe los bin.«

OTTO, 49

BEZ. DAUER: 3 JAHRE

»Ich kann nicht sagen, dass meine Genesung mit einem Ereignis zusammenhängt, es ist ein langsamer Prozess gewesen. Die Arbeit hat mich wieder gefreut, ich war einfallsreicher und aktiver denn je. Auch privat. Ich habe vermehrt Kontakte aufgenommen, nicht mehr mit Wehmut an die Telefonnummer gedacht und sie immer wieder wählen wollen. Ich habe auch wieder Interesse bekommen, auch für andere Frauen und solche Dinge. Fantasien entwickelt, was könnte bei anderen Frauen passieren oder wie könnte das gehen. Und so bin ich immer mehr und weiter weg.«

Der Duden interpretiert den Ausdruck »Zukunftsperspektive« als »Aussicht, Erwartung im Hinblick auf künftige persönliche, wirtschaftliche, gesellschaftliche u.ä. Entwicklung«.

Natürlich erscheint diese Aussicht unter den Umständen einer gescheiterten Liebe, die ja mit Selbstzweifeln, Identitätsproblemen, dem Verlust sozialer Strukturen und mehr verbunden ist, vor allem jenen schlecht, die keinesfalls die Trennung wollten. Immerhin erfolgte aber die Trennung bei 20 Prozent der Männer und 23 Prozent der Frauen aus eigenem Antrieb. Das mag zwar ein schmerzhafter Schritt gewesen sein, lässt aber eine Vermutung zu: Die Trennung wurde im Hinblick auf die zukünftige Entwicklung als richtig empfunden oder zumindest erhofft. Hier zeigt sich deutlich die Verankerung des Begriffes der »Hoffnung« im Zukünftigen.

RICARDA, 29
BEZ. DAUER: 5 ½ JAHRE
»Ich habe damals ganz bestimmt alles, was es an negativen und traurigen Gefühlen gab, durchgestanden. Aber dann habe ich mir gesagt, na prima, was Besseres kann mir ja gar nicht passieren, das war es ja sowieso, was ich immer wollte. Ich kann mich noch erinnern, dass ich mir gedacht habe, so, jetzt bin ich frei. Ich bin endlich eigenständig, und es beginnt das neue Leben, das ich mir schon immer gewünscht habe und von dem ich immer fantasiert habe. Ein Leben mit Aufregungen und Abenteuern, genau das, was ich nach einem Leben, das so gemütlich und lauwarm war, wollte. Kein Mittelmaß, sondern heiß-kalt. Aufregungen und Enttäuschungen, so wie das Leben wirklich ist.«

VINZENZ, 31
BEZ. DAUER: 1 ½ JAHRE
»Natürlich ist mir der Schluss-Strich unheimlich schwer gefallen. Ich habe ja gewusst, dass ich irrsinnig viel verliere, wenn ich sie aufgebe. Aber andererseits war mir der Preis, den sie von mir wollte, einfach zu hoch. Das Lebenskonzept, das ihr vorschwebte, war absolut nicht meines. Und ich bin ein zu großer Realist, um mir vorzumachen, dass wir da irgendetwas angleichen hätten können. Ich habe genau gespürt, dass es nicht mehr lange dauern würde, und sie wäre schwanger, und dann muss ich die Konsequenzen ziehen. Denn so ein Schuft bin ich nicht, dass ich dann von einer Frau, die ich liebe und mit der ich schon länger als ein Jahr schlafe, verlange, dass sie eine Abtreibung machen lässt.«

LUKAS, 34
BEZ. DAUER: 4 JAHRE
»Ich war plötzlich wieder ein freier Mensch. Das ist eines der positivsten Nebengefühle, was man nur haben kann. Plötzlich steht einem die ganze Welt wieder offen. Plötz-

lich glaubt man wieder, dass sich Ideale vielleicht doch noch erfüllen. Man ist wieder flexibler als früher.«

DIANA, 24
BEZ. DAUER: 3 JAHRE
»Als ich diesem Nichtwissen, ob er jetzt weg ist, wie lange er weg ist und wann er wiederkommt, nicht mehr ausgesetzt war, das war dann einfach die totale Befreiung, weil ich dann nicht mehr gewartet habe. Ich denke, dass dieses Warten der schwierigste Moment ist, bei diesen ganzen Beziehungsgeschichten, die nicht gut laufen. Weil es eine total destruktive Form des Zeitverbringens ist.«

KARIN, 23
BEZ. DAUER: 3 JAHRE
»Da habe ich mir aus reinem Selbstschutz gedacht, es ist genug! Ich muss endlich aus dieser Warteposition raus, nicht ständig auf Dinge warten, die dann eh nicht kommen.«

MARESA, 41
BEZ. DAUER: 18 JAHRE
»Für mich bin ich frei. Ich bin ›ich‹ und nicht mehr ›wir‹, die Phase ist absolut vorbei.«

HARALD, 36
BEZ. DAUER: 5 JAHRE
»Bis ich eines Tages erkannt habe, es ist aus, vorbei, das wird nichts mehr. Ich weiß nicht mehr, was der Anlass dafür war, aber plötzlich ist mir diese Tatsache glasklar zu Bewusstsein gekommen. Von diesem Moment an habe ich aufgehört, wie ein Irrer zu kämpfen. Ich habe mich in die Situation gefügt und mir gedacht, es wird schon seinen Sinn haben, warum es so gekommen ist.«

Selbstwertgefühl: Nicht der Liebe wert sein

Wen wundert's: 63 Prozent der Männer und genau so viele Frauen gestanden, dass sie nach der Trennung ein schlechtes Selbstwertgefühl hatten. Die genaue Übereinstimmung der Prozentangaben ist der beste Beweis dafür, dass eine so schwere Kränkung wie Liebeskummer das Selbstwertgefühl von Frauen und Männer gleichermaßen beeinträchtigt.

Der Ausdruck »Selbstwertgefühl« wird zwar salopp gebraucht, aber oft hat man gar keine konkrete Vorstellung davon, was eigentlich damit gemeint ist.

Das Selbstwertgefühl ist eine Mischung von verschiedenen Gefühlen. Dazu gehört das Selbstvertrauen, das sich in der frühesten Kindheit entwickelt und aus der Gewissheit entsteht, um seiner selbst willen geliebt zu werden. Auch die Selbstachtung gehört dazu. Sie basiert darauf, dass Werte und Handlungsnormen, die wichtige Bezugspersonen vermittelten, verinnerlicht wurden und dass man danach auch lebt. Die Selbstliebe ist ein weiterer, wesentlicher Bestandteil des Selbstwertgefühls. Selbstliebe entsteht, wenn die Vorstellung des Ideal-Ichs (»So möchte ich sein«) und des Real-Ichs (»So bin ich«) im Großen und Ganzen übereinstimmen.

Wenn alle diese Anteile des Selbstwertgefühles in mehr oder weniger ausgewogenem Maße vorhanden sind, fühlt sich der Betreffende wohl in seiner Haut: Schlecht wird das Selbstwertgefühl, wenn in einem dieser Bereiche massive Defizite bestehen. Es gehört nicht viel Fantasie dazu, um sich vorzustellen, dass ein normalerweise positives Selbstwertgefühl durch Liebeskummer erschüttert wird und – zumindest vorübergehend – eine regelrechte Selbstwertkrise entsteht.

CLAIRE, 33
BEZ. DAUER: 10 JAHRE

»Am Anfang habe ich überhaupt keinen Schwung und keine Ziele gehabt. Da war vor allem das Kind. Es war eineinhalb Jahre. Ich war immer alleine, nur mit dem Kind. Ich habe schon die Oma gehabt, die ab und zu auf sie aufpasst. Aber mehr war da nicht. Ich habe dann Mütter mit Kindern getroffen. Das war das Maximum an Interesse. Zu mehr war ich nicht fähig, weil mein Selbstwertgefühl nicht mehr vorhanden war. Als unverheiratete Frau mit einem kleinen Kind ist man ein Mensch zweiter Klasse. Das spürt man immer wieder in Gesellschaft. Wenn die Leute merken, dass man alleine unterwegs ist, ist es schon sehr komisch. Und wenn man die Wahrheit erzählt, merkt man bei vielen Leuten, wie es sie zusammenreißt. Das ist nicht gerade fördernd für das Selbstwertgefühl.«

VIKTOR, 25
BEZ. DAUER: 1 ½ JAHRE

»Sie hat keine Gelegenheit ausgelassen, mich eifersüchtig zu machen, mit meinen Gefühlen zu spielen, mich zu verunsichern, mich in eine Kampfsituation zu treiben. Für mich ist Eifersucht seither das Zeichen eines mangelnden Selbstvertrauens, der Beweis, dass man in einer Beziehung eine schlechte Position hat. Heute sehe ich, dass sie einen gewissen Spaß daran gefunden hat, mich zu quälen. Ich war dadurch natürlich in einem schrecklichen Konflikt. Ich habe mir ständig gesagt: ›Nein, das bin nicht ich, der sich hier so martern lässt und sich so zum Kasper macht.‹«

HANNA, 43
BEZ. DAUER: 1 JAHR

»Mein Selbstwertgefühl war ganz unten. Ich habe mich selbst gehasst, ganz schwach gefühlt, nicht körperlich schwach, sondern seelisch und psychisch schwach und dass ich eigentlich ein Mensch für nichts war. Ich war null, nobody, habe mich ganz mies gefühlt.«

LORENZ, 33
BEZ. DAUER: 5 JAHRE

»Damals war es so, dass ich nach dieser Leere, nach dieser vollkommenen Leere dann auch ein Minderwertigkeitsgefühl gespürt habe. Diese Zurückweisung meiner Liebe! Furchtbar. Ich habe mich immer unverstanden gefühlt, was ja in der Natur der Dinge liegt, denn wenn man nicht sagt, was man fühlt, kann es der andere nicht wissen. Aber wenn es der Richtige ist, vielleicht weiß er es sehr wohl. Dieses Unverstandensein hat mir eine Minderwertigkeitsohrfeige verpasst, die mich vollkommen durcheinander geschüttelt hat. Ich war so weit, dass ich gesagt habe, alles, was ich mache, ist falsch.«

MICHAELA, 32
BEZ. DAUER: 9 MONATE

»Was er mir angetan hat, dass er mich in einer Notsituation verlassen hat, das habe ich vorher nicht geahnt. Man stellt ja seinen ganzen Selbstwert infrage. Wie mies muss man sein, wenn man von seinem Partner ausgerechnet dann verlassen wird, wenn man ihn dringend brauchen würde! Wenn ein Mann seine Humanität hintanstellt, muss man schon ganz minder sein. Am schlimmsten war, dass ich gedacht habe, ich bin als Mensch und Frau nichts mehr wert. Ich habe mich in meinem Körper überhaupt nicht wohl gefühlt und habe mich irgendwie total hässlich, unförmig und nicht attraktiv gefunden. Ich hatte überhaupt keine innere Sicherheit mehr und habe geglaubt, ich kann ja keinem Mann gefallen. Dementsprechend habe ich mich auch verhalten: verkrampft und in mich zurückgezogen und ohne die Sicherheit, die ich jetzt wieder habe. Das hat natürlich auch dazu geführt, dass ich Angst vor Männern hatte. Ich hatte Angst, wieder verletzt zu werden, wenn ich mich auf eine Beziehung oder auf ein Verliebtsein einlasse.«

GERRY, 39
BEZ. DAUER: 3 JAHRE

»Sechs Monate lang hat sie behauptet, dass sie nur aus Mitleid mit mir weitermacht. Nach sechs Monaten hat sie endgültig Nein gesagt. Von da an war mir ein Kontakt nicht mehr möglich. Aber vorher gab es noch bodenlose Hass-Schreiereien, sogar Schläge und überhaupt keinen kultivierten Umgang. Ich muss sagen, sie hat mich ziemlich zerrüttet. Ich war unfähig, mir irgendein Konzept für mein Leben zu machen, weil ich ja doch noch damit gerechnet habe, sie könnte wieder auftauchen. Aber sie ist nicht mehr aufgetaucht und es begann dieses schreckliche Jahr, in dem ich mich wie der letzte Dreck gefühlt habe. Von ihr verlassen und von allen, die von diesem Theater gewusst haben, verlacht.«

PAUL, 40
BEZ. DAUER: 10 JAHRE

»Heute kann ich gut allein sein. Ich konnte früher nicht eine Minute allein sein. Ich habe die Einsamkeit generell nicht vertragen. Das ist heute anders. Wenn ich allein bin, fühle ich mich nicht einsam. Ich habe auch ein anderes Selbstbewusstsein bekommen. Nach dieser Geschichte habe ich gedacht, mein Gott, ich bin grundhässlich, ich werde bei Frauen nie einen Stich machen. Ich muss froh sein, wenn ich in meinem ganzen Leben noch mal eine Frau bekomme. Aber auf einmal war alles anders. Es ging nur mehr bergauf, bergauf.«

Vielleicht fragen Sie sich, warum Liebeskummer nicht dem Selbstwertgefühl aller Frauen und Männer, sondern immerhin nur 63 Prozent von ihnen zusetzt. Wenn eine Trennung aus dem Motiv der Selbstachtung erfolgte bzw. das Auseinandergehen zumindest als Möglichkeit gesehen wurde, Selbstachtung bewahren zu können, wird das Selbstwertgefühl natürlich nicht so massiv reduziert.

KARIN, 23

BEZ. DAUER: 3 JAHRE

»Teilweise bin ich natürlich unsicherer. Ich fühle mich teilweise oft nur halb, da wir ja doch drei Jahre zusammen waren und ich mich schon sehr durch ihn definiert habe. Und jetzt bin ich mehr auf mich zurückgeworfen. Andererseits ist mein Selbstwertgefühl auch besser, weil ich das Gefühl habe, ich habe das getan, was ich tun musste, und ich erniedrige mich nicht mehr, indem ich mich ständig erkläre. Es läuft für mich jetzt so, wie es ehrlicher ist. Es ist zwar härter, aber ehrlicher.«

INES, 32

BEZ. DAUER: 6 JAHRE

»Ich muss sagen, der Entschluss, mich zu trennen, hat mir gut getan. Ich bin aktiver und vor allem bin ich auch offener geworden. Ich habe plötzlich keine Angst mehr gehabt, einen Menschen auf der Straße anzulachen. Das war früher unmöglich, da hat er mich jedes Mal fertig gemacht deswegen. Auf einmal habe ich auch gemerkt, wie die Leute auf mich zugehen. Ich habe nette, interessante Menschen kennen gelernt und ich habe in der Straßenbahn mit jemandem geredet, der mich nett angesprochen hat. Früher war das alles nicht möglich. Ich habe mich immer selbst verleugnet, obwohl ich alle diese Dinge gerne getan hätte. Jetzt war ich nicht mehr gezwungen, in mich zurückgezogen zu sein. Ich musste nicht mehr Angst haben, dass das, was ich tue, einem anderen wehtut, dass er es nicht will und dass es Anlass für einen Streit zwischen uns sein könnte. Ich habe mich nach langer, langer Zeit anderen Menschen gegenüber wieder geöffnet und das war ein unheimlich schönes Gefühl. Ich habe gespürt, wie ich angenommen werde, ohne dass ich irgendeiner Vorstellung eines anderen entsprechen hätte müssen. Dieses Gefühl hat mir sehr dabei geholfen, dieses Unglück, das ich wegen des Scheiterns unserer Beziehung in mir gehabt habe, zu verarbeiten.«

SONJA, 33
BEZ. DAUER: 3 JAHRE
»Ich habe gewusst, ich muss mich von diesem Mann trennen, weil ich mich nicht weiter dazu zwingen lassen will, eine Rolle zu spielen. Von dem Moment an war ich befreit und mir ist es viel besser gegangen. Das Groteske war, dass die Trennung eigentlich in einem Moment begonnen hat, wo wir versucht haben, unsere Beziehung zu verbessern und zu intensivieren.«

KARIN, 23
BEZ. DAUER: 3 JAHRE
»Jetzt habe ich das Gefühl, ich bin ehrlicher zu mir. Indem ich keine Konzessionen mehr mache oder mich in eine Beziehung begebe, in der ich unzufrieden bin.«

DIANA, 24
BEZ. DAUER: 3 JAHRE
»Irgendwann war der Moment, wo ich selbstständig geworden bin. Und das war genau der Zeitpunkt, wo er sich abgewendet hat von mir und sich wieder eine gesucht hat, der er alles zeigen konnte. Trotzdem habe ich mir nie gedacht: ›Hätte ich mich doch nicht so emanzipiert, dann wäre es nicht so gekommen.‹«

Initiative: »Opfer« und »Täter«

Es ist nicht gleichgültig, ob einem Menschen eine Trennung gegen seinen Willen widerfährt – oder ob er sie selbst initiiert hat. Prozentual betrachtet initiieren mehr Frauen (47 Prozent) als Männer (31 Prozent) die Trennung. Meist entspricht das Trennungsmuster dem Beziehungsmuster: Derjenige, der die Trennungsarbeit übernimmt, übernahm auch den Großteil der Beziehungsarbeit.

Erwartungsgemäß beurteilen diejenigen, die die Trennung wollten, die Beziehung natürlich nicht so gut, wie diejenigen, die verlassen wurden. Das positive Urteil sagt allerdings nichts über die tatsächliche Beziehungsqualität aus. Es ist eher ein Hinweis auf Harmonisierungswünsche und darauf, dass Konflikte verdrängt werden.

Menschen, die den Schritt zu einer Trennung tun, weil sie darin bessere Zukunftsperspektiven oder eine bessere Entfaltung ihrer Persönlichkeit sehen, sind keine Opferlämmer: 65 Prozent sagten, dass sie sich in ihrer Beziehung grundsätzlich nicht hintangestellt und für den anderen geopfert hätten. Von den Verlassenen glauben 39 Prozent, dass sie in dieser Partnerschaft immer nur die Zweiten waren. Salopp gesagt heißt das: Trennungsinitiatoren sind Täter, Verlassene sind Opfer.

Auch die Sichtweise über den Stil der Trennung hängt davon ab, ob man davon passiv überwältigt wurde oder ob man sie aktiv vorantrieb. Was den Initiatoren angemessen erschien, erlebten die Verlassenen als rücksichtslos oder gar brutal.

Ich habe aber auch den Eindruck gewonnen, dass die so genannten »Täter« oft die eigentlichen Verlassenen waren. Sie zogen vielleicht deshalb den Schluss-Strich, weil sich der Partner emotional schon längere Zeit zurückgezogen hatte, desinteressiert oder aggressiv war.

Alles in allem: Den Initiatoren geht es insgesamt besser als den Verlassenen. Diese haben deutlich mehr Selbstmordgedanken und leiden häufiger unter Depression. Last, not least kommen sie auch um die wertvollen Dienste, die Freunde bei einer Trennung leisten: Mit einer einzigen Ausnahme suchten alle Initiatoren, aber nur 69 Prozent der Verlassenen nach der Trennung bei Freunden Hilfe.

MICHAELA, 32
BEZ. DAUER: 9 MONATE
»Die letzte Entscheidung habe ich getroffen. Das hat er zuerst nicht wahrhaben wollen. Aber ich war wirklich

130

*konsequent und wollte ihn überhaupt nicht mehr sehen.
Auch nicht mehr freundschaftlich. Ich glaube, ein oder
eineinhalb Jahre habe ich das durchgezogen. Diese Entscheidung habe ich auch deshalb getroffen, weil ich gewusst habe, ich kann mich nur lösen, wenn ich ihn gar
nicht sehe und alles, was uns verbindet unterdrücke.«*

INES, 32
BEZ. DAUER: 6 JAHRE
*»Nachdem ich die Trennung ausgesprochen hatte, habe
ich mich körperlich besser gefühlt als vorher. Die Gastritisanfälle waren weg, mein Magen war nicht mehr so
empfindlich, ich war so gut beisammen wie schon lange
nicht.«*

Freundschaften: Heilung durch Nähe

Dass Frauen mit Freundschaften anders umgehen als
Männer, ist nicht überraschend: Fast 60 Prozent der Frau-
en, aber nicht einmal ein Drittel der Männer erlebten
nach bzw. während einer Trennung positive Veränderungen im Freundschaftsbereich. Für einen Mann ist eine
Freundschaft häufig nur »Kumpanei«, »Zweckverbindung« oder »sportliche Kameradschaft«. Die »Kumpanei« verbindet Männer bei Stammtischrunden, Kegel-
und Skatabenden. »Stammtischbrüder« fühlen sich miteinander sehr wohl, aber zu einem tiefen Gefühlsaus-
tausch kommt es nicht.

LUKAS, 34
BEZ. DAUER: 4 JAHRE
*»Man sucht dann schon eine Männerfreundschaft. Da
war einer, mit dem war das eine Männerfreundschaft. Wir
sind Kanu fahren gegangen, haben eine Kommode miteinander gebastelt. Aber der ist voll auf diesem Trip, der
kommt gar nicht aus dem Image raus, das er sich gegeben*

hat – der ›lonely cowboy‹. Der wollte aus mir so einen machen, wie er selber ist. Am Anfang ist es ihm gelungen, weil ich das mitgemacht habe. Aber dann war es mir zu blöd. Dann ist das auseinander gegangen.«

Die »Zweckverbindung« der Männer hat eine alte und bewährte Tradition – die archaische »Jagdgruppe«. Man verfolgt ein gemeinsames Ziel und kooperiert in dieser Angelegenheit sehr gut. Der Emotionalität wird aber kein Raum gegeben. Dasselbe gilt für die »sportliche Kameradschaft« – verwundbare Stellen gibt es höchstens auf dem sportlichen Leistungssektor.

IVO, 26
BEZ. DAUER: 4 JAHRE
»Ich habe zwei Jahre darüber nicht sprechen können, nicht einmal mit engsten Freunden. Im Laufe der Jahre haben es schlussendlich sowieso alle erfahren. Aber die erste Beziehung, die ich nach ihr hatte, war erst der Zeitpunkt, wo ich mit dieser Frau alles so richtig aufgearbeitet habe.«

»Freundschaft« im Sinne emotionaler Nähe, uneingeschränkter Akzeptanz vorhandener Schwächen und seelischer Unterstützung ist nicht so sehr Männer-, sondern eher Frauensache. Für Frauen ist Freundschaft ein authentischer Austausch von Gefühlen und Gedanken. Sie müssen weniger als Männer darauf achten, »das Gesicht zu verlieren«, »Haltung zu bewahren«, »Stärke zu zeigen«. Hier werden nach wie vor geltende Geschlechterrollen deutlich.

ANDREAS, 38
BEZ. DAUER: 4 JAHRE
»Ich war am Boden zerstört, da hat sicher nicht mehr allzu viel gefehlt. Ich habe das Gefühl gehabt, das muss ich mit mir selber ausmachen und ich möchte keinen ande-

ren damit belasten. Wenn ich da durchkommen will, muss ich alleine durch.«

GÜNTHER, 52
BEZ. DAUER: 7 JAHRE
»Ich habe geglaubt, ich muss und kann auch damit allein fertig werden. Bis auf die Tatsache, dass ich mit einer Frau sehr offene Gespräche führen konnte. Auch wenn ich diese Beziehung nicht gehabt hätte, hätte ich versucht, alleine damit fertig zu werden. Man will ja nicht überall hingehen und klagen und nach Trost suchen.«

OTTO, 49
BEZ. DAUER: 3 JAHRE
»Es ist ein Problem, zu zeigen wie man sich eigentlich fühlt. Ich weiß jetzt, warum meine Beziehungen nicht so funktionieren: Weil ich nicht wirklich nach außen hin das lebe, was ich wirklich bin. Ich war immer schon der Kasperl, auch früher als Kind. Den Kasperl weiter spielen wollen, weil man ja überall präsent sein will, das steckt in mir.«

INES, 32
BEZ. DAUER: 6 JAHRE
»In dieser Zeit ist mir das Reden mit ein paar Freunden immer wichtiger geworden. Ich habe durch die Diskussionen mit ihnen erkannt, dass meine spontane Entscheidung doch richtig war, was ich ja durch unsere Auseinandersetzungen angezweifelt habe. Die Gespräche mit meinen Freunden haben mir auch geholfen, dass ich in Bezug auf mich nicht mehr so wahnsinnig unsicher war und dass mein Gefühl, den Markus lieben zu müssen, nach und nach aufgehört hat.«

STEFANIE, 29
BEZ. DAUER: 3 JAHRE
»Da ist es auch losgegangen, dass ich mit allen Freundinnen und Freunden diskutiert habe. Was denn da jetzt ist

und wie das werden könnte und ob wir wieder zusammenkommen. Ich habe ständig analysiert, warum und wieso.«

MONIKA, 31
BEZ. DAUER: 2 JAHRE
»Ich kann das nicht jedem zugeben, aber wenn meine Freunde gekommen sind, da hatte ich jemanden, mit dem ich das besprechen konnte. Die haben auch Verständnis gehabt. Das war irrsinnig wichtig, sonst wäre ich völlig hysterisch geworden. Im Grunde hat man ja das Bedürfnis, mit ihm zu reden. Wenn das nicht möglich ist, will man wenigstens mit jemand anderem über ihn reden.«

In einer Krisensituation wie Liebeskummer wird die unterschiedliche Sozialisation von Mann und Frau ersichtlich. Im Gegensatz zu Männern sind Frauen nicht dazu gezwungen, »Abstand zu halten« und »stark« im Sinne von nicht anlehnungsbedürftig zu sein. Frauen dürfen ihre Freude an Nähe und Anlehnung zeigen, während sie dem »starken« Geschlecht offenbar nach wie vor »aberzogen« wird.
Dass Männer Freundschaften emotional nicht so intensiv leben können, ist aber nicht allein durch ihre Sozialisation zu erklären. Ich vermute, dass hinter ihrer Schwierigkeit, echte Freundschaft herzustellen und zu praktizieren, auch eine homoerotische Abwehr steckt: Freundschaft impliziert Nähe und Zu-Neigung. Fabian schilderte mir eine ganz typische Szene:

FABIAN, 27
BEZ. DAUER: 3 JAHRE
»Der Freund hat mir damals irgendwie sehr viel Liebe und Zuneigung entgegengebracht. Und da war auch andererseits die Frage, meine Grundeinstellung zu den Geschlechtern zu überdenken. Der Freund war verliebt in

134

mich und ich habe ihn irrsinnig gebraucht, weil er momentan der Einzige war, dem ich mich öffnen konnte. Es war ein ziemlich enges, fast schon erotisches Verhältnis. Da habe ich mir natürlich Gedanken gemacht, was das soll. Es war irrsinnig von Zuneigung zu ihm geprägt, aber das hat sich wieder vermischt mit möglicher Homosexualität oder nicht. Das Ganze war dann so, dass ich auch ihn irrsinnig enttäuscht habe, weil ich doch ziemlich weit gegangen bin in der Zuneigung zu ihm. Aber grundsätzlich war das davon geprägt, dass ich halt über diese Beziehung hinwegkommen wollte, über diese Enttäuschung. Und er hat sich mein Problem angehört und hat mir Wärme gegeben und inniges Zutrauen, Liebe. Da hat sich dann plötzlich was ergeben. Aber er hat sich mehr erwartet. Wie bei mir das Drüberhinwegkommen fortgeschritten war, war das Nachdenken da. Er hat geglaubt, ich würde mich für ihn entscheiden, aber das ist dann doch nicht gegangen.«

Für die höhere Bereitschaft der Frauen zu mehr oder weniger intensiven freundschaftlichen Beziehungen (67 Prozent gegenüber 37 Prozent) ist nicht nur die unterschiedliche Sozialisation, sondern vielleicht auch ein entwicklungspsychologischer Umstand verantwortlich.

Sowohl ein kleines Mädchen als auch ein kleiner Junge bilden ursprünglich mit der Mutter eine »Dual-Union«. Die erste große Liebe jedes Kindes, egal ob Tochter oder Sohn, ist eine Frau. Sie stillt den Hunger und nimmt Schmerzen und Angst. Eine Frau ist zwar auch die erste »Vorgesetzte«, die verbietet und tadelt, aber vor allem ist sie die erste Quelle des Wohlbehagens. Das Kind hat Bedürfnisse, die Mutter erfüllt sie.

Das kleine Mädchen fühlt sich durch Näheerlebnisse in seiner Identitätsentfaltung nicht so leicht bedroht – es hat ja das gleiche Geschlecht wie die Mutter. Vor allem aber hat das kleine Mädchen selbst einen weiblichen Körper, der die Quelle von Nahrung und Sicherheit ist. Es ist vorstellbar, dass Männer deshalb Näheerfahrungen meiden, weil sie sich dadurch in ihrer Identität verunsichert fühlen.

Abgesehen von diesem Aspekt könnte die Leidenschaft der Frauen für gleichgeschlechtliche, tiefe Freundschaften auch auf ein Defizit zurückzuführen sein: Der Junge, bzw. der Mann wird in seinem Streben nach der »wohltuenden« Frau ein Leben lang unterstützt. Ein Mädchen muss seine emotionalen Bedürfnisse von der Mutter abziehen und auf einen Mann verschieben. Denn im Gegensatz zu einem kleinen Jungen kann ein Mädchen nicht sagen: »Wenn ich groß bin, heirate ich Mama.«

Die weibliche »Begabung« zu engen Freundschaften kann natürlich auch auf die anfängliche Nähe zu einer Frau zurückzuführen sein. Auch wenn Mutter und Tochter später keine vertrauensvolle, intime Beziehung haben, weckt der frühe Umgang »von Frau zu Frau« doch eine gewisse Neigung zu innigen Freundschaften unter Frauen.

Das Bedürfnis vieler Frauen nach emotionaler Nähe könnte hier seine Wurzeln haben. »Krankhaft« ist dieser Umstand nicht. Im Gegenteil, er kann eine Quelle der Sicherheit und der emotionalen Kraft sein.

Kommunikation: Frauen sind begabter

Videobänder von Ungeborenen zeigen, dass Mädchen schon im Mutterleib mehr Mundbewegungen machen als Jungen. An dieser Wortkargheit des männlichen Geschlechtes ändert sich nicht viel: Viele Dinge, die Frauen bereden wollen, setzen Männer als geklärt voraus. Frauen führen Diskussionen auf der Beziehungsebene, Männer auf der Sachebene. Für Frauen ist Sprache eine Möglichkeit, Bindungen zu vertiefen und Gefühle zu thematisieren. Für Männer ist Sprache ein Mittel, Fakten und Informationen zu vermitteln und Unabhängigkeit zu bewahren. Diese unterschiedlichen Kommunikations- und Sprachstile zeigen sich natürlich auch oder sogar besonders deutlich in der Phase großer emotionaler Belastungen, also beim Liebeskummer.

FRANK, 39
BEZ. DAUER: 2 JAHRE
»Man hat nie die Möglichkeit gehabt, Einzelprobleme zu bewältigen, sondern sobald irgendein Problem aufgetaucht ist, ist die ganze Schublade aufgemacht worden und der ganze Krempel ist auf einmal auf dem Tisch gelegen. Was natürlich nie zu irgendetwas geführt hat. Nur Diskussionen! Schrecklich.«

LUKAS, 34
BEZ. DAUER: 4 JAHRE
Es war enervierend, obwohl ich sehr gerne rede. Die Argumentation von ihr war in jedem einzelnen Teilbereich unheimlich logisch, wo ich ihr Recht geben musste. Aber nach 5 Stunden Diskussion ist man aufgestanden und ich habe mich gefragt: Was wurde erreicht? Das Ganze hat nicht Hand und Fuß gehabt. Man redet ja nicht 5 Stunden und kommt zu keinem Ergebnis, obwohl man sich bemüht, zu einem Ergebnis zu kommen. Im Gegenteil, man hat das Gefühl, man weiß gar nicht, worum es gegangen ist. Warum hat man gesprochen? Was hat das für einen Sinn gehabt? Um das irgendwie zu erfassen, sucht man sich Teilbereiche heraus, versucht das aufzugliedern. Ein Bereich ist absolut logisch von ihrer Position vertreten worden. Also musste ich ihr in diesem Sektor Recht geben. Aber im Globalen nicht. Und das war für mich etwas noch nie Dagewesenes, noch nie Gehörtes. Denn nach 5 Stunden nimmt man an, man bereinigt eines nach dem anderen. Aber da war nichts.«

Während Frauen die Frage nach Veränderungen im Bereich der Kommunikation großteils mit »sehr gut« beantworteten, kreuzte fast die Hälfte der Männer die Position »Schlecht« an. Diese Angaben bestätigen die Annahme, dass Schmerz, Trauer und ähnliche negative Emotionen von Frauen leichter mitgeteilt werden als von Männern. Als Erklärung dafür können wieder einmal die Sozialisation und Rollenklischees herangezogen werden.

Viele Kommunikationsprobleme der Männer sind auf Muster und Schablonen zurückzuführen, die bei jedem Menschen in der Kindheit gebildet werden. Durch diese Schablonen wird nicht nur die Welt gesehen, auch Intimerfahrungen werden entsprechend des Schablonenmusters gemacht. Ich könnte mir vorstellen, dass ein Mann, der in einer traditionellen, patriarchalisch funktionierenden Familie groß wurde, eine Schablone entwickelte, die Schmerz, Schwäche und Anlehnungsbedürfnis nicht zulässt.

Ich frage mich allerdings, ob für die kommunikativen Fertigkeiten der Frauen – Verständnisbereitschaft, Einfühlungsgabe, Anteilnahme an Persönlichem und Beziehungen – nicht auch noch andere Erklärungen gefunden werden können. Zum Beispiel die enge Bindung an die Mutter, die aufgrund der Gleichgeschlechtlichkeit das Talent zur Empathie, d.h. zur Fähigkeit, sich in andere hineinzuversetzen, fördert. Eine interessante Untersuchung zeigt, dass Mütter mit kleinen Söhnen zwar mehr knuddeln, aber mit ihren kleinen Mädchen mehr sprechen.

Eine andere Erklärung wäre, dass der Mann deshalb relativ einsilbig wurde, weil er dem beherrschenden Geschlecht angehört: »Unterwerfer brauchen nichts zu sagen.«

LORENZ, 33
BEZ. DAUER: 5 JAHRE
»Wie ich klein war und es hat mich etwas verletzt, dann hat man mir das nicht angesehen. Das sieht man mir auch heute noch nicht an. Es gibt aber auch niemanden, der mich wirklich kennt. Ich war viele, viele Jahre sehr

stolz darauf, dass mich keiner kennt, bis ich draufgekommen bin, dass ich mich selbst nicht kenne.«

JONAS, 48
BEZ. DAUER: 1 JAHR
»*Es gibt spontane Reaktionen, entweder bin ich böse, dann schreie ich und es muss raus oder ich fresse es in mich hinein und dann ziehe ich mich zurück. Dann will ich niemanden sehen.«*

FRED, 35
BEZ. DAUER: 8 WOCHEN
»*Auf einen eingehen und mit ihm sprechen können und das selber auch spüren, das gab es bei meinen Freunden nicht. Da gab es nur Partei ergreifen für den oder den, aber sich hineinfühlen in den oder die Betroffene, das gab's damals nicht.«*

LUKAS, 34
BEZ. DAUER: 4 JAHRE
»*Ich war besonders nett zu den anderen und machte denen eine Freude. Ohne dass ich von denen spezielle Reaktionen in Bezug auf mein Problem erwartete. Die wussten gar nicht, dass ich ein Problem hatte. Sie wunderten sich höchstens, warum ich auf einmal so besonders lieb war.«*

STEFANIE, 29
BEZ. DAUER: 3 JAHRE
»*Ich für mich hatte immer den Eindruck, dass wir unheimlich harmonisch sind, dass von beiden Seiten immer dieselben Wünsche kommen und auch Ablehnungen gleich verteilt sind. Niemand war dominant, niemand musste sich unterordnen. Trotzdem muss dieses Bild falsch gewesen sein. Schade ist nur, dass ich bis heute nicht weiß, was daran falsch war. Im Grunde ist das eine unverzeihliche Sache, dass ein Mann nicht sagt, wo der Wurm drin ist. Da*

139

hat man doch nie die Chance, etwas zu verbessern oder zu verändern. Eines Tages ist man dann vor die Tatsache gestellt, dass alles aus ist. Das ist unfair.«

Nach einer These der Hirnforschung sind bestimmte Fähigkeiten in der linken bzw. rechten Gehirn-Hemisphäre angesiedelt (rechts u. a. Mitteilsamkeit, Erinnerungszugriff, Empathie, links u.a. Logik, Raumvorstellung, Analytik). Die beiden Gehirnhemisphären werden von Mann und Frau unterschiedlich eingesetzt: Frauen aktivieren eher beide Hemisphären, Männer jeweils immer nur eine. Obwohl dieses Thema mit Ideologien beladen ist, könnten die Ergebnisse der Hirnforschung doch bestimmte Reaktions- und Verhaltensweisen, wie zum Beispiel die auffallende Fähigkeit der Frauen zur Mitteilsamkeit und zur Herstellung von Nähe, zusätzlich erhellen.

Erst kürzlich stellten Wissenschaftler fest, dass im weiblichen, nicht aber im männlichen Gehirn mehr und kürzere neuronale Verbindungen zwischen Sprach- und Gefühlszentrum bestehen. Auch wenn die Anatomie der Gehirne von Frau und Mann zum Verwechseln ähnlich sind, werden bestimmte geschlechtsspezifische Verhaltens- und Denkweisen weit mehr von biologischen, hormonellen und biochemischen Faktoren und weitaus weniger von der Erziehung bestimmt, als man bisher annahm. Jedenfalls bekommen in letzter Zeit die Behauptungen, dass es zwischen Frauen und Männer grundsätzliche hirnphysiologische Unterschiede gäbe, mehr und mehr gesicherte neurophysiologische Korrelate.

Tatsächlich haben Männer nur im privaten Bereich Kommunikationsprobleme. Im Gegensatz zu Frauen, die eine »Beziehungssprache« benutzen, um Nähe herzustellen, kommunizieren Männer eher mit einer »Berichtsprache«. Mit diesem Sprachmuster finden sie sich im Berufsleben und zur Regelung hierarchischer und sozialer Ordnungen hervorragend zurecht. Eine private Kommunikation macht dieser Bezugsrahmen schwierig.

BRUNO, 52
BEZ. DAUER: 7 JAHRE
»Ich habe erkannt, dass sie und ich an der Kommunikation gescheitert sind. Sie hat mir zum Beispiel irgendwann einmal vorgeworfen, dass ich spüren müsse, wann sie ins Kino gehen will. Sie hat aber nicht deutlich gesagt, dass sie an einem bestimmten Tag einen bestimmten Film sehen will. So hat das natürlich keinen Sinn. Ich finde, dass die Sprache im persönlichen und emotionalen Bereich ein schwaches Kommunikationsmittel ist, aber wir kein besseres haben.«

Was die direkte Konfliktbearbeitung anlangt, könnte man glauben, Frauen und Männer seien überhaupt von verschiedenen Sternen. Die meisten Männer halten »nur reden« nicht für zielführend. Wenn ein Mann ein Probleme hat, macht er sich daran, Gefühle auszuschalten und über konkrete Lösungen nachzudenken. Wenn eine Frau ein Problem hat, will sie über die Gefühle reden, die damit verbunden sind. Dann kommt sie sowieso zu einer Lösung. Männer meinen, dass Frauen beim Sprechen vom Hundertsten ins Tausendste kommen. Frauen sagen, dass sie sich besser fühlen und auch leichter Entscheidungen treffen, je mehr sie sprechen können.

TANJA, 23
BEZ. DAUER: 8 MONATE
»Ich habe mit ihm darüber nie reden können. Wir haben nicht die Art der Beziehung, dass wir über so was reden könnten. Wenn ich so etwas anfange, blockt er sofort ab. Ich weiß, ich kann mit vielen Leuten über solche Sachen reden, aber gerade mit ihm nicht. Das ist auch etwas, was

sehr wehtut, dieses alleine bleiben mit seinen Gedanken und Gefühlen.«

INES, 32
BEZ. DAUER: 6 JAHRE
»Nach der Trennung hat das intensive Reden mit meinen Freundinnen und mit meinen Bekannten begonnen. Ich habe auch erst lernen müssen zuzugeben, dass für mich etwas nicht gut ist. Dass ich Fehler mache, dass es mir schlecht geht und dass mir etwas fehlt.«

FLORIAN, 34
BEZ. DAUER: 2 JAHRE
»Ich habe bei ihrem Liebhaber so eine Art geistige Eifersucht gespürt. Keine körperliche, eine geistige Eifersucht darauf, dass sie in der Zeit, die sie mit ihm verbringt, vielleicht mehr oder besser mit ihm reden kann als mit mir.«

VIKTOR, 25
BEZ. DAUER: 1 ½ JAHRE
»Ich muß zugeben, dass ich in Bezug auf Frauen keine guten Antennen habe. Konkret hat das bedeutet, dass ich jedes Wochenende zu meiner kranken Mutter gefahren bin, um sie zu besuchen. Und meine Freundin ist zu Hause im Bett gelegen und hat geweint, weil sie sich von mir verlassen gefühlt hat. Aber davon wusste ich nichts und gesagt hat sie es nicht. Aber ich bin telepathisch nicht gut. Wenn sie nichts sagt – woher soll ich es wissen? So offen sie in Bezug auf ihre Vergangenheit war und so viel sie mir davon erzählt hat, so wenig hat sie darüber gesagt, was sie sich von mir erwartet und wie sie sich vorstellt, dass ich sein soll. Ich habe mich ihr zwar aufgrund dessen, was sie mir alles von sich erzählt hat, mehr und mehr zugewandt, aber ich habe offenbar doch nicht alles mitgekriegt, was in ihr vorgegangen ist.«

Außenkontakte: Männer haben Angst vor Selbstentblößung

Frauen und Männer unterscheiden sich nicht nur in ihrem Kommunikations-, sondern auch in ihrem Kontaktverhalten. Obwohl es bei der Aufnahme von Beziehungen die Männer sind, von denen der erste Schritt erwartet wird und die tatsächlich auch den ersten Schritt tun, sind die Karten in der Phase des Liebeskummers anders verteilt: 40 Prozent der Frauen, aber nur 16 Prozent der Männer suchen und haben während des Trauerprozesses reichlich Außenkontakte.

CLAIRE, 33

BEZ. DAUER: 10 JAHRE

»Ein paar Frauen haben eine Leserunde gegründet, davon habe ich gehört. Anfangs bin ich einmal in der Woche hingegangen. Dann haben wir uns fast täglich getroffen. Daraus haben sich viele Sachen ergeben. Das war für mich eine ganz, ganz wichtige Phase. Das Treffen mit diesen Frauen und die Freundschaften, die sich daraus entwickelt haben, die haben mir sehr geholfen.«

Es ist einleuchtend, dass ein Mann, dessen Rollenverständnis Stärke, Unabhängigkeit und Kontrolle beinhaltet, von seiner Umwelt auch als stark, autonom und rational gesehen werden will. Nicht nur seine – vielleicht mangelhafte – Fähigkeit zur Beziehungsaufnahme und seine eingeengte Auffassung von Freundschaft, auch sein Selbstverständnis beeinflusst seine Tendenz zu Außenkontakten.

Das Selbstverständnis eines Menschen hängt auch davon ab, von anderen anerkannt zu werden. So mancher Mann hat Angst, »die anderen« könnten sehen, wer er »wirklich« ist. Um dieser Gefahr der Selbstentblößung zu entgehen, vermeiden Männer in einer Situation der Schwäche oft Außenkontakte.

Ein Rückzug hat aber nicht generell Nachteile: Die ungestörte Auseinandersetzung mit sich selbst kann zu einer

143

positiven Dynamik des Trauerprozesses beitragen. Es ist also nicht grundsätzlich als krankhaft anzusehen, im Zustand des Liebeskummers und der Trauer eine Zeit lang alleine sein und keine ablenkenden Außenkontakte haben zu wollen. Andererseits können forcierte Außenkontakte auch ein Fluchtverhalten sein. Sie haben dann die Funktion, dem schmerzhaften Trauerprozess durch Ablenkung auszuweichen. Empfehlenswert ist diese Flucht nicht. Über einen verlorenen Menschen nicht zu trauern und zu weinen, kann die zukünftige Bindungsfähigkeit und -qualität beeinträchtigen.

Wenn die »Unfähigkeit zu lieben« auch heute noch mit der männlichen Rolle in einen Zusammenhang gebracht wird, könnte in ungelebter Trauer der Kern einer späteren Liebesproblematik stecken. Je mehr ein Mann dazu erzogen wurde, sich Tränen und Trauer nicht zu erlauben, desto eher bilden ungeweinte Tränen und ungelebte Trauer eine unsichtbare Mauer gegen eine neuerliche tiefe Bindung, die ja auch mit dem Risiko einer neuerlichen Verletzung verbunden wäre.

MATTHIAS, 50
BEZ. DAUER: 3 ½ JAHRE
»Ich kann mit Trennungen nicht umgehen. Ich bin nicht gern alleine, ich verreise nicht gern alleine, lieber zu zweit. Mit Trennungen, auch wenn sie von mir ausgehen, kann ich einfach nicht umgehen.«

OTTO, 49
BEZ. DAUER: 3 JAHRE
»Eigentlich hat niemand gewusst, wie schlecht es mir geht. Ich habe bruchstückhaft einem Freund davon erzählt. Aber in dem Maße, in dem ich den Schmerz empfunden habe, hat es niemand gewusst. Obwohl die Freunde schon Verständnis dafür gezeigt haben. Es ist aber keiner dahergekommen und hat gesagt, die ist hässlich, das ist aussichtslos oder sonst irgendwas. Also getröstet haben sie mich nicht.«

HORST, 49
BEZ. DAUER: 8 JAHRE

»Seltsamerweise habe ich bei dieser Trennung weniger das Bedürfnis gehabt, in der Öffentlichkeit darüber zu sprechen, als bei meiner Scheidung. Damals war ich noch wesentlich jünger, eigentlich noch ein halbes Kind, da schüttet man überall sein Herzleid aus.«

JÜRGEN, 40
BEZ. DAUER: 10 JAHRE

»Manchmal ertappe ich mich in einer Rolle des Jammerns. Das merke ich aber ziemlich schnell und stelle es auch schnell wieder ab. Ich denke, das habe ich nicht mehr notwendig. Das ist ein Aspekt des Erwachsenwerdens, wie ich ihn sehe.«

RICHARD, 39
BEZ. DAUER: 2 JAHRE

»Über kurz oder lang hat das dazu geführt, dass ich ziemlich isoliert gewesen bin. Ich bin für meine Freunde unerträglich geworden und meinen Arbeitskollegen sowieso schon längst. Es ist nur ein Freund übrig geblieben, der hat auch ab und zu dafür gesorgt, dass in meiner Wohnung aufgeräumt wird und dass der Kühlschrank voll ist. Er hat versucht, auf mich einzureden, was ich tun könnte, um aus diesem Tief herauszukommen. Es hat alles nichts gefruchtet.«

Was vielen Männern an Kommunikationsfähigkeit mit Menschen mangelt, haben sie oft im Übermaß in der Kommunikation mit Maschinen. Über eine Maschine kann man verfügen, vor allem aber wird man von ihr nicht »verletzt«. Dies mag einer der Gründe dafür sein, dass sich Männer in der Zeit ihres Liebeskummers so gerne hinter ihrem Computer verschanzen oder eine besondere Leidenschaft für das Autofahren entwickeln.

HANNES, 35
BEZ. DAUER: 6 JAHRE

»Autofahren ist zur Zeit für mich das Zweitschönste auf
der Welt. Das bedeutet für mich, mich in Einklang bringen, mein gesamtes Wesen, meinen Körper, meine gesamte Reaktion in Einklang bringen mit einer Maschine,
ohne dass ich die Herrschaft über diese verliere. Das
heißt nicht schnell fahren, sondern Einswerden – Straße,
Fahrzeug, Mensch. Das bewirkt in mir ein vollkommenes
Loslassen der Umwelt. Wenn ich gestritten habe, wenn
ich traurig war, egal welche Gefühle negativer Natur ich
gehabt habe – ins Auto setzen, eine Stunde spazieren fahren, ich war wie ausgewechselt. Es hat mich seelisch geöffnet. Gerade beim Auto fahren habe ich meine schönsten Gefühle gehabt. Allein im Fahrzeug. Dieser Gleich-
klang, dieses Geräusch des Fahrzeuges. Es wäre mir nie
im Traum eingefallen, es schmerzt mich selbst, einem Auto wehzutun. Ein Auto abrupt zu beschleunigen, es abzu-
bremsen, es zu verschalten ist etwas, was mir im Innners-
ten wehtut. Weil es vielleicht durch die Jahre einer der
wenigen Gefährten geworden ist, mit denen ich problem-
los kommunizieren kann. Es ist eine Art Entrückung, die
man erlebt.«

LUKAS, 34
BEZ. DAUER: 4 JAHRE

»Ich habe jetzt sogar den Lastwagenführerschein gemacht. Ich liebe Lastautos, je größer, umso mehr mag ich
sie. Ich würde mir am liebsten einen kaufen. Ich habe
zärtliche Gefühle für die, es gibt nichts Schöneres für
mich. Ich möchte niemanden damit beeindrucken, aber
je größer dieses Ding ist, umso ruhiger und rücksichtsvol-
ler werde ich.«

Körperliches: Was kränkt, macht krank

Appetitmangel, dramatischer Gewichtsverlust und ein Immunsystem, das genauso geschwächt ist wie die Seele – so sieht die körperliche Seite des Liebeskummers aus. Frauen und Männer packt es gleich stark, Männer sogar noch mehr als das »schwache Geschlecht«. Drei Viertel aller Frauen, aber fast 90 Prozent aller Männer leiden in der Phase der größten inneren Not an mehr oder weniger stark ausgeprägten körperlichen Beschwerden.

Mit dem auffallenden Appetitmangel, den viele Frauen und Männer angeben, befassten sich fast alle bekannten Psychoanalytiker. Zum Teil wurde der Appetitmangel damit erklärt, dass man nur nach dem geliebten Menschen »hungert«. Genauso gut ist es aber auch möglich, dass die massive Appetitlosigkeit eines Liebeskummer-Kranken auf die Abwehr der Aggression dem verlorenen Menschen gegenüber zurückzuführen ist. Wenn sich die aggressiven Impulse nicht auf ein Ziel richten, wenden sie sich gegen einen selbst: Wer nichts mehr zu sich nimmt, löscht sich quasi selbst aus.

STEFANIE, 29
BEZ. DAUER: 3 JAHRE
»Ich war nur mehr Haut und Knochen, bis ich angefangen habe zu arbeiten. Es war auch für meine Eltern erschreckend, als ich sie besuchte.«

FLORIAN, 34
BEZ. DAUER: 2 JAHRE
»In meiner schlechten Zeit habe ich 56 Kilo gehabt. Ich bin erschrocken darüber, ich bin nur mehr rumgegangen. Mit dem Training habe ich es innerhalb von drei Wochen auf 70 Kilo geschafft. Alle vier Stunden habe ich gegessen. Müsli, Schokolade, Fleisch. Ich wollte 70 Kilo erreichen und dazu voll trainieren.«

FRANZISKA, 44

BEZ. DAUER: 3 JAHRE

»Ich habe einen Nervenzusammenbruch gekriegt, ich war unansprechbar und habe nicht nach Hause gehen wollen. Ich habe Fieber bekommen, habe halluziniert und starke Blutungen bekommen. Meine Freundin hat gesagt, nein, du musst doch nach Hause. Es war so arg, dass ich in einem bedrohlichen Gesundheitszustand war. Dann bin ich eine Woche zu Hause gelegen. Es ist mir irrsinnig schlecht gegangen. Ich war dann in Behandlung wegen der Blutungen. Es hat mich kein Arzt gefragt, was der Grund hätte sein können. Ich habe radikal abgenommen, nichts machen können – es war furchtbar.«

DORIS, 35

BEZ. DAUER: 7 JAHRE«

»Ich bin abgemagert, zum Teil sogar ganz extrem abgemagert. Ich habe nichts mehr gegessen. Nach der ersten großen Trennung habe ich eine Woche nichts gegessen und viel geraucht. Außerdem habe ich sehr starken Durchfall gehabt.«

MARESA, 41

BEZ. DAUER: 18 JAHRE

»Ich habe eine chronische Dünndarmentzündung gehabt. Konnte nichts essen, nichts trinken, mir ist immer schlecht geworden. Ich war spindeldürr und alle Leute haben sich gewundert. Aber ich konnte nur Diät essen und hatte massiven Durchfall. Heute kann ich essen und trinken, was ich will. Damals bin ich aufgewacht mit Magenschmerzen und hätte weinen können.«

Massive Verdauungsstörungen können in dieser Situation als Verlustmetapher gesehen werden: »Es bleibt gar nichts bei mir.«

Appetitlosigkeit hat aber auch mit Abhängigkeit vom Partner zu tun. Je abhängiger ein Liebender vom anderen war, desto mehr muss er für die Rettung der eigenen Individualität unternehmen. Wenn nichts mehr gegessen wird, bekommt man eher ein Gespür dafür, was man »allein aus sich selbst ist«. Das auffallende Nicht-essen-Wollen oder Nicht-essen-Können ist möglicherweise eine Methode, zu seinen eigenen Grenzen zurückzufinden. Das ist vor allem dann denkbar, wenn Sie von Ihrem Expartner mit Projektionen »gefüttert« wurden. Vielleicht hat er in Ihnen eine engagierte Sportlerin gesehen, die Sie möglicherweise gar nicht waren. Oder Ihre Partnerin hielt Sie als Geschäftsmann für tüchtiger, als Sie es tatsächlich sind. Die Nahrungsverweigerung kann dann helfen, wieder in die eigenen, tatsächlichen Grenzen zurückzufinden.

BARBARA, 40
BEZ. DAUER: 13 JAHRE
»Das war die Zeit, in der ich mich innerlich darauf eingestellt habe, mich von ihm zu trennen. In dieser Phase ist es mir auch gesundheitlich unheimlich schlecht gegangen, nur habe ich nicht begriffen warum. Ich hatte Gastritisanfälle, furchtbare Magenschmerzen. Wenn ich etwas gegessen habe, tat mir der Magen weh. Wenn ich nichts gegessen habe, auch. Ich habe eine Milch- und Semmelkur gemacht. Umsonst. Ich habe nur Kamillentee getrunken. Umsonst. Immer Schmerzen. Ein Jahr hindurch. Genau während dieser Zeit, in der ich mich sexuell verweigert habe, wo ich aber gleichzeitig immer versucht habe, dass unsere Beziehung doch wieder was wird.«

HENRIETTE, 42
BEZ. DAUER: 4 JAHRE
»Ich war fertig, absolut fertig und konnte nicht mehr essen. Ich habe so massiv abgenommen, dass ich drei Wochen in der Klinik war, und künstlich ernährt worden bin.«

Dass emotionale Einflüsse zu funktionellen Störungen des Körpers und zu körperlichen Erkrankungen führen können, ist heute eine Binsenweisheit. Es wird immer wieder darüber gesprochen, dass Gefühle »immer nur runtergeschluckt« werden, dass eine bestimmte Sache »schwer zu verdauen« sei, dass man »Gift und Galle« spucken könnte oder dass ein Ereignis »Kopfweh« macht.

Trotzdem ist das Wissen um den Dualismus von Körper und Seele in der alltäglichen Praxis des Arztes nicht immer präsent. Wie sonst ist es zu erklären, dass 97 Prozent der Männer und 80 Prozent der Frauen, die wegen ihrer im Rahmen des Liebeskummers aufgetretenen Beschwerden einen Arzt aufsuchten, von diesem nicht nach möglichen seelischen Ursachen gefragt wurden? Es ist kein Geheimnis, dass Ärzte lieber eine »verspannte Rückenmuskulatur« für Kopfschmerzen diagnostizieren als nach eventuellen Gefühlshintergründen zu fragen.

Die einzig plausible Erklärung besteht für mich darin, dass ein Arzt, der unter Zeitdruck steht, den Tatbestand emotionaler Krankheitsursachen zwangsweise ignorieren muss: Ein Medikament ist schnell verordnet, ein einfühlsames Gespräch beansprucht kostbare Zeit.

OTTO, 49
BEZ. DAUER: 3 JAHRE
»Keiner der Ärzte hat mich gefragt, ob es vielleicht - seelische Gründe für meinen Zustand geben könnte. Diese ganze Krankengeschichte ist eine der merkwürdigsten Dinge. Sie haben ein Hirn-CT gemacht und sie haben alle möglichen Angiografien gemacht. Weil nirgends was rausgekommen ist, hat dann die Interne alles untersucht. Aber auf die Idee, dass es psychische Ursachen sein könnten, ist kein Einziger gekommen.«

Interessant ist, dass auch Frauen dem Arzt gegenüber nicht selbstverständlich ihren Kummer verbalisieren – nur zwei Drittel tun es. Männer tun es nahezu nie (93 Prozent). Abgesehen vom Schamaspekt könnte dafür mangelnde emotionale Intelligenz verantwortlich sein: Der moderne Mensch hat das »Gespür« für sich und die Ursache seiner Leiden verloren.

Dass fast alle Männer dem Arzt ihr seelisches Leid verschweigen, entspricht dem gängigen Klischee. Entsprechend der üblichen Rollenverteilung in der Industriegesellschaft zeigt sich auch hier wieder, dass der Mann an der etablierten Grundhaltung festhält. »Mann sein heißt erfolgreich, rational, dominant, mächtig und stark sein.« Eine körperliche Störung aufgrund einer »Liebesgeschichte« passt nicht in dieses Bild. Die im 18. Jahrhundert einsetzenden ökonomischen Bedingungen haben dem Mann Schritt für Schritt seine Innerlichkeit entzogen. Parallel dazu wurden der Frau ihre Außenaktivitäten genommen. »Passivität« und »Emotionalität« werden seither der Frau zugewiesen, Aktivität und Rationalität dem Mann.

Aber immerhin werden 23 Prozent der Frauen vom Arzt auf seelische Ursachen eines Beschwerdebildes angesprochen. Dieser Umstand lässt vermuten, dass Frauen eher psychosomatische Erkrankungen zugestanden werden. Boshaft ausgedrückt, könnte man sagen, Frauen werden eher für »hysterisch« gehalten.

Natürlich darf man nicht in allen körperlichen Erkrankungen eine spezifische Trauerreaktion sehen. Eine ebenso nahe liegende wie einfache Erklärung wäre, dass bestimmte Organe eine gewisse »Krankheitsbereitschaft« haben, die durch die Belastung des Liebeskummers nur verstärkt wird.

Im Übrigen stellten alle Trauerforscher bei ihren Untersuchungspersonen dieselben körperlichen Trauerreaktionen fest: Appetitlosigkeit, Verdauungsstörungen, Asthma, krampfartige Schmerzen in der Brust, Haarausfall, Kopfschmerzen und Nervenstörungen.

EVA, 26
BEZ. DAUER: 4 JAHRE
»Eines Tages war ich bei meiner Freundin mit meiner Familie und dort hat's mich gepackt. Ich habe einen Schüttelfrost bekommen und das hat überhaupt nicht mehr aufgehört. Dann hat mir meine Freundin eine beruhigende Tablette gegeben, die hat ja gewusst, was mich plagt. Aber die Tablette hat eher das Gegenteil bewirkt. Ich habe gesagt, ich will nach Hause. Wir sind ins Auto eingestiegen und wir fahren den Gürtel entlang. Da hat mein Atem völlig blockiert. Ich habe keine Luft mehr bekommen und habe am ganzen Körper gezittert. So etwas habe ich noch nie erlebt. Ich habe das Fenster ganz runtergekurbelt und immer nach Luft geschnappt. Ich habe gesagt, du musst mich zum Arzt fahren, ich habe geglaubt, ich sterbe. Das Herz hat gerast, keine Luft, es war nicht zu verhindern, das Beben. Ein richtiges Beben am ganzen Körper. Dann hat er gemeint, gehen wir ein Stück spazieren, vielleicht tut dir die frische Luft gut. Aber ich habe nicht einmal aus dem Auto aussteigen können, so gezittert habe ich. Dann hat er mich ins Krankenhaus gebracht und da habe ich Brechreiz bekommen, obwohl ich nicht brechen konnte. Es war alles blockiert, alles verspannt.«

DANIEL, 34
BEZ. DAUER: 1 JAHRE
»Das Einzige, was besser geworden ist, ist mein Gesundheitszustand. Ich habe damals fürchterliche Nervenschmerzen gekriegt, furchtbare Schmerzen, wo man das Gefühl hat, es gibt nichts an deinem Körper, was dir nicht wehtut. Und eine furchtbare Unruhe, wo man auch nicht weiß, wie man sich einigermaßen wieder unter Kontrolle bringt. Ich habe es mit Beruhigungsmitteln ver-

sucht, die haben mir vielleicht ein bisschen geholfen. Aber diese Nervenschmerzen wirken sich dann so aus, dass sich das auf irgendwelche Wirbel im Hals konzentriert, und dadurch kriegt man furchtbare Schwindelanfälle. Es ist so, wie wenn man in einen Stromkreis hingerät, und man steht unter Starkstrom, ist an eine Starkstromleitung angeschlossen, alles pulsiert, vor allem in den Nächten.«

ANGELA, 43
BEZ. DAUER: 7 JAHRE
»Mir ist es gewichtsmäßig furchtbar schlecht gegangen. Ich habe abgenommen, fünf Kilo, innerhalb ein paar Wochen. Ich habe dann versucht, wieder zuzunehmen, mit allen Mitteln, ist aber nicht gegangen. Ich habe entsetzlich ausgeschaut, wirklich grauenvoll. Es ist mir erst nach einem Jahr gelungen, wieder zuzunehmen.«

Beim Fragebogen bot ich unter »Körperliche Veränderungen nach bzw. während der Trennung« an, die Frage: »Erkrankung der … des …« handschriftlich zu ergänzen. Dass von dieser Möglichkeit nicht alle Befragten Gebrauch machten, zeigten mir erst die Tonbandprotokolle. Im Gespräch wurden körperliche Erkrankungen weitaus häufiger zugegeben als im Fragebogen. In diesem Zusammenhang fiel mir auch auf, dass öfter rheumatische Beschwerden geschildert wurden, die in einem unmittelbaren Zusammenhang mit der Trennung standen.

BRUNO, 53
BEZ. DAUER: 7 JAHRE
»Man bewegt sich fast nicht. Plötzlich ist der Schmerz da. Ich setze mich hin, es hat nichts mehr geholfen. Ich war gelähmt, unbeweglich. Ich bin erst am dritten Tag mit Händen und Füßen mit dem Taxi zum Doktor und war dann zwei, drei Monate lang arbeitsunfähig. Ich wollte

das nur erwähnen, weil vorher habe ich zu ihr gesagt: ›Ich brauche dich nicht mehr, geh doch!‹, und dann war das da.«

KARIN, 23
BEZ. DAUER: 3 JAHRE
»Nur habe ich nach der Trennung plötzlich sehr große Schwierigkeiten bekommen. Ich habe ein, zwei Wochen nicht gehen können, weil ich solche Ischiasschmerzen hatte. Und dann, eines Abends, bin ich ganz ruhig geworden und habe mir gedacht: Ich lasse ihn gehen, und es waren auch sofort die Schmerzen weg. Sie waren zwar am nächsten Tag wieder da, wenn ich irgendeine Geschichte gehört habe über ihn. Oder wahnsinnige Herzschmerzen oder Herzklopfen, die mich daran gehindert haben, wirklich gut zu funktionieren.«

Das gebrochene Herz

Bei den Interviews fiel mir auf, dass meine Gesprächspartner schwer atmeten, oft seufzten, vor allem, wenn sie von besonders schmerzlichen Ereignissen berichteten. Das war speziell bei jenen Frauen und Männern stark ausgeprägt, bei denen der Liebeskummer noch nicht lange zurücklag bzw. bei jenen, die in der letzten Phase des Trauerprozesses steckten, in der Phase der Akzeptanz.
Noch etwas fiel mir auf: Auch diejenigen, die keine definitiven körperlichen Beschwerden angaben, betonten immer wieder, sie hätten damals »irgendwie ihr Herz« gespürt.

Der volkstümliche Ausdruck »Herzweh«, »Herzleid« sowie die Umschreibung, dass einem »der Kummer schwer auf der Brust liege«, dass es einem »vor Schmerz das Herz breche« oder »zerreiße«, veranschaulicht die zentrale Bedeutung des Herzens im Zusammenhang mit Liebe und Liebeskummer.

In den meisten westlichen Kulturen wird das Herz als »Sitz« der Liebe angesehen. Eine Theorie besagt, dass der Sinusimpuls, der am Blutkreislauf mit beteiligt ist, aus einer nicht-physischen Quelle, nämlich dem »Geist« stammt. Wenn Liebeskummer den »Geist« beeinträchtigt, kann es in der Folge zu negativ empfundenen Herzphänomenen kommen. Darüber hinaus werden die Herzschwingungen von anderen energetischen Wellen im Körper beeinflusst. Auch das wäre eine Erklärung für die Verbindung von Liebesschmerz und Herzschmerz

Dass unser Herz mehr als ein Muskel ist, der das Blut durch den Körper pumpt, steht für mich außer Frage. Das Herz ist ein vermittelndes Organ zwischen Geist, Körper und Seele.

MATTHIAS, 50

BEZ. DAUER: 3 ½ JAHRE

»Es ist, als ob man hohl, ausgehöhlt ist, als ob man die Gedärme herausschneidet oder das Herz herausreißt. Da habe ich verstanden, warum man immer vom Herzen spricht, wenn man Liebeskummer hat.«

LEON, 51

BEZ. DAUER: 7 JAHRE

»Es war eine tiefe Traurigkeit, eine Verzweiflung, die auch körperlich spürbar war. Manchmal weiß man nicht, ist es der Körper, das Herz, das einem wehtut, oder ist es was anderes. Man leidet mit seinem ganzen Sein.«

CHRISTIAN, 29

BEZ. DAUER: 2 JAHRE

»Gesundheitlich geht es mir mies. Ich habe einen öden Magen und wenig Appetit. Mir wird leicht schlecht und ich habe auch öfter Herzschmerzen.«

EVA, 26
BEZ. DAUER: 4 JAHRE
*»Ich hatte fürchterliche Kopfschmerzen und Herzrhyth-
musstörungen, die sind mir geblieben, und auch die
Kopfschmerzen habe ich heute noch. Das ist die Erinne-
rung an diese Affäre. Vor dieser Affäre habe ich kein
Kopfweh gehabt, nie.«*

Existenzielle Bedrohung: »Ohne dich bin ich nichts«

Auch die Antworten auf die Frage »Fühlten Sie sich
als Reaktion auf die Trennung existenziell bedroht?« zeigten, dass Frauen und Männer in vielen Bereichen anders
reagieren. Zwei Drittel der Frauen, aber nur ein Drittel
der Männer beantworteten die Frage mit »Ja«.
Auch die Frau im Jahr 2000 lebt nach wie vor nach dem
Mann hin orientiert. Sie bezieht ihre Identität immer noch
aus zweiter, männlicher Hand und sie definiert ihre Existenz immer noch über die Bedeutung, die sie für einen
Mann hat.
Seit Freuds Theorien über den Penisneid sind viele Jahrzehnte vergangen. Obwohl sich die phallozentrische Gesellschaft gewandelt hat, ist es für viele Frauen schwierig,
die eigene Weiblichkeit zu akzeptieren und sich Männern in jeder Hinsicht gleichwertig zu fühlen.
Diese positive Entwicklung hängt auch davon ab, mit
welchen unbewussten Vorstellungen die Eltern ein Mädchen konfrontieren. Eine Mutter, die dem allein verdie-
nenden Vater mehr Prestige im sozialen Umfeld ein-
räumt, ihn aber wegen seiner privaten Schwächen auch
verachtet, signalisiert der Tochter Widersprüchliches: Einerseits die Zweitrangigkeit und Unterlegenheit der
Weiblichkeit, andererseits eine stille, zu nichts führende
Überlegenheit.
Dieses Verhaltensmuster prägt auch heute noch das
Selbstverständnis vieler Frauen.

Die tief empfundene, eigene Wertlosigkeit wird oft erst über die Identifikation mit dem Partner ausgeglichen. Er repräsentiert das männliche Ideal im Sinne sozialer, ökonomischer und intellektueller Anerkennung. Dieses Ideal möchte die Frau ebenfalls verwirklichen.

Auch wenn die neuen Erkenntnisse der Psychoanalyse und die Errungenschaften der Emanzipation ein anderes, starkes Bild der weiblichen Identität entwerfen, heißt das noch lange nicht, dass sich auch schon der normale Alltag dementsprechend geändert hätte. Die Sozialisationserfahrungen der Frau unter dem Patriarchat sind zählebig und erlauben nur eine langsame innere Wandlung.

Die unabhängige, starke, »neue« Frau gibt es vorerst hauptsächlich in den Medien. In Wirklichkeit sagen 60 Prozent der Frauen, dass sie aufgrund der Trennung Gefühle der existenziellen Bedrohung haben: Über eine entlehnte Identität kann eine Frau nicht verfügen. Sie kann ihr nicht die Basis einer neuen Orientierung sein, denn sie ist gar nicht existent.

Mit dem faktischen Entzug der wirtschaftlichen Lebensgrundlage stehen diese Empfindungen nicht in einem unmittelbaren Zusammenhang: Von den 30 Frauen waren nur vier – und die nur teilweise – auf materielle Unterstützung angewiesen. Die restlichen 26 Frauen waren zumindest wirtschaftlich völlig autonom. Dennoch fühlte sich mehr als die Hälfte von ihnen »existenziell bedroht«, als sich der Partner abwandte.

RICARDA, 29
BEZ. DAUER: 5 ½ JAHRE

»Das waren die Momente, wo ich gedacht habe, mein ganzes Leben stürzt ein wie ein Kartenhaus. Da habe ich erst gemerkt, wie viel Halt er mir gegeben hat. Das war jetzt weg. Das war der freie Fall. So unmittelbar nach dem großen Bruch gab es eigentlich nur ihn für mich. Ich wollte alles tun, um ihn wieder zu kriegen.«

KARIN, 23
BEZ. DAUER: 3 JAHRE
»Mich beschleicht nach wie vor das Gefühl: Ob ich das jemals schaffen werde? Das ist meine größte Angst, dass ich das nicht schaffe. Dass ich nicht wegkomme von dem Bild, neben ihm zu sein.«

VIVIEN, 37
BEZ. DAUER: 4 JAHRE
»Am Anfang hatte ich das Gefühl, dadurch, dass er jetzt weg ist, ist auch meine Welt weg, und mir bleibt gar nichts.«

MARESA, 41
BEZ. DAUER: 18 JAHRE
»Ich habe es nicht fassen können, er war doch ein Teil von mir. Ich konnte überhaupt keine Pläne machen. An eine Woche später zu denken, war mir unmöglich. Nur bis heute Abend, nicht was morgen ist. Es ist nur über einen Tag gegangen, mehr hätte ich nicht geschafft. Ich habe nicht so ein starkes Selbstbewusstsein. Ich habe das Gefühl gehabt, meine Existenz hängt an der Tatsache, ob er dableibt oder nicht.«

Depression: Wenn die Seele Trauer trägt

Nicht mehr ein und aus wissen, von körperlichem und seelischem Trennungsschmerz gequält werden – das sind die Zeichen dafür, dass einen die Depression fest im Griff hat. Die Hälfte der Frauen und fast drei Viertel der Männer wissen, was das bedeutet. Dass mehr Männer als Frauen eine Zeit der Depression erleben, ist auf die Kommunikationsschwierigkeit der Männer zurückzuführen. Im Gegensatz zu den Frauen steht den Männern die entlastende Möglichkeit der Aussprache und der damit verbundenen Hilfe von außen nicht in demselben Ausmaß zur Verfügung wie den Frauen: »Wer nicht spricht, zerbricht!«

Mehr oder weniger stark »depressiv zu sein«, gaben allerdings 90 Prozent meiner Interviewpartner an. So gesehen ist die Depression im Rahmen einer ungewollten Trennung ein nahezu unvermeidliches und keineswegs »krankhaftes« Befinden. Ein depressiver Stimmungszustand als Reaktion auf den Verlust eines geliebten Menschen ist »normal«. Ich vermute, dass in der einen oder anderen depressiven Verstimmung ein pathologisches Potenzial steckt. Aber es kommt nicht grundsätzlich, sondern nur unter bestimmten Bestimmungen zu einem pathologischen Prozess im Sinne einer echten Depression.

Die zentrale Ursache einer Depression ist meist die Erkenntnis der eigenen Hilflosigkeit. Solange es zwischen »Ich« und »Du« einen Austausch gibt, gibt es auch aktive Erfahrungen, egal ob das nun die Erfahrung von Wut oder Hoffnung ist. Erst das Gefühl, absolut hilflos zu sein und ein Schicksal passiv erleiden zu müssen, führt geradewegs in die Depression. Um das zu verhindern, wandeln übrigens viele Liebende Passivität in Aktivität um: Sie halten zumindest noch eine Zeit lang aktiv an der Beziehung fest und verhindern so das Gefühl der Hilflosigkeit und in der Konsequenz davon die Depression.

HENRIETTE, 42
BEZ. DAUER: 4 JAHRE
»Jeden Morgen wachst du auf, bist in dem gleichen Loch. Am Abend legst dich hin und weißt, am Morgen ist es um nichts besser. Das ist grauenhaft.«

EDITH, 32
BEZ. DAUER: 4 JAHRE
»Ich habe mir nie gedacht, dass ich wegen eines Liebeskummers so eine Depression bekommen kann. Aber als ich begriffen habe, dass Alfred endgültig verloren ist, habe ich literweise geheult und bin viel dagesessen, total deprimiert.

Es war die Zeit, wo ich viel herumgesessen bin, einfach nur traurig in die Gegend geschaut und gewusst habe, dass ich gegen dieses Deprimiertsein einfach nichts tun kann.«

JONAS, 48
BEZ. DAUER: 1 JAHR
»Ich will mich manchmal künstlich in eine Wut hinein-steigern, damit ich nicht so deprimiert bin. Dann zähle ich mir auf, was sie alles aufgeführt hat, und sage mir, nein, die nicht mehr. Aber das ist nicht echt. Ich bin des-wegen nicht die Spur weniger deprimiert. Ich muss sa-gen, ich bete sogar für sie.«

Freud legte der Depression den Mangel offener Feindse-ligkeit zugrunde. Er ging von der Annahme aus, dass der Depressive auf den Verlust eines geliebten Menschen mit Wut reagiert. Da aber das »Ziel« der Aggression nicht mehr da ist, wird die Aggression quasi umgeleitet, gegen die eigene Person gerichtet und äußert sich als Depressi-on und Selbsthass – bis hin zu Selbstmordabsichten.

Weinen: Tränenseligkeit für Frauen und Männer

Liebeskummer lässt die Tränen von Frauen und Männern fließen – nahezu alle weinten als Reaktion auf die Tren-nung. Bei den großen Traueruntersuchungen, die Anfang der Siebzigerjahre gemacht wurden, präsentierten sich die Männer noch als scheinbar starkes Geschlecht. Die meisten Witwer empfanden Tränen als unmännlich und versuchten ihre Gefühlsäußerungen zu kontrollieren.
In meiner Untersuchung kam ich zu einem gegenteiligen Ergebnis. Die Männer hatten durchwegs kein Problem zuzugeben, dass sie weinen können. Einige weinten so-gar während unserer Gespräche. Viele bekamen feuchte Augen. Manche Männer betonten, dass sie wegen ihrer Tränen zwar ihre Selbstachtung verloren hätten – trotz-

dem standen sie dazu. Nahezu alle konnten die Tatsache, aus Kummer geweint zu haben, durchaus mit ihrem männlichen Selbstverständnis in Einklang bringen.

RONNIE, 26
BEZ. DAUER: 4 JAHRE«
»Aber den Indianer konnte ich nicht spielen und den Schmerz in mich hineinfressen.«

RICHARD, 39
BEZ. DAUER: 2 JAHRE
»In dieser Zeit des vielen Lesens und Schreibens habe ich oft stundenlang geweint. Die Tränen sind mir runtergeronnen, ohne dass ich irgendeine Kontrolle darüber ausüben hätte können.«

OTTO, 49
BEZ. DAUER: 3 JAHRE
»Ich bin dort gesessen und habe nur geheult. Bin heimgefahren, habe zu Hause geheult, das alles hängt einem sehr nach. Aber durch das Heulen und die ganzen emotionalen Prozesse, die da ausgelöst werden, bin ich diesen starken Druck losgeworden, der da war.«

Egal, ob Frauen- oder Männertränen, eine heilsame Seelenwäsche sind sie allemal. Sie waschen den Schmerz, aber auch Schuldgefühle weg, sie reduzieren innere Spannungen und sie haben gleichzeitig eine an die Umwelt gerichtete Appellfunktion nach Hilfe.

VIKTOR, 25
BEZ. DAUER: 1 1/2 JAHRE
»Man weint und weint und gibt sich vollkommen auf, dass man mehr oder weniger jede Achtung oder Hochachtung vor sich selbst verliert. Das war schrecklich. Das war das Schrecklichste, was ich mitgenommen habe. Man vergisst sich. Auch der Umwelt gegenüber, dass man

*sich richtig gehen lässt. Man weint und weint, es geht gar
nicht anders.«*

Schilderungen darüber, dass man in »Schmerz und in Tränen« mit einer gewissen Wonne »gebadet« habe, waren
häufig, und zwar von Männern ebenso wie von Frauen.
»Tränenseligkeit« im wahrsten Sinne des Wortes.

DIANA, 24
BEZ. DAUER: 3 JAHRE
*»Es fängt damit an, dass man sich reinfallen lässt, in die
Traurigkeit, dass man sich hinsetzt und voller Genuss vor
sich hinheult.«*

CHRISTIAN, 29
BEZ. DAUER: 2 JAHRE
*»Ich lege mir dann sentimentale Platten auf, spiele selber
Gitarre und lese Gedichte, die ich schon jahrelang nicht
mehr gelesen habe. Traurige Gedichte, bei denen ich
weine. Aber auch Gedichte, in denen Aggression und
Verachtung drinnen vorkommen.«*

LUKAS, 34
BEZ. DAUER: 4 JAHRE
*»Ich habe allein zu Hause geweint. Das ist das einzig
Positive dran, weil ich ansonsten das Weinen verlernt
habe. Und wenn das wieder mal durchbricht, dann finde ich es gut. Und weil ich ja ein emotionaler Mensch
bin, tue ich ja was dazu, dass ein bisschen Leidenschaft
dazukommt, und dann bin ich über jede Träne froh, die
hervorbricht.«*

Auch Weinen kann als Eingeständnis der Hilflosigkeit
aufgefasst werden – nahezu alle, nämlich 90 Prozent der
Menschen mit Liebeskummer weinen. Die Übereinstimmung mit der Prozentangabe der Hilflosigkeit – 90 Prozent insgesamt – spricht für sich.

Hilflosigkeit: Das neue Tabu

Rund 90 Prozent der Frauen und Männer, die mir ihren Liebeskummer anvertrauten, gestanden mir auch eine tiefe Hilflosigkeit.

Hilflosigkeit ist ein großes, modernes Tabu. Der Mensch der Gegenwart will alles unter Kontrolle haben – die Natur, die Technik und erst recht sich selbst. Es gibt jede Menge Lebenshilfe-Bücher, die zeigen, wie man aktiv, handlungsfähig und »powervoll« wird. Über Hilflosigkeit gibt es kaum populäre Literatur.

Wenn Sie von einem geliebten Menschen verlassen werden und eine Zweierbeziehung zerbrach, wird Sie – zumindest eine Zeit lang – ein Gefühl der Hilflosigkeit plagen. Offen darüber sprechen werden Sie vermutlich nicht.

Zu diesem seelischen Zustand kommt es, wenn Ereignisse unkontrollierbar sind. Die Erfahrung, dass alle verfügbaren Reaktionen erfolglos sein würden oder erfolglos erprobt wurden, bewirkt die Unkontrollierbarkeit einer Situation. Es ist leicht nachzuempfinden, dass sich ein Mensch, der verlassen wird, auch hilflos fühlt. Durch den Verlust des Partners versiegt nicht nur eine wesentliche Quelle von Glück, man erkennt auch, dass es nichts nützt, eine Entscheidung zu treffen. Sie können nicht darüber »entscheiden«, nicht mehr unglücklich zu sein, sich in einen anderen zu verlieben oder beim Expartner wieder Liebesgefühle zu erzeugen. Keine Entscheidungskraft zu haben vertieft das Gefühl der Hilflosigkeit.

In welchem Ausmaß und wie lange Hilflosigkeit erlebt wird, hängt von der Aussicht auf eine Veränderung ab. Wenn der Kontrollverlust »variabel« erscheint, wird Hilflosigkeit nur kurzfristig als akuter Zustand erlebt. Muss jedoch eine »zeitstabile« Ursache angenommen werden (»Nie wieder …«), kann es zu einer lange anhaltenden Hilflosigkeit kommen, die in den meisten Fällen mit einem Selbstwertverlust verbunden ist.

CLAIRE, 33
BEZ. DAUER: 10 JAHRE
*Mein Hauptproblem war die menschliche Enttäuschung
einerseits und andererseits die Hilflosigkeit. In kurzen
Momenten der Hoffnung sagt man sich, na ja, vielleicht
ist ihm das Kind wichtig, nicht ich. Vielleicht besinnt er
sich wegen des Kindes anders. Aber dann ist nichts und
man fühlt sich doppelt hilflos. Der Hauptpunkt war die
Hilflosigkeit, diese Ohnmacht, das ungeklärte Wie und
Warum.«*

GRETA, 26
BEZ. DAUER: 1 JAHR
*»Durch dieses plötzliche Alleingelassenwerden und
sich nicht rühren, sich um nichts kümmern, was mich
betrifft, habe ich mich damals so gefühlt, als wäre ich
in eine riesige Grube hineingeworfen worden. Ich habe
damals keine Chance mehr gesehen. Weder für mich
noch im Hinblick darauf, dass er doch wiederkommen
könnte. Dieses Gefühl der Machtlosigkeit war ein to-
taler Totpunkt. Das möchte ich nicht noch einmal
haben.«*

MICHAELA, 32
BEZ. DAUER: 9 MONATE
*»Mein Gott, war ich damals hilflos! Aus meiner Sicht hät-
te ich ihm sagen müssen, dass er ein mieser Trottel ist.
Das Wort mies habe ich ihm auch später oft an den Kopf
geworfen. Das hätte ich ihm aber damals sagen sollen. In
meiner Hilflosigkeit war ich aber zu gar nichts fähig. Ich
hätte ja auch nichts gehabt oder gewusst, womit ich um
ihn kämpfen hätte können. Er war nicht mehr interessiert,
er hat mich klar abgeblockt. Diese zwei Jahre waren
wirklich schlimm. Ich glaube, das kommt von diesem
völlig zerstörten Selbstwertgefühl und aus diesen Ängsten
heraus.«*

EVA, 26
BEZ. DAUER: 4 JAHRE
»Es war eine richtige Leere, alles war so bodenlos. Da hat man nicht richtig gewusst, wo man sich festhalten soll und wie man sich in seiner Hilflosigkeit verhalten soll, den anderen Leuten gegenüber.«

MARIANNE, 47
BEZ. DAUER: 7 JAHRE
»Ich bin mir furchtbar verloren und hilflos vorgekommen. Ich habe keinen Halt mehr, wo soll ich hin? Er hat mir ja eine ungeheure Stütze gegeben. Ich habe mich so richtig integriert gefühlt, das war meine Mauer und die Mauer ist zusammengebrochen. Eine schreckliche Hilflosigkeit hat das in mir hervorgerufen.«

HANNA, 30
BEZ. DAUER: 7 JAHRE
»Alle haben gewusst, wo er ist – bei der Frau. Ich bin dorthin und habe Sturm geläutet, bis sie mich reingelassen haben. Ich habe ihn dort in flagranti erwischt. Dann hat es einen totalen Exzess gegeben, in meiner Wut. Schreiduelle und alles. Aber das ist ja auch schwer zu verkraften, wenn man das so miterlebt, wie ein Teil von einem plötzlich ein Teil von einem anderen ist. Also ich wäre zu einem Mord fähig gewesen, ohne Übertreibung. Die Zeit danach war schrecklich. Ich bin regelrecht verfallen. Wütend war ich nicht mehr, eher resigniert. Was habe ich denn ändern können? Nichts. Ich war angewiesen darauf, dass er einen Schritt tut. Ich habe gebundene Hände gehabt.«

Selbstmordgedanken: Endlich Schluss!

Das Gegenteil der aktiven Auseinandersetzung und Bewältigung mit dem Gefühl des Scheiterns und der Hilflosigkeit wäre, sich der Auseinandersetzung einfach zu entziehen: »Endlich Schluss«, wie Peter Turrini sein Einpersonen-Stück nannte. Aber so linear darf man diese »ausweglose« Situation nun auch wieder nicht sehen.

In Selbstmordhandlungen oder Gedanken daran kann auch das Potenzial einer Konfliktlösung stecken. Einerseits fühlt sich der Betroffene einer Situation passiv ausgeliefert, die er als vernichtend erlebt. Andererseits will er dieser Vernichtung aktiv zuvorkommen – in diesem Spannungsfeld erscheint ein Selbstmord manchmal als letzter Ausweg. Eine verzweifelte, letzte Kampfhandlung, die sich dagegen richtet, einem schrecklichen Geschehen ohnmächtig ausgeliefert zu sein.

Obzwar im Fragebogen etwa ein Drittel der Männer und Frauen die Frage nach Selbstmordgedanken eindeutig mit »Ja« ankreuzten, machte ich bei der Bearbeitung der Tonbandprotokolle eine eigenartige Entdeckung: In den Gesprächen wurden Selbstmordgedanken weitaus häufiger verbalisiert. Offenbar ist der Selbstmordimpuls nur flüchtig. Dieses Wissen sollte alle, die mit einem »selbstmordreifen« Liebeskranken konfrontiert sind, dazu veranlassen, alles nur Erdenkliche zu unternehmen, um ihn von diesem »letzten« Schritt abzuhalten: Es soll sicher nicht ein letzter Schritt sein! Wenn man sich wieder stabilisiert hat, lösen sich diese schwarzen Gedanken nicht nur auf, sie werden sogar abgewehrt. Im Gespräch mit mir wurden Selbstmordgedanken mehr oder weniger unkontrolliert geäußert. Dagegen wurde der Fragebogen mit großer Selbstkontrolle ausgefüllt. Ich vermute daher, dass der Wunsch zu sterben zwar öfter vorhanden war, aber nicht immer zugegeben wurde.

Noch etwas fiel mir auf: Weitaus mehr Frauen als Männer kreuzten auf der rating-scale der Selbstmordfrage eine mittlere Position an. Diese signifikant höhere Neigung zu Selbstmordgedanken lässt darauf schließen, dass Frauen damit Fantasien von Ruhe, Wärme und Verschmelzung verbinden. Der Wunsch nach Ruhe wird übrigens auch in der Wahl der Selbstmordmethoden der Frauen deutlich:

90 Prozent der Selbstmorde werden mit Schlaf- und Betäubungsmittel durchgeführt.

NATALIE, 24
BEZ. DAUER: 3 JAHRE

»Hin und wieder habe ich an Selbstmord gedacht, aber ich würde den Schritt nicht wirklich machen. Nein, das hätte ich niemandem angetan, schon alleine nicht meiner Mutter, das hätte ich als echt egoistisch empfunden. Aber die Gedanken tauchen immer wieder auf. Jetzt auch gerade wieder. In letzter Zeit eigentlich wieder mehr. Wenn man was schlucken könnte, was einen von allem befreit, das täte gut.«

Beim Auswerten der Tonbandprotokolle stellte ich auch fest, dass Selbstmordgedanken von Frauen ohne Kinder durch Gedanken an die Mutter, von Frauen mit Kindern durch Gedanken an das Kind abgewehrt werden.

EVA, 26
BEZ. DAUER: 4 JAHRE

»Wenn ich mit Selbstmordgedanken gespielt habe oder sagte, das Leben hat keinen Sinn, habe ich mich immer wieder aufgerafft aus dieser Tiefe. Es muss weitergehen für die Tochter. Für sie bin ich eigentlich da, sonst für niemanden.«

SABINE, 40
BEZ. DAUER: 13 JAHRE

»Hätte ja doch niemand verstanden, dass ich lieber tot gewesen wäre. Was mir geholfen hat, war das Kind. Ich hatte ein Kind, das ich wollte, das verpflichtet.«

SIMONE, 41
BEZ. DAUER: 18 JAHRE

»Ich wollte nicht mehr weitermachen. Ich habe damals meine beste Freundin angerufen und die hat mir ange-

merkt, dass ich sehr sonderbar klinge. Ich habe es nicht direkt gesagt, nur: Ich weiß nicht, wie es weitergeht. Ich habe nichts angekündigt. Ich wollte sie auch nicht anrufen, damit sie mich abhält. Sie hat zu mir gesagt: ›Ich habe den Eindruck, heute geht's dir ganz mies.‹ Ich sagte: Ja, das stimmt. Sagt sie: ›Du bist eine gute Mutter, du liebst deine Kinder, darum bist du so fertig.‹ Ich sage ja. Sagt sie: ›Großartig, jetzt gehst du her und machst einen Blödsinn. Das ist das Tollste, was du deinen Kindern antun kannst. Denn zu der Situation, die die Kinder jetzt verkraften müssen, haben sie dann auch noch eine Mutter, die aufgegeben hat. Du, ich find das irrsinnig gut, dass du deine Kinder so liebst und ihnen ihr Leben zerstören willst. Wenn sie einmal heiraten wollen und gefragt werden, wo ihre Mutter ist, na, da tust du ihnen wirklich viel Gutes. Du bist eine gute Mutter. Super, ich gratuliere dir, mache es.‹ Da habe ich es nicht getan. Über diesen Aspekt war ich so entsetzt, dass ich mir gesagt habe: Um Gottes willen, das hat ja Folgen, entsetzliche Folgen für die Menschen, die ich liebe. Da dachte ich nicht mehr an Selbstmord.«

VANESSA, 27
BEZ. DAUER: 7 JAHRE
»Ich habe mich schon auf so viele Arten umgebracht! Es ist ungeheuerlich, was ich schon alles mit mir gemacht habe. Und dann kommt immer wieder die Mutter. Und ich denke, solange die Mutter lebt, werde ich das nicht machen.«

RUDOLF, 28
BEZ. DAUER: 2 ½ JAHRE
»Es war immer in der Nacht, wenn man keinen Schlaf findet. Dann wird man regelrecht überwältigt. Ich habe mich angezogen, bin aufs Dach und habe zwei-, dreimal einen Anlauf genommen. Ich bin dann ausgerutscht und da war die Panik, ums Leben zu kommen, ziemlich groß.

Beim zweiten Mal war es wieder in der Nacht. Wieder kein Schlaf. Ich bin ins Badezimmer gegangen und habe mir die Adern aufgeschnitten, aber so, dass man heute nichts mehr sieht. Ich bin in Ohnmacht gefallen. Als ich aufgewacht bin, war da viel Blut und ich habe mir gesagt, gib es auf, wenn du es jetzt nicht schaffst, schaffst du es nie mehr.«

JONAS, 48
BEZ. DAUER: 1 JAHR
»Ich fühle mich jetzt sehr allein. Das Ärgste war, als ich im Spital lag. Ich habe gedacht, wer wartet jetzt auf dich, wenn du heimgehst? Die Freundin, deretwegen du alles aufgegeben hast, hat sich abgeseilt. Das tut weh und gibt zu denken. Ja, es hat mir sehr wehgetan. Ich habe mir oft ausgemalt, wie das wäre, wenn man in so einer Situation stirbt. Wer vergießt dann wirklich echte Tränen? Oder weint einem sowieso schon lange niemand mehr eine Träne nach?«

FRANK, 33
BEZ. DAUER: 2 JAHRE
»Da bin ich eine Straße gefahren, die hatte sehr viele Kurven. Ich bin gefahren und habe gedacht, in einer Kurve fahre ich geradeaus weiter, dann hat das Ganze ein Ende. Ich mag nicht mehr. Ich war körperlich fertig, das war ein halbes Jahr nachher. Da habe ich mir gedacht, nein, ich halt das nicht aus. Und in dem Moment habe ich mir gedacht, nein, das kannst du nicht machen. Ich nenne das meinen inneren FI-Schalter, der runter fällt, wenn im Stromkreis was ist. Er schützt ie Anlage. Der Entschluss, nicht zu sterben für diese Sache, war gleichzeitig der Entschluss, den Schmerz zu bewältigen.«

Im Übrigen zeigt eine Selbstmorduntersuchung bei 318 Personen, dass Konflikte durch Zurückweisung oder

Weggang eines Liebespartners der häufigste Anlass für einen Selbstmordversuch sind. Frauen verüben häufiger Selbstmordhandlungen, de facto kommt es aber bei mehr Männern zum tatsächlichen Freitod.

Nach den Erfahrungen, die ich mit Menschen machte, die wegen ihres Liebeskummers oft nicht mehr zurechnungsfähig sind, sehe ich die Selbstmordproblematik grundsätzlich anders: Der Trennungsschmerz führt oft geradewegs in eine schwere Depression. Aber es handelt sich nahezu immer um eine vorübergehende Reaktion. Nach ein paar Wochen oder Monaten besteht der Wunsch zu sterben meist nicht mehr, obwohl die Lebensumstände unverändert sind.

Zu dieser positiven Entwicklung kommt es offenbar dadurch, dass der tiefste Zustand der Hilflosigkeit, durch den die Zukunft grau in grau gesehen wird, überwunden ist. Bei meinen Interviews wurde dieser Aspekt besonders deutlich. Diejenigen, die ihre Selbstmordgedanken aussprachen, taten es mit einem Unterton der Fassungslosigkeit und Verwunderung, wenn das Ereignis schon länger zurücklag.

Aggression: Die Verführung zur Wut

So wie die Liebe viele Gesichter hat, so ist auch Liebeskummer nicht gleich Liebeskummer. Manche Frauen und Männer erleiden den Schmerz des Scheiterns passiv – die klassischen »Opfer«. Andere wieder reagieren mit erschreckenden Wut-, Rache- und Hassgefühlen – die Täter. Rache ist ein archaisches Gefühl, ein »Urbedürfnis« nach Ausgleich. Außerdem können die Rachegedanken passives Leiden erleichtern – zumindest in der Fantasie vergibt man dem anderen das, was er einem angetan hat. Von allen Emotionen sind Wut und Aggression allerdings am schwierigsten unter Kontrolle zu bringen. Zugleich ist Wut ein verführerisches Gefühl. Sie wird von einem selbstgerechten, inneren Monolog angetrieben und liefert neue, scheinbar überzeugende Argumente, Aggressionen freien Lauf zu lassen.

Rache ist nicht süß

Früher dachte man, dass es heilsam sei, der Wut »freien Lauf« zu lassen. Inzwischen weiß man, dass ungezügelte Wut nicht unbedingt zu der gewünschten »Katharsis« führt. Im Gegenteil.

Lange anhaltende Aggression kann in »unbezähmbaren« Hass übergehen, der nichts zur Lösung des Konfliktes beiträgt. Was also tun?

Gestehen Sie sich Aggressionen zu. Aber suchen Sie ab dem Moment, an dem Sie immer tiefer in die Hassspirale geraten, auch nach »guten Gründen«, warum es besser für Sie ist, Ihre Aggressionen umzulenken – zum Beispiel in den Sport oder in körperliche Arbeit. Auch die wüstesten Wutattacken bringen Ihren Expartner nicht mehr zurück. Die reale Vergeltung bringt Ihnen persönlich gar nichts. Sie haben den Expartner vielleicht beim Finanzamt angeschwärzt oder sein neues Auto zerkratzt – seine Liebe bekommen Sie dadurch nicht zurück. Nicht einmal innere Genugtuung verspüren Sie. Ihre finsteren Rachemaßnahmen vertiefen nur noch mehr Ihre Abhängigkeit, indem Sie nun auch der Sklave negativer Emotionen sind. Andererseits ist es nicht notwendig, dass Sie sich Vergeltungsmaßnahmen grundsätzlich verbieten. Entscheidend ist, dass es nur Gedanken bleiben, denen keine Taten folgen.

HANNA, 30
BEZ. DAUER: 7 JAHRE
»Ich schreibe Zettel, wenn ich das Auto sehe, und schreibe drauf ›Du Schwein‹, um meine Aggressionen loszuwerden. Ich gehe im Kreis, es nützt nichts, ich komme

mir vor, als würde ich mit meinen Fäusten gegen eine Betonwand schlagen, und die Betonwand bleibt total unverändert und es tut sich gar nichts. Das ist mit meiner Seele zu vergleichen. Ich mache mir meine Seele kaputt.«

MARESA, 41
BEZ. DAUER: 18 JAHRE
»Ich habe jetzt komischerweise keine Aggressionen mehr gegen ihn. Ich habe jahrelange Aggressionen gehabt, aber jetzt, wo die Entscheidung gefallen ist, habe ich keine Aggressionen gegen ihn. Ich habe mich entliebt. Für mich bin ich frei. Das ist ein Plus in meinem Leben. Ich bin ich und nicht mehr wir, die Phase ist absolut vorbei.«

SUSANNE, 30
BEZ. DAUER: 1 ½ JAHRE
»Die Wut richtet sich gegen ihn, weil er mich provoziert. Er könnte es ja diskreter machen, könnte vielleicht das Auto woanders hinstellen. Wenn ich das Auto sehe, kriege ich Herzklopfen bis zum Hals herauf. Und denke, jetzt ist er bei ihr im Büro und wartet, bis sie mit ihrer Arbeit fertig ist. Jetzt werden sie in einer Viertelstunde gemeinsam Händchen haltend herunterkommen, und dann wird er ihr die Tür aufmachen, sie werden nach Hause fahren. Dann male ich mir aus, was dann weiter sein wird. Wie sie zusammen einen netten Abend verbringen. Das arbeitet wahnsinnig in mir und ich kann noch so nette Dinge vorhaben, ich bin plötzlich dermaßen schlecht gelaunt und wütend, ich kann es nicht abschütteln.«

RUDOLF, 28
BEZ. DAUER: 2 ½ JAHRE
»Da kam für mich das erste Mal so eine Art von Rachegefühl. Ich habe ihr nicht gesagt, dass ich zu einem Freund ziehe. Ich war einfach plötzlich nicht mehr da. Ich wollte bewusst inszenieren, dass sie sich Sorgen macht, wenn

sie nicht weiß, wo ich bin. Da ist dann Hass hochgekommen. Diese egoistische Idiotin! Warum muss man sich von so einer Kuh überhaupt wehtun lassen? Man sollte ihr alles doppelt und dreifach heimzahlen. Was glaubt so eine Frau eigentlich, wer man ist? Keine Traurigkeit und auch keine Einsamkeit. Dann kam es zu einer aggressiven Auseinandersetzung, wo ich sie ziemlich beschimpft habe. Sie wollte ein klärendes Gespräch, ich sagte, darauf scheiß ich!«

DIETER, 48
BEZ. DAUER: 3 ½ JAHRE

»Bei mir hat sich das Ganze in Hass umgewandelt. Ich habe die größte Freude, wenn ich etwas Negatives über sie höre. Ich höre gern, dass es ihr schlecht geht. Es ist mir lieber, als wenn ich hören würde, sie ist glücklich mit einem anderen Mann. Das wäre mir nicht angenehm.«

RITA, 31
BEZ. DAUER: 3 JAHRE

»Irgendwann hat er mich auch geohrfeigt. Ich habe jahrelang sicher gewusst, wenn mich ein Mann schlägt, dann drehe ich mich um und sage ›Geh für immer aus meinen Augen‹. Das war aber nicht so. Es war merkwürdig. Ich habe das Gefühl gehabt, ich verdiene mir die Ohrfeigen. Er hat mich auf der einen Seite sehr gekränkt damit, dass er mich geohrfeigt hat, andererseits habe ich gesehen, wie hilflos er ist, und ich habe mich schuldig gefühlt.«

LORENZ, 33
BEZ. DAUER: 5 JAHRE

»Dieser Hass ist auch ein Gefühl. Das ist so stark, dass es den Kummer überlagert hat. Der Kummer war so unerträglich, dass der Hass noch erträglich war.
Ich habe in mir diesen Hass getragen, um ertragen zu können, dass sie mich verletzt hat. Von einem Menschen, den man liebt, kann man Verletzungen nicht ertragen.

Wenn man ihn aber hasst, dann kann man diese Verletzung ertragen, weil dann nimmt man ihn eigentlich nicht mehr so ernst. Da ist er einem nicht mehr wichtig.«

FRITZ, 39
BEZ. DAUER: 6 MONATE
»Sie hat alte Herzen gesammelt und an einer langen Kette getragen. Ich habe mit einer Zange alle Herzen von der Kette abgezwickt. Das war eine kurzfristige Erleichterung. Wie wenn man ein Ventil aufmacht.«

GERDA, 43
BEZ. DAUER: 7 JAHRE
»Ich mache auch furchtbare Sachen, indem ich ihr ein T-Shirt geschickt habe zum Geburtstag mit einem Totenkopf. Ich wünsche ihr den Tod, jetzt wünsche ich beiden den Tod und picke ihm auf sein Auto Totenköpfe drauf. Ich kann mich eigentlich nur abreagieren, wenn ich diese furchtbaren Frustrationen kriege und diese Enttäuschung und diese Wut über alles, indem ich mir ausmale, aber wirklich bis ins kleinste Detail ausmale, wie die beiden umgebracht werden können.«

SABINE, 40
BEZ. DAUER: 13 JAHRE
»Am liebsten würde ich sie umbringen. Und wenn es kein Strafgesetz geben würde gegen Mord aus Liebeskummer, dann hätte ich es schon getan, skrupellos. Ich habe diese Gedanken immer wieder.«

Gedanken an den Tod des Partners:
Das »Schicksal« soll das Problem lösen

Liebeskummer treibt uns zu extremen Reaktionen: Entweder richtet sich die Aggression eines Verlassenen in Form einer Depression oder massiver Selbstvorwürfe gegen sich selbst – oder gegen den, der diesen Schmerz verursachte. Ungefähr jeder dritte Mann und fast jede zweite Frau denkt an den Tod jenes Menschen, mit dem ihn/sie die wunderbaren Gefühle der Liebe verbanden.

Diese Gedanken erschrecken vielleicht, aber sie sind nahe liegend. Es ist leichter zu ertragen, einen geliebten Menschen an den Tod als an das Leben zu verlieren. Igor Caruso sah darin »eine Kapitulation vor dem Tod im Leben«.

PATRICK, 38
BEZ. DAUER: 6 JAHRE
»Manchmal stelle ich mir vor, dass ihr irgendetwas passiert. Sie soll nicht leiden, sie hat einen Autounfall oder ein Herzversagen und ist tot.«

MONIKA, 28
BEZ. DAUER: 5 JAHRE
»Ich habe ein Bild, da sehe ich ihn tot vor mir. Ich sehe die Todesanzeige, das Begräbnis und wie ich weine. Ich bin traurig, dass er gestorben ist. Aber es ist eine gute Traurigkeit. Nicht das, was ich jetzt fühle.«

Die Vorstellung, der verlorene Partner wäre tot, erlaubt auch die Fantasie, er würde in der starren Ewigkeit quasi »konserviert« sein, nicht mehr anders und daher auch nicht mehr untreu werden. Darüber hinaus enthält der Gedanke an den Tod des Partners auch den magischen Wunsch, dass das »Schicksal« auf diese Weise einen unerträglichen Konflikt lösen könne.

Todeswünsche im Zusammenhang mit einer Trennung sind aber auch zweideutig, denn sie sind sowohl gegen sich selbst als auch gegen den anderen gerichtet.

Selbstvorwürfe können, aber müssen nicht immer mit vermehrten Gedanken an den Tod des Partners im Zusammenhang stehen. Schon Sigmund Freud erkannte, dass bei genauem Hinhören erkennbar wird, wie wenig Selbstvorwürfe oft auf den zutreffen, der sie gegen sich erhebt. Sie passen viel mehr auf den, der die Liebe zurückwies.

Davon abgesehen sind unter den rückgewendeten Selbstvorwürfen sicher auch ein paar berechtigte – schließlich ist die Liebesbeziehung nicht grundlos gescheitert.

Da es oft die Frauen sind, die einen Großteil der »Beziehungsarbeit« leisten, ist es also nicht verwunderlich, dass sich mehr Männer als Frauen Selbstvorwürfe machen.

Geschwister: Rivalen unter einem Dach

Mir fiel schon während der Interviews, aber besonders bei der Bearbeitung der Tonbandprotokolle auf, dass meine Gesprächspartner oft sagten, ihre reifen Geschwisterbeziehungen seien gut, allerdings seien die frühen schlecht gewesen.

Diese Geschwisterrivalität ist für die Situation des Liebeskummers von großer Bedeutung: Je größer die Feindseligkeit zwischen Geschwistern war, desto mehr Probleme gibt es bei der Bewältigung von Trennungssituationen.

KARIN, 23
BEZ. DAUER: 3 JAHRE
»Meine Schwester hat eine Zeit lang sehr unter mir gelitten, weil ich sehr hart geworden bin. Ich kann mich erinnern, dass wir brüllend durchs Haus gelaufen sind, ich sie an den Haaren gezogen habe, ich sie teilweise wirklich geschlagen habe. Das wirft sie mir nach wie vor vor.«

RITA, 31
BEZ. DAUER: 3 JAHRE
»Als mein Bruder auf die Welt gekommen ist, habe ich mir ein Hautekzem zugelegt. Ich war auf bestimmte Nahrungsmittel allergisch und die Mutter hatte immer was extra kochen müssen für mich, ohne tierisches Eiweiß. Da sie sich besonders um mich kümmern musste, wurde

ich nicht gar so schlimm vom Thron gestürzt. Das fette Baby, das da herumlag und ihre ganze Aufmerksamkeit in Anspruch nahm, das wollte ich immer kochen, aufessen und in den Mistkübel werfen – hat man mir erzählt. Und die Augen ausstechen wollte ich ihm auch.«

INES, 32
BEZ. DAUER: 6 JAHRE
»Bis vor ein paar Jahren habe ich Kinder unter 13, 14 für Monster und Ungeheuer gehalten. Nach den Erfahrungen mit meinen Geschwistern habe ich mir nicht vorstellen können, selber Kinder zu bekommen.«

LINDA, 29
BEZ. DAUER: 4 JAHRE
»Als meine Schwester auf die Welt gekommen ist und meine Mutter eine Woche im Krankenhaus war, habe ich ganz arg mit Neurodermitis reagiert. Das weiß ich aus Erzählungen meiner Mutter.«

DIANA, 24
BEZ. DAUER: 3 JAHRE
»Von meiner Seite war eine gewisse Eifersucht, weil sie Freunde gehabt hat und ich war die Zurückgezogene. Ich hätte selber auch diese Freunde haben wollen. Später ist sie dick geworden, da war die Eifersucht auf ihrer Seite, und seit sie wieder dünn ist, ist es sehr ausgewogen. Die Eifersucht ihrerseits hat auch ein Problem ausgelöst. Sie meint, ihre Freunde mögen mich mehr als sie. Ich habe mich daraufhin zurückgezogen, weil mir das zu arg war. Mittlerweile können wir uns gegenseitig lassen.«

LORENZ, 33
BEZ. DAUER: 5 JAHRE
»Damals bin ich, wenn mein Vater oder meine Mutter irgendetwas Positives über einen meiner Brüder gesagt haben, was mich sehr verletzt hat, abgezischt in

*mein Zimmer und habe dann irgendetwas kaputtge-
macht, was ich sehr geliebt habe. Ich wollte, dass er
schuld ist, wenn ich das kaputtmache. Dann löst er
Hassgefühle in mir aus, und ich kann Hass aufkommen
lassen.«*

Diese Aussagen zeigen, dass für ein Kind die Ankunft eines Geschwisters eine traumatische Erfahrung sein kann.
Das kleine Baby, dem sich die Mutter verstärkt zuwenden
muss, ist mehr als ein Störfaktor. Es löst in dem älteren
Kind nicht nur Trennungsängste aus, sondern auch Feindseligkeit. Dieser kleine Wurm ist ja schuld daran, dass die
Mutter nicht mehr ausschließlich das ältere Kind »im Auge« hat, sondern ihre Gefühle quasi portionieren und verteilen muss.
John Bowlby, der sich jahrzehntelang mit dem Bindungs-
verhalten zwischen Mutter und Kind befasste, kam zu
dem Schluss, dass die Ursache für so manche übertriebe-
ne Angst vor dem Verlassenwerden in der Geschwisterrivalität liegt. Verlassenwerden tut immer weh. Allerdings
wird man als Erwachsener umso schlechter mit Trennungssituationen fertig, je ausgeprägter die Feindseligkeit
gegenüber einem Geschwister war. Verschlimmert kann
die Situation auch noch dadurch werden, wenn Eltern
versuchten, die Eifersucht und Feindseligkeit eines älteren Kindes zu banalisieren, es dafür zu bestrafen und ihm
ein »liebevolles« Verhalten aufzuzwingen. Dadurch
»lernt« das Kind, dass Ablehnung etwas Böses ist, wofür
man bestraft wird. Als Erwachsener hat man dann
Schwierigkeiten, eine Trennung, die sein muss oder
schon längst fällig wäre, zu vollziehen: Man darf ja nicht
»böse« sein.
Die Eifersucht eines Kindes auf ein Geschwister ist eine
gesunde Reaktion, die dazu dient, sich auf die neue Situation einzustellen. Wenn man als Kind dafür kein Verständnis bei den Eltern fand und sogar mit Liebesentzug
und Zurückweisung bestraft wurde, kann es zu einem

grundsätzlichen Vertrauensverlust Menschen gegenüber kommen, von denen das eigene Wohlbehagen abhängt. Diese unbewusste Haltung macht es schwierig, positive Zukunftsperspektiven zu entwickeln.

ROSA, 26
BEZ. DAUER: 4 MONATE
»Ich habe einen drei Jahre jüngeren Bruder. In meiner Kindheit hatte ich eine sehr schwere Beziehung zu ihm, weil ich sehr eifersüchtig war. Er war immer krank und hat sich damit die Liebe eingehandelt von allen Leuten. Und bei mir war es immer so: Du bist eh stark. Du kommst schon über die Runden. Ich habe in der Schule keine Probleme gehabt, er war das geliebte, umsorgte Sorgenkind. Meine Mutter sagte einmal zu mir, du musst schon verstehen, dass ich ihn lieber habe als dich, denn er braucht mich ja. Das war ein Satz, der mich über Jahre begleitet hat. Ich habe sehr viel mit ihm gestritten, aus Trotz. Dann bin ich ins Internat gekommen und er auch. Das war eine Erleichterung für mich. Seitdem hat sich das absolut gebessert.«

TANJA, 23
BEZ. DAUER: 8 MONATE
»Meine Schwester, wobei wir uns sehr ähnlich gesehen haben, war eine konstante Konkurrenz. Sie war ein Jahr in Italien und hat mir kein einziges Mal geschrieben. Ich ihr auch nicht.«

Frauen und Männer, die in ihrer Kindheit zu einer außergewöhnlich fürsorglichen Haltung gegenüber Geschwistern angehalten wurden, neigen auch in Partnerschaften dazu, eine besonders fürsorgliche Position einzunehmen. Sich aus so einer Beziehung zu lösen dauert länger und fällt noch schwerer als sonst.
So fragte sich die 31-jährige Rita, warum sie immer so viel Verständnis für den Mann aufbrachte, der sich auf

ziemlich schäbige Weise von ihr trennte. »Ich habe immer die Verantwortung für das übernommen, was er getan hatte«, sagte sie. Rita musste auch die Verantwortung für ihre drei jüngeren Geschwister übernehmen. Sie erinnerte sich daran, dass ihr diese Geschwister »ziemlich lästig waren, eben weil mir die Mutter viel Verantwortung übergeben hat«. Gleichzeitig war ihr die Rolle der »Ersatzmutter« aber auch wichtig, da sie sich damit die Zuwendung der Eltern sichern wollte.

MICHAELA, 32
BEZ. DAUER: 9 MONATE
»Die Beziehung zu meinen Geschwistern war nicht gut, weil ich von meiner Mutter sehr stark in die Rolle der älteren Schwester gedrängt worden bin. Wir sind knapp hintereinander zur Welt gekommen und ich musste immer auf meine beiden jüngeren Schwestern aufpassen. Das hat einen großen Bruch zu ihnen gebracht und es uns unmöglich gemacht, dass wir eine harmonische Beziehung aufbauen hätten können. Manchmal leide ich heute noch darunter. Außerdem war auch die Dreierkombination sehr ungut, weil es immer zwei zu eins war. Die zwei waren meist meine jüngeren Schwestern und eins, das war ich.«

Ein wesentlicher Punkt im Liebeskummer-Erleben ist das erste »Liebes-Dreieck« (s. S. 30), in das jedes Kind verstrickt ist. Ursprünglich wünscht es sich ja den andersgeschlechtlichen Elternteil für sich, findet sich aber dann damit ab, dass Mama ja doch dem Papa gehört und umgekehrt. Durch die Konfliktsituation mit einem neu angekommenen Geschwister kann das intuitive Gefühl für die wechselseitige Anziehung und das Zueinandergehören der Eltern beeinträchtigt werden. Als Folge davon kann es passieren, dass der »Ödipuskomplex« (der andersgeschlechtliche Elternteil wird als Liebesobjekt aufgegeben, anstatt dessen setzt die Identifikation mit dem gleichgeschlechtlichen ein) nicht positiv bewältigt werden kann. Der subjektive, vielleicht gar nicht zutreffende »Eindruck«, das schmerzhafte Empfinden, dass die kleine Schwester oder der kleine Bruder bei der geliebten Mutter oder dem vergötterten Vater »mehr Glück hat« als man selbst, kann diese unaufgelöste ödipale Verstrickung in einer Trennungssituation wieder aktualisieren. Ein eindringliches Beispiel dafür ist Lindas Aussage. Sie spricht über ihre Rivalin, so wie sie als Kind ihrer Schwester gegenüber empfand:

»Dass sie mehr gekriegt hat als ich, das hat mich in eine fürchterlich depressive Phase hineinversetzt und ich habe mich gar nicht erholen können davon.
Es gibt schon Zeiten, wo ich drüberstehe. Aber häufiger ist das andere, da komme ich immer wieder auf den Kerngedanken zurück: Warum sie und nicht ich? Warum sie und nicht ich?«

Wenn sich ein Kind über lange Zeit hindurch gegenüber einem Geschwister benachteiligt fühlt, kann es so massiv entmutigt und in seinem Selbstvertrauen so schwer erschüttert werden, dass jeder Liebeskummer eine extreme narzisstische Krise wird.
Eltern bemühen sich zwar, ihre Aufmerksamkeit und Zuwendung gleichmäßig auf ihre Kinder zu verteilen. Dass es aber dennoch häufig zu einer »Aschenbrödel/Lieblingskind«-Situation kommt, ist nahezu unvermeidlich.

PETRA, 28
BEZ. DAUER: 4 JAHRE
»Ich war das Lieblingstöchterchen vom Papa. Ich war immer sehr lieb und angepasst und habe mir so seine Zuneigung geholt, und deswegen hat er mich viel mitgenommen. Zu meiner Schwester war ich sehr brutal und habe sie sehr dominiert. Ich habe sehr viel Macht

über sie gehabt. Ich war immer die Prinzessin und habe sie als Knecht hergerichtet. Ich und meine Freunde waren immer die Schönen und sie war immer der Sklave.«

HANNA, 30
BEZ. DAUER: 7 JAHRE
»Ich war eher ein Außenseiter und meine Geschwister waren immer zusammen. Es hat viele Jahre gegeben, da habe ich wie ein Einzelkind gelebt, eher mit Freunden als mit Geschwistern.«

KARIN, 23
BEZ. DAUER: 3 JAHRE
»Meine drei Geschwister sind auf die Mutter fixiert gewesen, die haben den Vater abgelehnt, weil er so streng war. Aber zu mir war er nicht streng, weil ich so war wie er. Ich habe schon als kleines Kind beschlossen ›Ich werde so wie der Vati‹ und habe schon mit drei Jahren Lesen und Schreiben gelernt, weil ich ihn so gescheit gefunden habe und so gescheit werden wollte wie er. Er war sehr stolz auf mich und ich war auch immer sein bevorzugtes Kind.«

Nicht nur elterliche Bevorzugungen, auch die »Geschwisterreihe« provoziert Rivalitätsgefühle und Feindseligkeit unter Geschwistern. Der/die Älteste wird um die Vorrechte, der/die Jüngste (»Nesthäkchen«) um die vermehrte Zärtlichkeit oder geringere Strenge beneidet. Die mittleren Geschwister (Sandwich-Position) streben einerseits nach den Rechten der älteren und nach der Aufmerksamkeit, die die jüngeren bekommen.

HARALD, 36
BEZ. DAUER: 5 JAHRE
»Mein Bruder ist der jüngste und meine Schwester die zweitälteste. Ich kann mich nur erinnern, dass ich mich

mit ihr lange Zeit irrsinnig gestritten habe. Da hat es immer einen Kampf gegeben, ständig. Das hat sich erst geändert, wie meine Schwester fünfzehn, sechzehn geworden ist und wie sie alleine fortgehen wollte. Ich bin zwei Jahre älter als meine Schwester, ich war immer der älteste, der auf die Kleinen aufpassen musste und den Kopf hinhalten musste. Und auf einmal war ich der Fürsprecher für meine Schwester, vor allem beim Vater. Die Mutter hat sich da rausgehalten. Und der Kleine, der ist sieben Jahre jünger als ich, der war natürlich das Nesthäkchen. Der hat alles bekommen, das haben wir auch kritisiert. Mit dem habe ich dann später ein gutes Verhältnis gehabt, weil ich dann sein großes Vorbild war.«

INES, 32
BEZ. DAUER: 6 JAHRE
»Manchmal, wenn wir Schwestern zusammenkommen, dann schauen wir uns an und fragen uns: Wer weiß, ob wir nicht die besten Freundinnen sein könnten, wenn wir nicht zufällig Schwestern wären.«

Trennungssituationen: Plötzlich ist man »mutterseelenallein«

Verlassenheit ist ein Kinderschicksal. Nicht zufällig findet sich schon in der Bibel die Geschichte des ausgesetzten Moses in seinem Körbchen.
Eine Trennungssituation ist ein Drama, das nahezu jeder Mensch nicht nur einmal, sondern sogar öfter erleiden muss. Natürlich empfindet man eine Trennungssituation mit 60 anders als mit 16. Doch unabhängig davon können die Trennungssituationen, die man als Kind erlebte, ein wesentlicher »Schrittmacher« dafür sein, wie man später als Erwachsener mit einer Trennungssituation umgeht.

Die Frage nach Trennungssituationen in der Kindheit (Kindergarten, Schuleintritt, Abwesenheit der Mutter, Geschwisterankunft usw.) wurde mit erstaunlich detaillierten Angaben beantwortet. Ganz offensichtlich lassen sich Erinnerungsspuren an Trennungen nicht leicht auslöschen.

HELENE, 31
BEZ. DAUER: 1 ½ JAHRE
»Ich erinnere mich an meine Blinddarmoperation, wo ich – ich glaube, ich bin noch nicht in die Schule gegangen – im Spital war. Diese Trennung damals, die ist mir genau in Erinnerung. Im Speziellen die Szenen im Spital. Da war ein Kind mit mir im Zimmer, das die anderen Kinder gequält hat. Ein verhaltensgestörtes Kind, das auf den Betten herumgeturnt ist und uns wehgetan hat. Am Nachmittag war meine Mutter da und hat mich gegen dieses Kind verteidigt. Als sie dann weggegangen ist, war das furchtbar für mich. Dieses Ausgesetztsein, dieses Nichtbeschütztsein. Als ich in den Kindergarten gekommen bin – ich wollte immer in den Kindergarten –, war es auch so. An dem Tag, wo mich meine Mutter hingebracht hat, bin ich total ausgeflippt. Ich habe sie dort in den Finger gebissen, als sie gehen wollte.
Ich habe sie so schwer verletzt, dass sie geblutet hat. Ich habe mich dann aber schnell beruhigt. Das ist etwas, was ich auch jetzt noch kenne, dass ich Abschiede hasse.«

HANNA, 30
BEZ. DAUER: 7 JAHRE
»Da bin ich gesessen und habe ein Bild von meiner Mutter gehabt und habe auf sie gewartet. Ich weiß nicht mehr, wo sie war und wann sie gekommen ist. Ich kann mich nur erinnern, wie ich ihr Bild umklammert habe.«

ERNST, 39
BEZ. DAUER: 2 JAHRE

*»Mein Vater hat für eine Handelsfirma gearbeitet und
meine Mutter war seine Assistentin, sie waren sehr auf-
einander eingespielt und es war für meinen Vater eine
Selbstverständlichkeit, dass meine Mutter mit ihm diese
Reisen machen wird. Er hat auch gefunden, dass es für
einen Jungen besser ist, ein paar Jahre seines Lebens
weg von der Mutter, der Familie, in einem Internat zu
sein. Ich bin in das Internat mit acht oder neun Jahren
gekommen und das war furchtbar. Ich habe entsetzlich
gelitten, habe Nächte durchgeweint und war maßlos
enttäuscht. Ich habe das nicht begriffen, warum meine
Eltern mich im Stich gelassen haben. Warum sich meine
Mutter gegen mich und für meinen Vater entschieden
hat.«*

Ich habe bei den Interviews immer wieder gehört, dass
Frauen und Männer aus Angst vor einer Trennung zu un-
glaublichen Zugeständnissen bereit waren und eine
kaum nachvollziehbare Leidensbereitschaft entwickel-
ten. Dahinter steckt die Angst, »ohne den anderen nicht
weiterleben zu können«.
Diese Furcht sitzt tief, denn es handelt sich um eine Kin-
derangst. Eben jene Angst, die man als Kind in einer Trennungssituation empfand, der man machtlos ausgeliefert
war. Jedes Kind muss Trennungen von den Eltern überste-
hen oder wegen eines Umzuges Freunde und Vertraute
hinter sich lassen. Jede einzelne dieser unvermeidbaren
Situation kann sich dermaßen tief in die Seele versenken,
dass in späteren vergleichbaren Lebenslagen wiederum
die Angst wach wird, ohne den anderen nicht leben zu
können.
Normalerweise kann eine Frau, die von ihrem Partner
verlassen wird, ohne ihn weiterleben. Auch ein Mann,
der seine Geliebte verliert, ist nicht ernsthaft lebensunfähig. Aber in Trennungssituationen tauchen jene kindli-

chen Ängste und Gefühle auf, die Jahre oder Jahrzehnte im Verborgenen schlummerten.

Die Verlassenheitsängste der Kindheit sind deshalb so zäh, weil ein Kind ohne den schützenden Erwachsenen wirklich handlungs- und lebensunfähig ist. Wenn später eine Liebesbeziehung zerbricht, fühlt man sich wieder wie damals als Kind »mutterseelenallein«.

In Märchen werden oft Geschichten von verlassenen Kindern erzählt, die es später im Leben zu etwas Besonderem bringen. Sie werden Königinnen, Helden oder leisten Außerordentliches. Im Alltag geschehen solche Wunder selten. Aber eines ist möglich: Wenn Sie glauben, ohne den Partner nicht leben zu können, sollten Sie sich bewusst machen, dass diese Furcht unrealistisch für die Gegenwart ist. Mit dieser Einsicht werden Sie frei für den Blick nach vorne und dafür, endlich alle Ihre Fähigkeiten und Möglichkeiten zu entwickeln. Und gerade das geschieht oft auf dem Höhepunkt der Trennungskrise.

Fast alle, die sich an konkrete Trennungssituationen erinnern konnten, erzählten auch von urlaubsbedingten Trennungen von den Eltern, die sie noch nach Jahrzehnten bewegten.

RUDOLF, 28
BEZ. DAUER: 2 ½ JAHRE
»Wenn meine Eltern auf Urlaub gefahren sind, sagten sie immer, es kann sein, dass sie nicht zurückkommen. Das war so eine blöde Angst von ihnen, weil sie immer geflogen sind und eine furchtbare Angst vorm Fliegen hatten. Es wurde immer besprochen, was sein wird, wenn sie abstürzen. Für mich war da als Kind eine unheimliche Angst dahinter.«

WOLFGANG, 41
BEZ. DAUER: 1 JAHR
»Einmal hat mich meine Mutter zu Verwandten aufs Land gegeben, damit ich mich nach einer Krankheit

erhole. Das war furchtbar. Ich bin noch kränker geworden anstatt gesünder. In der Nacht habe ich mich angezogen ins Bett gelegt, weil ich jederzeit zum Abholen, zum Nachhausefahren bereit sein wollte.«

STEFANIE, 29
BEZ. DAUER: 3 JAHRE
»Meine Mutter hat mir erzählt, dass sie mich im Alter von zwei Jahren zu meinen Großeltern brachte, weil sie in Urlaub fahren wollten, ohne mich. Und als sie mich wieder abholten, habe ich sie nicht angeschaut. Da war ich scheinbar sehr böse auf sie.«

Häufig waren nicht nur der Schmerz und die Verlassenheit früher Trennungen, sondern auch Trennungssituationen der Pubertät besonders schmerzhaft in Erinnerung. In diesem Entwicklungsabschnitt, in dem die Identität durch die sexuelle Reifung starke Impulse bekommt, lebt der ödipale Konflikt ebenfalls schnell und leicht wieder auf.

MARA, 28
BEZ. DAUER: 6 MONATE
»Mit 13 bin ich nach Frankreich gefahren, zu einer französischen Familie. Da habe ich unendlich unter Heimweh gelitten. Ich war in einer entsetzlichen Familie, die mir überhaupt kein Geborgenheitsgefühl gegeben hat. Ich war nur geduldet und sie verdienten Geld an mir, mehr war da nicht. Ich kann mich erinnern, da habe ich dann meine Eltern beschimpft, was sie für Rabeneltern sind, dass sie mich da im Stich lassen, dass es ihnen zu teuer sei, mir ein Rückflugticket zu kaufen. Und meine zwei Brüder sind zu Hause und haben es schön. Da habe ich mich irrsinnig allein gefühlt.«

MANUELA, 39

BEZ. DAUER: 8 JAHRE

»Die Eltern sind sehr viel gereist. Vor allem die Trennung von der Mutter habe ich immer sehr schwer verkraftet. Da habe ich noch bis 12, 13, 14 sehr stark darunter gelitten. Jedes Mal, wenn sie drei, vier Wochen weg war, habe ich sie die ersten Tage vermisst und geheult. Oder wenn ich im Sommer weggefahren bin, habe ich schrecklich Heimweh gehabt.«

Bei den Erzählungen über den Liebeskummer und über das Sehnen nach dem verlorenen Partner tauchten oft Erinnerungen an Heimwehgefühle auf. Diese Schilderungen von Heimweh-Gefühlen berührten mich sehr: »Heimweh« ist eine rückwärts, also in die Vergangenheit gerichtete Sehnsucht. Wenn man Heimweh als »Sehnsucht nach dem verlorenen Vertrauten« begreift, werden die Assoziationen zwischen Liebeskummer und Heimweh verständlich.

GRETA, 26

BEZ. DAUER: 1 JAHR

»Diese Zeit hat mich an die Zustände erinnert, in denen ich als Kind Heimweh gehabt habe. Ich habe oft so Heimweh gehabt, dass ich den ganzen Tag losheulen hätte können. Ich war furchtbar unglücklich, wenn mich meine Mutter in gutem Glauben bei der Mutter einer gleichaltrigen Freundin untergebracht hat. Ich habe auch später noch sehr viel Heimweh gehabt. In dieser Zeit habe ich mich so gefühlt wie damals als Kind. Natürlich versucht man sich abzulenken, aber das gelingt nicht wirklich. Mir sind eigentlich noch nie nahe stehende Personen weggestorben, aber so muss das sein. So stelle ich mir das vor. Dass da plötzlich jemand nicht mehr da ist oder zumindest nicht mehr in der Weise da ist, wie du es gewöhnt bist und brauchst.«

MICHAEL, 30
BEZ. DAUER: 2 ½ JAHRE
»*Zum ersten Mal bin ich mit meinem Bruder so mit 13, 14 Jahren nach England auf Urlaub gefahren. Da war ich im Zug so traurig, obwohl ich es nicht erwarten habe können wegzukommen. Ich hatte furchtbar Heimweh. Heute natürlich nicht mehr. Aber ich kann mit Trennungen nicht umgehen. Ich bin nicht gern alleine, ich verreise nicht gern alleine, lieber zu zweit. Mit Trennungen, auch wenn sie von mir ausgehen, kann ich einfach nicht umgehen.*«

Familiäres: Die Ursehnsucht nach Geborgenheit

Das Erleben von Geborgenheit und Ungeborgenheit ist im Liebeskummererleben ein wesentlicher Faktor.
Sicher hat bei Ihnen schon einmal der Anblick eines Nestes spontan Assoziationen zu Schutz und Wärme ausgelöst. Ihre Reaktion ist einer der Beweise für die evolutionäre Verwurzelung der Geborgenheit. In jedem von uns steckt ein gewaltiges Bedürfnis nach Zugehörigkeit und Akzeptanz. Genau genommen handelt es sich dabei um eine Ursehnsucht, die evolutionär verankert ist – ohne Wärme und Geborgenheit gibt es kein Überleben.
Das Bedürfnis nach Zugehörigkeit, Wärme, Schutz, Vertrautheit und Sicherheit wird erst in der Familie und später in einer Liebesbeziehung erfüllt. Aber das »Angenommenwerden« beginnt schon in dem Moment, in dem sich das befruchtete Ei in die Gebärmutter einnistet und das neue Leben von der Mutter akzeptiert wird. Paradiesische Geborgenheit, wortlose Wunscherfüllung und Verschmelzung bestimmen die vorgeburtliche Zeit. Mit dem Augenblick der Geburt haben die seligen Gefühle der Sicherheit ein Ende.
Säuglinge schweben nicht im siebenten Himmel, auch wenn sie im Himmelbettchen liegen. In einem hilflosen, kleinen Wesen werden massive Überlebensängste ausge-

löst, wenn nicht mehr automatisch alle Bedürfnisse erfüllt werden. Durch die Ur-Verunsicherung der Geburt entsteht ein lebenslanges Bedürfnis und Streben nach Sicherheit. Aus diesem Grund fliegen wir einander in die Arme, wollen wir gehalten werden, geborgen sein und kuscheln. In solchen Momenten ist der vorgeburtliche, angstfreie Zustand wieder hergestellt.

Der tiefe Schmerz des Liebeskummers entsteht durch das Erleben von Ungeborgenheit. Die Bindung an einen Menschen ging verloren und Sie wussten oder wissen nicht, wie Sie sich gegen diesen Kummer wehren könnten. Wer sich ungeborgen fühlt, kann nicht glücklich sein.

EDITH, 39

BEZ. DAUER: 8 JAHRE

»In meiner Beziehung war mir Sicherheit ein großes Bedürfnis. Und die Angst bei der Trennung und die Angst unterzugehen. Allein nicht bestehen zu können. Alleine nicht lebensfähig zu sein. Wenn mir etwas gegen den Strich geht, brauche ich jemanden, der mich hält, der mir richtig Halt von außen gibt.«

GRETA, 26

BEZ. DAUER: 1 JAHR

»Ich weiß, dass mir so war, als hätte man mir den Boden unter den Füßen weggezogen. Er hat so zu meinem Leben dazugehört, dass ich mir nicht vorstellen habe können, ohne ihn zu sein. Ich bin mir so entsetzlich allein vorgekommen. Als ob ich überhaupt keine Möglichkeit mehr hätte weiterzuleben.«

HEINRICH, 36

BEZ. DAUER: 6 JAHRE

»Natürlich sagt man sich, das Leben geht weiter, Aber wenn ich am Abend in die leere, kalte Wohnung komme, weiß ich nicht, wie es weitergehen soll.«

Scheidung: Das zerstörte Nest

Dem tiefen, existenziellen Wunsch nach Geborgenheit und Intaktheit des familiären Verbandes steht die Tatsache gegenüber, dass heute in Großstädten jede zweite Ehe geschieden wird. Damit wurde die legale Trennung zum biografischen Normalfall. Dennoch bleibt eine Scheidung oft ein traumatisches Ereignis für ein Kind.

ROSA, 26
BEZ. DAUER: 4 MONATE
»*Seit ich mich erinnern kann, haben meine Eltern immer von Trennung und Scheidung gesprochen. Das hat mich fertig gemacht. Und hat auch ziemliche Spuren hinterlassen. Andererseits habe ich bei wirklichen Trennungen immer mit Verdrängung reagiert oder mit Flucht. Ich bin mit zehneinhalb ins Internat gekommen. Das war einerseits eine sehr bewusste Flucht, weg von zu Hause, wo es immer um Trennungen und Streitigkeiten gegangen ist.*«

TANJA, 23
BEZ. DAUER: 8 MONATE
»*Nachdem ich in einer sehr heilen Welt aufgewachsen bin, war für mich der Gedanke, dass sich meine Eltern trennen könnten, das Schlimmste, was es überhaupt gibt. Irgendwann haben sie es scherzhaft erwähnt. Der Gedanke war für mich irrsinnig schwer, hat wahnsinnig wehgetan, es war ein echtes Schockerlebnis. Vor ein paar Jahren war da ein Erlebnis: Mein Vater hatte so ein paar schwachsinnige Horoskope gelesen, da stand, wie das Leben überhaupt weitergeht, und er sagte, wer weiß, ob es überhaupt mit dieser Frau weitergeht nach 25 Jahren. In dem Moment war ich schockiert, weil ich mich mit dem Gedanken nie auseinander gesetzt habe, dass sich die zwei echt trennen könnten. Für mich war das gegeben, die mussten einfach zusammenbleiben.*«

TRIXI, 31
BEZ. DAUER: 9 JAHRE
»Meine Eltern waren geschieden und haben dann aus
finanziellem Druck und unter dem Druck von uns Kindern wieder geheiratet. Als ich auf meinen Vater verzichten musste, habe ich ziemlich darunter gelitten. Ich
habe deswegen ständig geheult und habe versucht, den
Vater zu uns zurückzuholen. Ich war es, die versucht
hat, den Vater zurückzuholen, meine Geschwister weniger.«

RICHARD, 39
BEZ. DAUER: 3 JAHRE
»Dadurch, dass ich bei meiner Großmutter aufgewachsen bin, waren die Frauen für mich ein Ausweg aus einer
sehr trostlosen Welt. Ich hatte immer das Gefühl, dass
ich meiner Großmutter und meinen geschiedenen Eltern
ausgeliefert bin. Die schoben mich ja ständig herum.
Ich wollte eh raus, da waren eben die Frauen später ein
Ausweg für mich. Frauen waren Teil einer Perspektive
und Sinn des Lebens. Wenn das dann zusammengebrochen ist, habe ich mich ganz alleine gefühlt, ganz
extrem, von allen verlassen, das hat das Ganze verstärkt.«

Die vaterlose Gesellschaft

Ein zumindest »körperlich abwesender« Vater wurde vor
allem von den Frauen beklagt. Die Soziologinnen Benard
& Schlaffer führten in Deutschland 150 Interviews durch,
die zeigten, dass sich seit Mitscherlichs »Vaterloser Gesellschaft« nicht viel geändert hat: Auch wenn der »neue
Vater« bei der Geburt dabei ist, ist er nicht mehr als ein
Phantom. Väter werden auch dann als abwesend erlebt,
wenn eine Ehe nicht geschieden ist.

PAULA, 32
BEZ. DAUER: 4 JAHRE
»Mein Vater hat mit uns als Kinder überhaupt nichts an-
fangen können. Meine Mutter war total auf ihre eigenen
Füße gestellt. Alleine mit ihren zwei Kindern, und der
Mann hat den Macho gespielt. Ist abgehauen, wenn es
ihm zu viel geworden ist. Er war viel unterwegs.«

BIRGIT, 26
BEZ. DAUER: 3 JAHRE
»Er sagt auch von sich selber, dass er früher einfach
ein totales Arschloch war, wie er sich verhalten hat. Was
für falsche Werte er gehabt hat und nach denen gelebt
hat und sich irrsinnig toll gefühlt hat. Mittlerweile ist
er ja auf so klein geschrumpft. Was für ihn ja auch
schlecht ist. Wenn er oberflächliche Werte hätte, könnte
er sich an die klammern, aber die hat er auch nicht
mehr.«

STEFANIE, 29
BEZ. DAUER: 3 JAHRE
»Zu meinem Vater hatte ich immer ein sehr neutrales Verhältnis, der war nie wirklich präsent. Er war der Wissenschaftler, fast unerreichbar.«

SUSANNE, 30
BEZ. DAUER: 1 ½ JAHRE
»Ich habe ganz eng mit meiner Mutter gelebt und habe
wenige Erinnerungen an meinen Vater. Meine Eltern haben sich später scheiden lassen. Mein Vater hat sehr viel
gearbeitet, war wenig zu Hause. Er hatte wenig Angriffs-
fläche für mich und war irgendwie kühl.«

Die Abwesenheit des Vaters ist mehr als ein passives
Defizit. Ein nicht präsenter Vater beeinträchtigt den Verlauf der kindlichen Entwicklung und verursacht Ängste
und Verunsicherungen. Wenn es einem Sohn nicht

möglich ist, sich dem Vater als Identifikationsmodell zuzuwenden, und die Mutter auch nicht die Tüchtigkeit des Vaters idealisiert, kann es für den Sohn problematisch werden, eine sichere Geschlechtsidentität zu entwickeln. »Vaterlose« Mädchen erwarten oft noch als erwachsene Frau von ihrem Partner den Schutz und die Überlegenheit, die sie in der Kindheit gebraucht hätten.

GÜNTHER, 38
BEZ. DAUER: 7 JAHRE
»Mein Vater hat immer sehr viele Geschichten erzählt. Andererseits war die Beziehung zu ihm dadurch getrübt, dass meine Mutter über ihn nur schlecht geredet hat. Als ich älter geworden bin, habe ich schon verstanden, dass er zu ihr nicht das war, was sie sich gewünscht hat. Sie war viel jünger als er, war ein lediges Kind und hat unter dieser Vaterlosigkeit gelitten. Und sie hatte weder Vater noch Ehemann gehabt, denn er hat sich um sie nicht gekümmert. Er war verschlossen. Deshalb hat sie ihn bei uns Kindern in ein schlechtes Licht gestellt.«

RICARDA, 29
BEZ. DAUER: 5 ½ JAHRE
»Ich war noch ein sehr kleines Kind, da habe ich mich danach gesehnt, irrsinnig danach gesehnt, bei meinem Vater am Sonntag im Bett zu kuscheln, gestreichelt zu werden und ein sehr starkes Geborgenheitsgefühl zu haben. Dieses Gefühl hat sich leider weiter in mein Leben hineingezogen und hat dazu geführt, dass ich später einen 15 Jahre älteren Mann geheiratet habe. Für mich war immer klar, dass ich einen Mann brauche, der mich beschützt. Ich hab zwar nicht gewusst, wovor, aber das Gefühl des Beschütztseinwollens, das war da.«

Rosa, 26
Bez. Dauer: 4 Monate
»Gewisse Parallelen zwischen gewissen Partnern und meinem Vater habe ich immer wieder. Einerseits lieben, andererseits hassen. Ich habe immer wieder dieselben Gefühle, wenn mich wer zurückstößt. Das erinnert mich immer an meinen Vater, der mich auch immer zurückgestoßen hat.«

Gerlinde, 29
Bez. Dauer: 2 Jahre
»Mein Vater hat hauptsächlich für seinen Beruf gelebt und dadurch für seine Kinder wenig Zeit aufgebracht. Das war der Grund, warum ich eigentlich keinen Vater gehabt habe.
Da habe ich mir oft gedacht, aufgrund dessen, was er uns Kindern zeigt und der Mutter antut, darf man ihn gar nicht lieben. Man sollte ihn eigentlich hassen. Früher habe ich ihn sicher sehr gehasst und abgelehnt. Diese Gefühle waren aber immer mit Traurigkeit und Enttäuschtsein verbunden und dem Empfinden, dass er mir als Vater fehlt.«

Patricia, 33
Bez. Dauer: 5 Jahre
»Er war präsent, weil Wohnung und Büro zusammen waren. Er war sehr oft da, aber er hat sich mit uns nicht beschäftigt und auseinander gesetzt. Schon daher war für mich die Beziehung nicht existent, er war keine wirkliche Bezugsperson.«

Den meisten Frauen war bewusst, dass sie die Vaterbeziehung, die sie als Kind vermissten, in einer Partnerschaft nachholen wollten und sich von einem Partner jene Eigenschaften erhofften, die sie sich von ihrem Vater erwartet hätten.

DAGMAR, 41

BEZ. DAUER: 18 JAHRE

»*Wir haben die Pausen miteinander verbracht und es war so, dass ich in ihm den Vaterersatz gesucht habe.*«

Viele Frauen sagten auch, dass sie die Trennungssituation an das Weggehen oder die Abwesenheit des Vaters erinnern. Alle diesbezüglichen Fragen und Erinnerungen taten ihnen besonders weh.

DORIS, 35

BEZ. DAUER: 7 JAHRE

»*Trotz meiner eher schlechten Beziehung zu meinem Vater hat er in allen meinen entscheidenden Beziehungen im Hintergrund mitgewirkt. Diese Angst, die ich gehabt habe, sobald es um eine Trennung gegangen ist, dieses quälende Gefühl,* »*wenn er jetzt weggeht, dann kommt er nicht wieder*« *– das kenne ich von meinem Vater. Ich hatte immer Angst gehabt, wenn er weggeht, dann kommt er nicht mehr. Diese Angst hatte ich sogar noch als größeres Mädchen. Da sind wir einmal miteinander weggefahren. Wir saßen in einer Raststätte und er ging aufs WC. Dann hat er noch telefoniert und ist lange nicht wiedergekommen. Ich saß da und war überzeugt davon, er lässt mich hier allen Ernstes sitzen. Damals war ich 13. Ich bin von beiden Eltern viel allein gelassen worden. Ich war oft nächtelang allein.*«

BEATRIX, 28

BEZ. DAUER: 4 JAHRE

»*Obwohl diese Geschichte die schmerzlichste und, was die Trennungsversuche anlangt, die schwierigste in meinem Leben war, kenne ich eine ähnliche Situation schon von meiner ersten großen Liebesgeschichte. Auch das war damals eine massive, sexuelle Abhängigkeit. Auch dieser Mann war viele Jahre älter als ich und hat mich sehr oft an meinen Vater erinnert. Mein Vater war eine*

196

wichtige Figur in meinem Leben, obwohl ich schwer mit ihm zurechtgekommen bin. Erst jetzt, nach dieser letzten Trennung, ist es möglich, dass ich Dinge mit ihm aushandeln kann.«

Natürlich wird nicht jede Vater-Tochter-Beziehung später zu einem Persönlichkeits- oder Partnerschaftsproblem. Aber wenn eine Frau von ihrem Partner extrem abhängig ist oder Partnerschaften immer wieder wegen des gleichen Problems zerbrechen, lohnt es sich, über die Rolle nachzudenken, die der Vater in ihrem Leben gespielt hat und wahrscheinlich immer noch spielt.
Auch aus den Berichten der Männer hörte ich ein tiefes Bedauern darüber heraus, nur einen fernen, distanzierten Vater gehabt zu haben bzw. zu haben.

LUKAS, 34
BEZ. DAUER: 4 JAHRE
»Auf meinen Vater habe ich immer verzichten müssen, bis zum heutigen Tag. Er entsprach überhaupt nicht meinen Ansprüchen, Vorstellungen und Wünschen. Ich hatte nie ein herzliches Verhältnis zu meinem Vater. Ich konnte nie mit Problemen zu ihm gehen. Da war immer eine Scheu meinerseits, die er verursacht hat. Er hatte kein Interesse an mir.«

FABIAN, 27
BEZ. DAUER: 3 JAHRE
»Meine Eltern haben sich scheiden lassen, aber mein Vater war in der Kindheit sowieso nicht existent. Er war nicht erreichbar. Ich habe ihn erst viel später wieder getroffen.«

RICARDA, 29
BEZ. DAUER: 5 ½ JAHRE
»Es gab zwischen uns weniger offene Auseinandersetzungen als eher Zurückhaltung. Wir Kinder haben in sei-

ner Gegenwart nichts mehr erzählt und auch Konflikte nicht mehr ausgesprochen. Es war von vornherein so, dass unsere Mutter uns gelehrt hat, dem Papa nichts zu erzählen, weil er ohnedies sofort sauer wird.«

Die emotional-geistige Abwesenheit des Vaters muss nicht immer und nicht unbedingt dessen Schuld sein. Nicht selten sind es die Mütter, die den Vater ausgrenzen. Wenn zwischen einer Mutter und ihrem Sohn eine »geheime Verschwörung« besteht, hat der Vater oft gar keine Chance, zwischen sich und dem Sohn eine echte, tiefe Liebesbeziehung herzustellen.

JONAS, 42
BEZ. DAUER: 8 JAHRE
»Ich habe ihn sehr geliebt, aber ich habe nicht mit ihm reden können. Wir sind im Auto gesessen und haben kein Wort gesprochen. Er hat ja gewußt, dass ich weiß, was da läuft, mit seinen finanziellen Geschichten. Und er ist davon ausgegegangen, dass ich ihn dafür in irgendeiner Form verachte. Er hat aber nie mit mir darüber gesprochen. Da habe ich oft große Aggressionen gegen ihn gehabt. Weil ich immer so zwischen den beiden gespalten war. Einmal für meine Mutter Partei ergreifen, einmal für ihn. Aber für ihn Partei ergreifen, das war wie Verrat. Das war für meine Mutter unter jeder Kritik, dass ich zu meinem Vater halte.«

Der Glanz im Auge der Mutter

Wie eng das Band zwischen Mutter und Sohn sein kann, zeigten die Antworten auf die Frage, wie die Beziehung zur Mutter war. Fast drei Viertel der Männer, aber nur etwa die Hälfte der Frauen sagten »sehr gut«. Dieser Unterschied lässt vermuten, dass eine Problematik in punkto der Geschlechterpolarität dahinter steckt.

Die französische Psychoanalytikerin Christiane Olivier berichtet von Still-Untersuchungen, die beweisen, dass Mädchen früher entwöhnt werden als Jungen. Das Fläschchen wird früher (im 12. Monat) abgesetzt als bei Jungen (im 15. Monat). Das Stillen dauert bei Jungen im Durchschnitt 45 Minuten, bei Mädchen 25 Minuten.

Aus einer anderen Untersuchung wird ersichtlich, dass kleine Mädchen auf dieses mütterliche Verhalten reagieren. Bereits ab dem ersten Lebensmonat zeigte sich bei 94 Prozent der Mädchen einer Untersuchungsgruppe Schwierigkeiten bei der Ernährung, dagegen nur bei 40 Prozent der Jungen. Olivier spricht auch etwas aus, was jeder schon beobachtet oder sogar selbst erlebt hat: Mütter sind auf eine ganz bestimmte Art und Weise in ihre Söhne verliebt.

Auf den männlichen Säugling richtet sich der stolze, begehrliche Blick der Mutter. Dagegen ist der weibliche Säugling (und auch später das kleine Mädchen) in den Augen der Mutter süß und lieb, aber nicht sexuell anziehend oder begehrenswert. Dieses Fehlen des »begehrlichen Blickes« schafft nicht nur einen luftleeren Raum, der später vom Begehren eines Mannes abhängig macht oder gar zu einer Ernährungsstörung, wie Magersucht oder Bulimie – die Leere wird mit Nahrung ersetzt – führen kann.

Nicht nur der notwendige »Glanz im Auge der Mutter« fehlt so manchem kleinen Mädchen, sondern auch die Überzeugung, nur um seiner selbst willen geliebt zu werden. Fast scheint es, als würde es genügen, ein Junge zu sein, um anerkannt zu werden. Er wird häufig um seinetwillen geliebt, während man von einem Mädchen erwartet, dass es zärtlich, dankbar und hilfsbereit ist. Beim Mädchen genügt das Geschlecht oft nicht, um anerkannt zu werden.

CLAUDIA, 33
BEZ. DAUER: 10 JAHRE
»Ich habe nicht sehr viele gute Erinnerungen an meine
Kindheit und meine Mutter. Ich habe sehr viel tun müs-
sen. Ich habe zwei Brüder gehabt, die mussten nichts tun.
Und ich habe sehr viele Schläge für meine Brüder einge-
steckt.«

ROSA, 26
BEZ. DAUER: 4 MONATE
»Diese Trennung ist ja hauptsächlich von ihm ausgegangen. Nachdem ich meinen Körper schon immer ablehne,
mich hässlich und dick fühle, war es klar, dass er irrsinnig
wichtig war für mich, zumal er der war, der es geschafft
hat, mir diese Angst vor meinem Körper zu nehmen. Wo
ich nicht an meinen großen Hintern oder meine dicken
Oberschenkel gedacht habe. Meine Mutter hat immer gesagt, wenn ich einmal schwanger sein werde, werde ich
aussehen wie ein Germknödel. Meine Mutter meint es
vielleicht nicht so, aber sie sagt sehr harte Sachen. Dass er
mich dann zurückgewiesen hat, das hat mir sehr stark zu-
gesetzt. Und zusätzlich war auch der Verlust von dieser
körperlichen Vertrautheit schmerzlich. Weil ich das vorher
noch nie erlebt habe und das so irrsinnig schön war.«

SONJA, 33
BEZ. DAUER: 3 JAHRE
»Meine Beziehung zu meiner Mutter war sehr distanziert,
eigentlich nicht sehr innig. Ich kann nicht sagen, ich hätte ihr etwas von mir erzählt, das nicht. Bei uns war es immer so: Es gibt Sachen, die man tun darf und die man
nicht tun darf. 90 Prozent darf man nicht tun, und über
das andere wird nicht gesprochen.«

Ein anderer Grund für einen Mutter-Tochter-Konflikt besteht in der Tatsache, dass viele Mütter noch immer nicht
wirklich autonom sind. Trotz eines Berufes und wirt-

schaftlicher Unabhängigkeit sind sie oft vom Partner bis zur Unterdrückung abhängig. Um nicht Konsequenzen für ihr eigenes Leben ziehen zu müssen, unterstützen sie oft nicht die Eigenständigkeit der Tochter. Manchmal versuchen sie sogar, sie zu verhindern.

SOPHIE, 24
BEZ. DAUER: 3 JAHRE
»Ich war ein sehr dickschädliges Kind und schon früh sehr egoistisch. Ich war immer ziemlich direkt und ehrlich. Das kann ja auch zerstörerisch sein und hat die Beziehung zu meiner Mutter eher problematisch gemacht, weil ich von meiner Mutter schon eher unterdrückt worden bin. Auch später, als sie gesehen hat, dass sie auch gern mehr von dem gehabt hätte, wie ich war. Da sie eher zurückhaltender ist und nicht so laut, wie ich es manchmal bin.«

Je weniger gut einer Tochter die Auseinandersetzung mit so einer mächtigen Mutter gelingt, je mehr die Mutter die Identitätsforderung der Tochter behindert, je schlechter dieser die Emanzipation von den mütterlichen Vorstellungen gelingt, desto konfliktträchtiger, vielleicht sogar feindselig kann die Haltung der Tochter gegenüber der Mutter sein.

Aufbruch zu neuen Ufern

Irgendwann kommt der Tag, an dem ein Liebeskummer-Kranker endlich das Gefühl hat: »Es geht bergauf!« Der Körper spielt nicht mehr total verrückt. Die Gedanken kreisen nicht mehr ausschließlich um den Expartner. Der Trennungsschmerz lässt langsam nach.

Natürlich haben Sie den grausamen Abschiedsprozess alleine durchlitten. Aber vermutlich haben Sie auch Hilfe gesucht und letztlich auch bekommen. Immerhin antworteten auf die Frage, wer geholfen hat, 80 Prozent: »Freunde«.

Trennungszeit ist Zeit der Freundschaft

Wenn es zum seelischen Zusammenbruch beim Liebeskummer kommt, sind Freunde so etwas wie Hebammen bei einer Geburt. Sie zeigen nicht ihre Überforderung und fragen nicht genervt: »Wann ist das Theater endlich vorbei?« Freunde begleiten den Gepeinigten in seiner Krise, sind geduldig und einsatzbereit.

Unter Freundschaft wird im Allgemeinen eine Beziehung verstanden, in der – über gemeinsame Interessen hinaus – Kriterien der Offenheit, Diskretion, der Verzicht auf Belehrung, Toleranz, Einsatzbereitschaft und Verständnis gelten. Die Bedeutung einer Freundschaft ist dem Scheitern einer Liebesbeziehung proportional. Er/sie kennt meist die Beziehungsgeschichte und die beteiligten Personen. Er/sie war höchstwahrscheinlich selbst schon einmal in einer ähnlichen Situation und kann auf die Problematik dementsprechend verständnisvoll eingehen.

STEFANIE, 29
BEZ. DAUER: 3 JAHRE
»Ich habe mit einer Freundin alles durchanalysiert. Sie hatte auch denselben Draht, alles zu analysieren. Mindestens zwei Jahre lang sind wir bei jedem Treffen auf dieses Thema gekommen. Wir haben den Werdegang und den weiteren Lebensweg von ihm begleitet und die neue Beziehung verfolgt.«

RITA, 31
BEZ. DAUER: 3 JAHRE
»Am meisten haben mir Freunde geholfen. Einerseits haben mich die Freunde dazu ermutigt, meine Gefühle auf-

zuzeichnen. Wenn ich mein momentanes Befinden in Farbe ausgedrückt habe, war das unheimlich heilsam für mich. Ich habe auch immer genug Freunde gehabt, die einfach nur da waren für mich.«

TANJA, 23
BEZ. DAUER: 8 MONATE
»Meine allerbeste Freundin wusste dann jeden Satz, den ich sagte oder den er gesagt hat. Normalweise tue ich das nicht, dass ich das alles herumerzähle.«

SONJA, 33
BEZ. DAUER: 3 JAHRE
»Am Anfang konnte ich mit niemandem sprechen, da hat es nur meine Freundin gewusst, die ich bis zum Umfallen damit gelöchert habe. Jetzt habe ich mit einer anderen Freundin gesprochen, die selber Eheprobleme gehabt hat. Mit so jemandem spricht man sich leichter aus, da wird man eher verstanden.«

La Rochefoucauld meinte zwar boshaft, dass am Unglück unserer Freunde etwas sei, das uns nicht unbedingt missfällt. Aber es wäre falsch und undankbar, eine intensive, freundschaftliche Anteilnahme als persönliche Genugtuung »Mich trifft's nicht« zu sehen. Es ist das lebendige Interesse an einem existenziellen Thema, wie es der Liebeskummer nun einmal ist, das Freunde zu unverzichtbaren und wichtigen Helfern macht. Mit diesem vitalen Interesse ist auch der enorme zeitliche Aufwand zu erklären, der in dieser Krisenzeit in Gespräche investiert wird.

Da ein Freund frei von mütterlichen bzw. väterlichen Projektionen und Erwartungen ist, kann er gegenüber den Verhaltensweisen des Verlassenen tolerant sein. Vor allem aber kann ein Freund, ohne in den Sog einer gemeinsamen, familialen Vergangenheit zu geraten, erweiternd und belebend argumentieren. Das sind ideale Voraussetzungen in einer scheinbar ausweglosen Situation, den

Schmerz zu verarbeiten, Abstand zu sich selbst zu bekommen und den eigenen Denk- und Gefühlshorizont zu erweitern.

Von den Männern wurden oft Frauen als »Freunde, die halfen«, genannt. Das weibliche Talent, Beziehungsprobleme gut zu verbalisieren und zu diskutieren, Nähe herzustellen und Empathie zeigen zu können, wäre die nahe liegendste Erklärung für die Vorliebe vieler Männer, sich mit Frauen auszusprechen. Ich sehe darin aber auch eine Zuflucht zur tröstenden, alles verstehenden Mutter.

DANIEL, 34
BEZ. DAUER: 1 JAHR
»Wirklich gut und ausführlich reden konnte ich eigentlich nur mit der gemeinsamen Freundin, die sie und ich gehabt haben. Mit der habe ich sehr viel über meine Gefühle gesprochen. Aber dann war es auch zu viel des Guten, immer nur darüber zu sprechen, und ich habe von einem Tag zum anderen aufgehört damit.«

BERT, 38
BEZ. DAUER: 4 JAHRE
Ich habe mit der ersten Frau, mit der ich nach meiner Trennung zusammen war, sehr intensiv darüber gesprochen. Für sie war das ein Problem, denn sie hat sich persönlich abgelehnt gefühlt. Das war nicht gegen sie gerichtet, das habe ich für mich selbst gebraucht. Das war schon eine Schwierigkeit in der Beziehung. Gleichzeitig war es eine Phase, wo ich es intensiv bearbeitet habe. Weil ich versucht habe, ihr zu erklären, wie es mir geht. Wir haben dann gemeinsam daran gearbeitet.«

HARALD, 36
BEZ. DAUER: 5 JAHRE
»Natürlich hat man Freunde, die es gut meinen. Aber es endet meist mit Parteiergreifen für den oder den. Sich

hineinfühlen in den oder die Betroffene, das gibt's nicht so leicht. Ich glaube, dass ich jetzt Freunde habe, die mir da sicherlich helfen würden. Frauen vor allem, aber auch Männer.«

NIKO, 24
BEZ. DAUER: 1 JAHR
»Zu meinen Freunden konnte ich nicht kommen und sagen, ›Du, ich habe dieses oder jenes Problem.‹ Da war man schnell auf billige Weise abgekanzelt. Und Freunde sind schnell weg, wenn man nicht der ist, den sie gewohnt sind. Manchmal war ich darüber sehr verbittert. Ich habe mir oft gedacht: ›Denen zeige ich es!‹ Ich muss besser werden als sie, damit sie einmal kapieren, wen sie da hängen lassen. Bei so sensiblen Sachen, da ist man für einen Mann kaum offen, eher für die Frau.«

FRITZ, 39
BEZ. DAUER: 6 MONATE
»Ich habe zwar keine Kommunikationsschwierigkeiten, aber es liegt mir nicht, bei fremden Menschen Gefühlsausbrüche zu bekommen. Diese Gefühlsausbrüche habe ich nicht einmal bei der Freundin gehabt, die mich damals durch diese Zeit begleitet hat. Bei der konnte ich mich zwar ausweinen, aber ich weiß, dass ich sogar ihr gegenüber versucht habe, eine gewisse Haltung zu bewahren. Was mich an der Sache im Nachhinein wundert, ist die Tatsache, dass diese Frau die einzige weibliche, echte Freundin in meinem ganzen Leben war. Ich habe vorher keine gehabt und auch nachher nie wieder so eine innige Beziehung zu einer Frau.«

RUDOLF, 29
BEZ. DAUER: 4 JAHRE
»Ich muß zugeben, dass mir eine Freundin sehr geholfen hat. Ich kann zwar nicht sagen, dass sie eine Klagemauer

für mich war, aber sie hat mir die Chance einer echten Auseinandersetzung geboten.«

Mehrere Männer sagten, die intime Aussprachesituation wäre der Anfang zu einer Liebesbeziehung geworden. Es gab auch einige Männer, die meinten, ihr Aussprachebedürfnis sei von den Frauen dazu benützt worden, eine Liaison herzustellen.

GÜNTHER, 52
BEZ. DAUER: 7 JAHRE
»Was mir wirklich geholfen hat, war die Tatsache, dass es damals eine Frau gegeben hat, die sich für mich interessiert hat. Diese Frau hat genau gemerkt, was da läuft, und ist in der Phase der Trennung sehr initiativ geworden. Sie hat sich irrsinnig um mich gekümmert und ich habe durch sie sehr viel Trost bekommen. Heute glaube ich, dass sie ganz kalkuliert vorgegangen ist und sich gedacht hat, sie nützt meine Depression, um mich für sich zu gewinnen.«

GABRIEL, 39
BEZ. DAUER: 6 MONATE
»Heute denke ich mir, dass diese Frau, die damals mit mir stundenlang geredet hat, ihre speziellen Interessen hatte, nämlich eine Beziehung mit mir aufzubauen und einzugehen. Aber das war einfach nicht drin.«

DORIS, 35
BEZ. DAUER: 7 JAHRE
»Dann hat er sich von seiner damaligen Freundin getrennt und ist immer zu mir gekommen, um sich auszuweinen. Ich habe ihn getröstet und aus dieser Trostsituation heraus hat sich wieder eine sexuelle Geschichte entwickelt. Ich sehe das heute so, dass das Trösten nicht nur ein seelisches Trösten war, sondern auch ein sexuelles. Das ist von ihm genauso ausgegangen wie von mir.«

»Du armes Kind!«

Dass nur 35 Prozent Hilfe durch die Familie bekamen, lässt nicht den Rückschluss auf emotionsarme Familienbeziehungen zu. Den Eltern werden eigene Blößen eben nicht gerne eingestanden. Sie entwerfen oft ein Idealbild von ihrem Kind, das durch das Eingestehen von Demütigungen und Zurückweisungen angekratzt werden würde. Um diese idealisierenden Erwartungen nicht zu enttäuschen, wird also oft auf elterliche Unterstützung verzichtet.

Die Zurückhaltung gegenüber Menschen, die einem eigentlich am nächsten sein müssten, kann aber auch auf die Angst vor einer pädagogisierenden oder moralisierenden Haltung unter dem Motto: »Ich habe es dir schon vor langer Zeit prophezeit …« zurückzuführen sein.

VERA, 30
BEZ. DAUER: 3 JAHRE
»Meine Mutter war eine ›harte Bandage‹. Im Nachhinein bin ich ihr ja dankbar, aber damals hätte ich ihr am liebsten die Zunge verknotet. Die hat niemals gesagt, du Arme oder so. Die hat immer grad im Gegenteil das Messer noch einmal umgedreht und mir von anno dazumal Sachen vorgehalten. Ich habe mich damals von ihr nicht verstanden gefühlt. Vor allem hat sie mir immer die Realität vor Augen geführt, bevor ich sie noch realisiert habe. Das war manchmal einen Moment zu früh für mich. Und dann habe ich eine unendliche Wut auf sie bekommen, die auch darauf basierte, dass ich genau gewusst habe, sie hat Recht. Vormachen habe ich mir nicht sehr viel können, wenn ich mit ihr geredet habe.«
Auch aus Rücksicht auf die Gefühle der Eltern, deren Mitleiden und Belastung oft überproportional groß sind, wird ihnen oft nicht uneingeschränktes Vertrauen entgegengebracht. Dadurch ist auch nicht optimale Unterstützung möglich. Außerdem wird eine schluchzende, er-

wachsene Tochter oder ein weinender Sohn für Eltern sofort wieder zum Kind und prompt werden entsprechende fürsorgliche Verhaltensweisen aktiviert. Selbst wenn dieses Verhalten manchmal willkommen ist und kurzfristig wohl tut, führt es die eigene Hilflosigkeit noch mehr vor Augen. Ein Umstand, der vor allem von jenen Menschen abgelehnt wird, die viel Mühe aufbrachten, um die Abhängigkeit von den Eltern zu überwinden.

Alle diese emotionalen Verstrickungen bleiben einem erspart, wenn ein Freund ins Vertrauen gezogen wird. Noch ein Vorteil: Freunden stehen flexiblere Hilfsmaßnahmen in Form gemeinsamer Unternehmungen, Anregungen usw. zur Verfügung.

Liebeskummer – eine Chance

Wenn Sie eine Trennung bewältigt, neue Perspektiven und eine andere Sichtweise von sich selbst entwickelt haben, hat das Folgen für Ihre Persönlichkeit.

Sie waren mit heftigen Gefühlen von Ihnen selbst und von Ihrem Partner konfrontiert. Sie mussten mit Angst, Sehnsucht, Verlassenheit und Wut umgehen. Bisher haben Sie vielleicht nur theoretisch darüber Bescheid gewusst, jetzt wissen Sie, was für Stimmungen diese Gefühle auslösen. Vielleicht waren Sie bis zu dem Liebes-Crash von Ihren Emotionen abgeschnitten und haben aus diesem Grund oft falsche Entscheidungen getroffen. Jetzt haben Sie eine schöpferische Krise (s. S. 68 ff.) durchlebt. Durch diesen Prozess kamen Konflikt- und Entwicklungsthemen zutage, Sie reiften und entfalteten sich emotional. Nun haben Sie Zugang zu der Welt Ihrer Gefühle.

Sie haben vermutlich auch die Erfahrung gemacht, dass es ein »Bauchwissen« gibt, dem ebenso zu trauen ist wie dem »Kopfwissen«. Vorbei die Zeiten, in denen Sie sich anderen gegenüber nur schwer oder gar nicht öffneten, denn Sie haben höchstwahrscheinlich positive Erfahrungen mit anderen Menschen gemacht. Durch Ihr eigenes Leid sind Sie in Zukunft auch sensibler für die Schmerzen anderer.

Schließlich hat Ihnen der Weg durch die Hölle gezeigt, wie viel Kraft ja doch in Ihnen steckt und welche schlummernden Fähigkeiten nur darauf warteten, geweckt zu werden. Ihre Selbstwahrnehmung ist geschärft, Ihr Verantwortungssinn gestärkt und Ihre Gabe zu sinnvoller Selbsterfüllung hat sich weiterentwickelt.

Es ist anzunehmen, dass Sie sogar in punkto Konflikt- und Stressmanagement eine Menge gelernt haben. Gar nicht erst zu reden von künstlerischen Impulsen, von beruflicher Weiterentwicklung und dem Zuwachs neuer Fähigkeiten.

Wenn Sie alle Stadien des Liebeskummers durchlebt haben, werden Sie nun auch wissen, wo bei Ihnen selbst noch Korrekturen notwendig – und möglich sind. Ganz im Sinne des bekannten Spruches: »Gott, gib mir die Gelassenheit, jene Dinge zu akzeptieren, die ich nicht ändern kann, den Mut, die Dinge zu ändern, die ich ändern kann, und die Weisheit, das eine vom anderen zu unterscheiden.«

Alles in allem: Die Investitionen an psychischer Energie haben Ihnen persönliches Wachstum und vermutlich sogar Charisma gebracht. Diese Mischung von Eigenschaften und Temperament schafft jene Aura, die »das gewisse Etwas« ausmacht. Persönlichkeit braucht manchmal eine schmerzliche Krise, um sich entfalten zu können. Liebeskummer ist so eine Chance.

Lesen Sie die folgenden Aussagen besonders aufmerksam. Sie werden deutlich erkennen, dass alle diese Frauen und Männer einen gewaltigen Entwicklungsschritt getan hatten.

MATTHIAS, 50
BEZ. DAUER: 5 ½ JAHRE
»Heute durchschaue ich die Mechanismen des Lebens. Ich bin kein plumper Positivdenker mehr. Es gibt keine

Weisheiten fürs Leben. Mein Standpunkt ist: Geschehen lassen, verstehen wollen. Das sind die Grundvoraussetzungen, um in dieser Welt leben zu können.«

INES, 32
BEZ. DAUER: 6 JAHRE
»Plötzlich habe ich alle meine Freunde und Bekannten wieder aktiviert und meine Beziehungen zu denen wieder hergestellt. Ich habe auch wieder viele neue Leute kennen gelernt. Auf einmal war ich viel offener und interessierter und habe plötzlich auch gemerkt, dass ich ankomme und dass die Leute an mir interessiert sind, nur weil ich ›ich‹ bin und nicht weil ich irgendetwas Gescheites gelesen habe. Plötzlich hat meine Persönlichkeit was gezählt. Das hat mich sehr bestätigt und das war für mich ein ganz tolles Gefühl.«

MARTINA, 33
BEZ. DAUER: 10 JAHRE
»Ich kann mich nach langer, langer Zeit anderen Menschen gegenüber wieder öffnen. Das ist ein unheimlich schönes Gefühl. Ich spüre, wie ich angenommen werde, ohne dass ich irgendeiner Vorstellung eines anderen entsprechen müsse. Dieses Gefühl hat mir sehr dabei geholfen, dieses Unglück, das ich wegen des Scheiterns unserer Beziehung in mir gehabt habe, zu verarbeiten.«

CHRISTIAN, 29
BEZ. DAUER: 2 JAHRE
»Ich kann mir eine feste Bindung immer besser vorstellen. Vielleicht deshalb, weil ich in der Zwischenzeit erkannt habe, dass es nicht auf Quantität ankommt. Andere Frauen bringen nicht weiß Gott was mehr. Echtes Glück, glaube ich, erlebt man nur in einer Beziehung, auf die man sich ganz und gar einlassen kann.«

INES, 32
BEZ. DAUER: 6 JAHRE
»Ich habe auch erst lernen müssen zuzugeben, dass für
mich etwas nicht gut ist. Dass ich Fehler mache, dass es
mir schlecht geht und dass mir etwas fehlt.«

LUKAS, 34
BEZ. DAUER: 4 JAHRE
»Dadurch bin ich auch ein anderer geworden. Wenn
man alleine ist, muss man sich mit sich arrangieren. Da
ist es am besten, man mag sich. Man muss auch ein bisschen streng mit sich sein. Wenn man sich mit sich selber
auseinander setzt und sein bester Freund wird, dann geht
es einem besser. Wenn keiner da ist, der dir sehr nahe
steht und sagt, das und das machst du falsch, bist du
alleine für dich verantwortlich. Das ist eine gute Motivation für mich. Mein Selbstbewusstsein stieg kontinuierlich.«

OTTO, 49
BEZ. DAUER: 3 JAHRE
»Ich bin heute ein anderer Mensch, weil ich unendlich
viel an mir gearbeitet habe. Die Trennung ist ein Bestandteil und ist ein sehr starker Auslösefaktor. Ich hätte durchaus wieder in das gleiche Muster hineinfallen können,
ohne dass ich nachschaue oder neugierig werde.«

TANJA, 23
BEZ. DAUER: 8 MONATE
»Ich glaube, dass ich in den letzten Monaten einen Ent-
wicklungsschub gemacht habe. Ich kann bei mir be-
obachten, dass Entwicklungen stufenweise kommen.
Dass ich eine Zeit lang dieselbe bin, und plötzlich passiert es innerhalb von wenigen Wochen, dass ich ganz
anders werde. Das ist vielleicht nach außen hin nicht so
offensichtlich, aber ich weiß es.«

JOCHEN, 25
BEZ. DAUER: 3 JAHRE
»Jetzt kann ich meine Lebensqualität hinaufschrauben. Zum Beispiel schaue ich, was ich noch lernen muss. Ich mache Dinge, die interessant sind. Letzte Woche war ich in einem Skikurs mit Körperbehinderten, das waren 15 Kinder, zum Teil geistig behindert, zum Teil körperlich stark eingeschränkt. Das war sehr anstrengend, aber ich habe viel gelernt.«

WOLFGANG, 41
BEZ. DAUER: 1 JAHR
»Ich bin nachdenklicher geworden. Ich betrachte mich selbst. Meine Mentalität, wo ich verletzlich bin im Umgang mit Menschen. Ich stelle mich vor den Spiegel und schaue mich richtig an. Deswegen betrachte ich diese ganze Geschichte nicht nur negativ, sondern auch positiv. Sie ist eine Konfrontation mit mir. Ich war ein sehr unverbindlicher Mensch. Ich wollte mich nicht binden, ich wollte mir eine gewisse Freiheit bewahren. Mir ist klar geworden, dass, wenn man sich unverbindlich darstellt, auch der andere so reagiert.«

MICHAEL, 30
BEZ. DAUER: 2 ½ JAHRE
»Da ist unbewusst etwas, was ich erst damals gelernt habe – auf sich schauen, spüren, was für Bedürfnisse ich überhaupt habe. Deswegen sehe ich auch keine Chance mehr und ich bin auch nicht mehr dazu bereit. Ich habe lang genug investiert, jetzt muss ich schon auch auf mich schauen.«

GÜNTHER, 52
BEZ. DAUER: 7 JAHRE
»Ich habe mir gedacht, na gut, ich habe einige Jahre mit einer Frau zusammengelebt, das war auf keinen Fall umsonst. Da lernt man etwas und das hatte auch seine

schönen Seiten. Ich kenne genug Männer, die haben nie so eine Beziehung gehabt wie ich. Es war ja eine wunderbare Zeit. An das muss man da auch denken, nicht nur an das Ende. Dass man auch auseinander geht, das bringt das Leben halt mit sich.«

Elisabeth, 27
Bez. Dauer: ½ Jahr

»Seit meiner gescheiterten Liebe mit der Abtreibung bin ich ganz anders geworden. Ich weiß, dass es jederzeit einen Umschwung geben kann, dass es gar nichts sagt, wenn man über den Wolken schwebt und alles poetisch sieht. Worauf es ankommt, ist, ob man sich in Konfliktsituationen bewährt oder nicht. Ich glaube, dass das umso weniger der Fall ist, je mehr man über den Wolken schwebt. Was ich daraus gelernt habe, ist die Tatsache, dass erst ein Konflikt zeigt, wie tragfähig eine Beziehung ist.«

Hanna, 43
Bez. Dauer: 1 Jahr

»Nach und nach habe ich angefangen, mein ganzes Leben gern zu haben, wie es eigentlich ist. In einem kleinen Dorf, mit einem Kind und jeden Tag hin- und herfahren. Ich habe früher gedacht, das ist nicht alles, was das Leben dem Menschen bietet. Aber heute sehe ich das Schöne und Wichtige und nicht nur die Schattenseiten. Monate sind inzwischen vergangen und ich bin richtig glücklich mit meinem Leben.«

Elke, 42
Bez. Dauer: 9 Jahre

»Das Gefühl, das zurückgeblieben ist, ist sicher, dass ich durch eine Trennung nicht mehr den Boden unter den Füßen verliere. Dass ich nicht mehr das Gefühl habe, es wird mir alles weggenommen, was ich vorher gehabt habe. Ich kann dem entgegensetzen, dass die Dinge alle

*in mir stecken. Ich habe sicher nicht mehr das Gefühl,
gar nichts mehr wert zu sein, wenn mich jemand verlässt. Ich glaube, ich bekomme nicht mehr so ganz große, existenzielle Ängste, wenn eine Beziehung aus ist.
Wobei ich seitdem auch keine mehr hatte, die so intensiv war, weil ich mich nicht mehr so schnell auf was einlasse.«*

RUDOLF, 29
BEZ. DAUER: 4 JAHRE
*»Vielleicht müsste ich ihr für die Trennung sogar dankbar
sein, denn seit diesem Leidensdruck kann ich mich auf
mich und meine Probleme wirklich einlassen. Ich habe
auch gelernt, viel mehr über das zu sprechen, was ist.
Mich nicht nur gekränkt zurückziehen, wenn ein Konflikt
da ist. Dass ich darüber sprechen kann, was los ist, und
davor keine Angst mehr habe.«*

HENRIETTE, 42
BEZ. DAUER: 4 JAHRE
*»Ich bin dann immer sehr früh aufgestanden und habe in
der gewonnenen Zeit viel gemacht. Er war ja ein Nacht-
mensch und ich bin seinetwegen aufgeblieben. Das habe
ich dann, nachdem er weg war, geändert. Da bin ich wieder der Morgenmensch geworden, der ich eigentlich von
jeher bin.«*

LINDA, 29
BEZ. DAUER: 4 JAHRE
*Ich bin mir durch diesen Schritt selbstständiger und ei-
genverantwortlicher vorgekommen. Ich habe zum ersten
Mal den Eindruck gehabt, dass ich wirklich auf eigenen
Füßen stehe. Dieses Gefühl habe ich neben ihm nie ge-
habt. Plötzlich war ich darauf angewiesen, selber die Ini-
tiative zu ergreifen und meine eigenen Kontakte wieder
aufzufrischen oder neue herzustellen. Da waren schon
Aktivitäten notwendig, denn die gemeinsamen Freunde,*

die ich mit ihm gehabt habe, sind mit ihm gegangen. Da
habe ich dann wieder auf meine Freunde zurückgreifen
müssen, die ich in der Zeit mit ihm ziemlich vernachläs-
sigt habe.«

Franziska, 44
Bez. Dauer: 3 Jahre

»Da habe ich begonnen, wieder meinen Abendkurs auf-
zunehmen. Mit einer unerhörten Energie habe ich daran
gearbeitet. Plötzlich habe ich wieder die Kraft gehabt
und, das war ganz was Entscheidendes, ich habe begon-
nen, die Wohnung schön herzurichten. Mit einer Sorg-
falt sondergleichen. Ich habe in der Zeit auch zusam-
men mit einem Journalisten ein Buch geschrieben, das
nie veröffentlicht worden ist. Es hat geheißen ›12 Briefe
und einer‹. Ich habe da meine ganze Liebe zu Heinz
und meine Gefühle zu ihm aufgearbeitet. Die zwölf
Briefe haben von mir gestammt und einer, das war der
Antwortbrief, den hat der Journalist geschrieben, so qua-
si in der Rolle meines Expartners, das war der Ab-
schiedsbrief. Ich habe in den zwölf Briefen die Statio-
nen, die Qualitäten und Veränderungen meiner Liebe
zu ihm festgehalten und auch meine Beobachtungen in
Bezug auf seine Gefühle. Der 13. Brief war der Ab-
schiedsbrief. Das war eine Zeit, in der ich alles noch
einmal durchlebt und bearbeitet habe. Ohne Rücksicht
auf den Journalisten, von dem ich gewusst habe, dass er
sehr in mich verliebt ist.«

Doris, 35
Bez. Dauer: 7 Jahre

»Ich habe mir dann aber gesagt, ich muss so schnell wie
möglich meine Diplomarbeit beenden, sonst bricht die
Katastrophe über mich ein. Das und die darauf folgende
Arbeit ist meine Welt und nicht seine Welt des Theaters.
Irgendwie war das wie ein Nachhausekommen nach lan-
gem Heimweh für mich.«

215

JOSEF, 36
BEZ. DAUER: 4 JAHRE
»Das Eigenartige ist, dass ich viel kreativer geworden bin.«

DIANA, 24
BEZ. DAUER: 3 JAHRE
»Aber dann war eine Phase, wo ich dann irrsinnig gern und viel gearbeitet habe, aber irrsinnig positiv. Nicht, dass ich mich in einen Arbeitswahn stürze. Ich genieße, dass ich machen kann, was ich will und wie viel ich will. Das ist sehr positiv. Ich bin überproduktiv. Ich bringe viel mehr zusammen als sonst. Ich kann mich irrsinnig gut nur auf die Arbeit konzentrieren, und da bin ich dann einfach voll konzentriert und kann irrsinnig viel arbeiten. Weil mich im Grunde die Beziehung nicht ablenkt. Wenn ich die Beziehung so hätte, wie ich sie mir wünsche, dann wäre die sehr wichtig und ich würde alle Sachen dafür zurückstellen. Wirklich kreativ, echt schaffensfroh bin ich fast immer nur, wenn ich unglücklich verliebt bin.«

STEFANIE, 29
BEZ. DAUER: 3 JAHRE
»Ich habe dann allerdings zwei, drei Monate nach unserer Trennung intensiv Französisch zu lernen angefangen. Ich habe permanent etwas Neues begonnen. Ich habe mir viel mehr Freiräume gelassen als zuvor. Ich war ja viel weniger unter Druck. Er hat irgendwie vom Intellekt her und vom kulturellen Verständnis ein viel höheres Engagement verlangt, als ich gezeigt habe. Das hat sich dann relativiert, als er ausgezogen ist, hat sich auf den Grad eingependelt, der mich persönlich betroffen hat und der für mich gut ist.«

HARALD, 36
BEZ. DAUER: 5 JAHRE
»Bis ich eines Tages erkannt habe, es ist aus, vorbei, das wird nichts mehr. Ich weiß nicht mehr, was der Anlass da-

für war, aber plötzlich ist mir diese Tatsache glasklar zu Bewusstsein gekommen. Von diesem Moment an habe ich aufgehört, wie ein Irrer zu kämpfen. Ich habe mich in die Situation gefügt und mir gedacht, es wird schon seinen Sinn haben, warum es so gekommen ist. Das war mein Lernprozess: Man muß nicht nur kämpfen können, man muss auch etwas akzeptieren.«

Die besten Tipps gegen Liebeskummer

A

AGGRESSION

Menschen, die von Liebeskummer überflutet werden, erlauben sich oft keinerlei aggressive Gefühle gegenüber dem verlorenen Partner. Das ist gefährlich!

• Wenn aggressive Regungen nicht zugelassen werden, kann sich die Aggression nach innen wenden und sich in Form einer besonders schweren oder besonders lang anhaltenden Depression äußern.

AKTIVITÄT

Der Kern einer Liebeskummer-Depression ist das Gefühl von Hilflosigkeit. Es ist daher nahe liegend, diese Hilflosigkeit in Aktivität umzuwandeln und die Depression auf diesem Weg zu reduzieren.

• Wenn Sie meinen, dass Sie eigentlich schon lange genug geweint und gegrübelt haben, Ihnen aber andererseits der Schwung zu Aktivitäten fehlt, wenden Sie sich an Freunde und Bekannte. Bitten Sie, über gemeinsame Vorhaben informiert zu werden, vereinbaren Sie Treffen und Unternehmungen. Studieren Sie den Veranstaltungskalender und überlegen Sie, was Sie interessieren könnte.
• Dass Sie zu all diesen Aktivitäten noch keine wirkliche Lust haben, macht nichts. Jetzt gilt: Aktion vor Diskussion. Klären Sie den Ist-Zustand (Wie sieht die augenblickliche Lage aus?). Überlegen Sie dann den Soll-Zustand (Welchen Zustand müsste ich erreichen, um wenigstens halbwegs

zufrieden zu sein?). Die Kluft zwischen dem Ist- und dem Soll-Zustand müsste mit Aktivitäten ausgefüllt werden!

B

BEDÜRFNISSE

Im Schmerz des Liebeskummers ist die Bedürfniswahrnehmung eingeschränkt. Helfen Sie also ein bisschen nach.

• Fragen Sie sich, welche Bedürfnisse Sie jetzt haben, nachdem Ihr Partner nicht mehr da ist.

• Entspricht Ihre Alltagsstruktur, die ja vermutlich noch ganz auf ein Leben zu zweit ausgerichtet ist, diesen Bedürfnissen? Wenn nicht, stellen Sie Ihr Leben ganz gezielt auf Ihre Bedürfnisse ein.

• Je mehr Sie auf Ihre Bedürfnisse eingehen, desto zuversichtlicher werden Sie und desto schneller geht es mit Ihnen bergauf.

BEWÄLTIGUNGSKOMPETENZ

Vergessen Sie die »Denk-positiv«-Philosophie. Sie muss sich den Vorwurf gefallen lassen, Probleme zu leugnen oder schönzureden. »Bewältigungskompetenz« zu entfalten bedeutet, an einer Krise nicht zu scheitern, sondern sie zu meistern und sogar gestärkt daraus hervorzugehen. Das sind die Voraussetzungen einer hohen Bewältigungskompetenz:

• Stecken Sie bei einer Krise nicht den Kopf in den Sand. Machen Sie sich ein konkretes Bild von der problematischen Situation.

• Verbeißen Sie sich nicht in Selbstanklagen! Einsicht ist

gut, aber nur als »positives Lernen« sinnvoll, um ein abermaliges Scheitern aus demselben Grund zu verhindern.

• Erarbeiten Sie verschiedene Lösungen, mit deren Hilfe Sie glauben, Ihren Zustand verbessern und weiterkommen zu können. Diskutieren Sie diese Lösungen mit Freunden und entscheiden Sie sich dann für die beste.

• Bewältigungskompetenz entfaltet sich nur dann, wenn Sie keine unrealistischen Hoffnungen haben (»Morgen wache ich auf und alles ist wieder okay«). Liebeskummer ist ein Prozess, der Zeit beansprucht.

• Zur Motivationserhaltung und -steigerung ist es notwendig, dass Sie sich im Rahmen dieses Prozesses einzelne Teilerfolge immer wieder bewusst machen.

D

DENKSCHEMA

Jede Verhaltensweise, egal ob nun Traurigkeit, Wut oder Freude, ist die Folge der Gedanken, die Sie sich zu einer bestimmten Situation machen. Nicht die Situation an sich löst Niedergeschlagenheit oder Hoffnungslosigkeit aus, sondern die Denkschemata, die mit der Situation verknüpft sind.

• Eine Trennung sollte immer ein Anlass sein, die eigenen Denkmuster zu überprüfen! Sind Sie überhaupt angemessen? Stammen Sie aus dem eigenen Empfinden oder vielleicht aus dem Repertoire einer überängstlichen Mutter? Womöglich sind es gar die Denkmuster des Partners, der bereits auf und davon ist.

• Eine gründliche Auseinandersetzung mit diesem Thema lohnt sich: Eine Änderung des Denkschemas bewirkt zwangsläufig eine Verhaltensänderung.

Diskussionen über Ihre Liebeskummersituation sind wertvoll und notwendig: Wer nicht spricht, zerbricht!

• Sinnvoll sind Diskussionen nur dann, wenn sie mit Menschen geführt werden, die wirklich auf Sie eingehen und sich mit Ihrer Lage auseinander setzen. Sprücheklopfer (»Es wird schon wieder werden«, »Nach Regen folgt Sonne«) sind keine geeigneten Gesprächspartner.

• Diskutieren Sie möglichst nur mit Menschen, die bereit sind, konkrete, lösungsorientierte Beiträge zu leisten.

E

EIFERSUCHT

In Trennungssituationen leidet man immer noch unter Eifersucht. Meist richtet sie sich gegen den Rivalen. Motto: »Was hat sie/er, was ich nicht habe?«
Es kann aber auch sein, dass Sie die »projektive« Eifersucht plagt: Die eigenen, nicht realisierten Untreue- oder Verlassenswünsche wurden auf den Partner projiziert.

• Wenn Sie unter Eifersucht leiden, sollten Sie von Ihrem Expartner weder Beruhigung noch Bestätigung erwarten. Tun Sie selbst viel für Ihr Selbstwertgefühl, dann sind Sie nicht mehr so abhängig von dem Partner. Denken Sie daran, dass Ihr sichtbarer Trennungsschmerz unsichtbar mit einem Schmerz verknüpft ist, den Sie als kleines Kind bei der Trennung von Ihren allerersten Beziehungspersonen empfanden. Seien Sie also jetzt so »gut« zu sich, wie Sie es sich von den Menschen Ihrer Kindheit erwartet haben.

• Stellen Sie eventuelle Kontrollen ein und wagen Sie Emanzipationsschritte auch dann, wenn sie Ihnen noch Angst machen.

ENTWERTUNG

Von einem geliebten Menschen verlassen zu werden ist ein Schlag gegen das Selbstwertgefühl. Bedenken Sie, dass schon der kleinste Schamimpuls das Selbstwertgefühl, um dessen Stabilität ständig gekämpft wird, aus dem Gleichgewicht bringen kann.

• Um das Gleichgewicht des Selbstwertgefühls zu sichern, weicht man oft auf ein Ersatzgefühl aus – zum Beispiel auf Zynismus oder eine totale Entwertung des Partners. Tun Sie das nicht, wenn er es nicht verdient. Sie zerstören sich damit nicht nur Erinnerungen, es wird Ihnen auch nicht möglich, ein positives inneres Bild von Ihrem Partner aufzubauen. Dieser Abschluss der Trauerarbeit ist aber die Voraussetzung dazu, wirklich ganz frei zu werden und sich wieder richtig verlieben zu können.

F

FANTASIE

Fantasien über eine romantische, vollkommen erfüllende Liebesbeziehung tun dem malträtierten Selbstbild wohl.

• Fantasien sind ein Schutzmechanismus, der eine weitere Verletzung verhindern soll. Als Erste-Hilfe-Maßnahme ist gegen Fantasien dieser Art nichts einzuwenden, auf Dauer führen sie in die Isolation.

• Wenn man sich zu sehr in eine Fantasieliebe verspinnt, wird es immer schwieriger, sich mit den Möglichkeiten der Realität zurechtzufinden.

FIXIERUNG

Machen Sie nicht den Fehler, die Trennung zu verleugnen, indem Sie an gemeinsamen Strukturen festhalten.

• Getrennte Arbeitswege, getrennte Wohnungen, getrennte Sport- und Alltagsgewohnheiten erleichtern es, eine neue Identität aufzubauen.
• Fixierungen an Gemeinsamkeiten verzögern den Loslösungsprozess, verlängern die Trauerzeit und der Schmerz bleibt.

FREUNDE

Während der qualvollen Phase des Liebeskummers sind Freunde unentbehrlich. Sie können geduldig zuhören, sind emotional nicht so verstrickt wie Vater oder Mutter, und sie bieten die Möglichkeit, in einer Welt wieder Fuß zu fassen, in der es den Partner nicht mehr gibt.

• Schmerz macht egoistisch! Überstrapazieren Sie die Einsatzbereitschaft eines Freundes nicht!
• Vergessen Sie nicht, wenigstens ab und zu Ihre Dankbarkeit für diese wertvolle Hilfe zu zeigen.

G

GEHEIMNISSE

Trennungszeit ist oft eine Zeit, in der »reiner Tisch« gemacht wird.

• Hüten Sie sich davor, Geheimnisse, die Sie jahrelang tief in Ihrem Herzen verwahrten, zum Abschied preiszugeben. Die nackten Tatsachen, die dem Partner in dieser Situation buchstäblich »ins Gesicht geschleudert« werden, können viel zerstören.

• Hinter »gnadenloser Wahrheitswut« steckt meist eine hilflose Wut auf den abtrünnigen Partner. Sie gewinnen ihn mit dem Auspacken von Geheimnissen nicht zurück, riskieren aber das eigene Ansehen und ein positives Andenken an diese Beziehung.

Gewissen

Das Gewissen eines Erwachsenen setzt sich aus anerzogenen Verhaltensnormen und verinnerlichten Werten zusammen. Die Selbstbeobachtung und die permanente »Gewissensfrage«: »War das jetzt in Ordnung?« sind das perpetuum mobile des Gewissens. Dieses moralische Bewusstsein reguliert das Selbstbild.

• Ein gutes Selbstwertgefühl hängt unter anderem damit zusammen, dass Sie in Übereinstimmung mit den Werten leben, die Ihnen vermittelt wurden.

• Da in Liebeskummersituationen das Selbstwertgefühl ohnedies aus den Fugen gerät, wäre es wichtig, sich gerade in dieser Phase wertekonform zu verhalten.

H

Hilfe

Liebeskummer kann so massiv verlaufen, dass die Unterstützung von Freunden und Familie nicht ausreicht, um über die Runden zu kommen.

• Schrecken Sie nicht davor zurück, therapeutische Hilfe in Anspruch zu nehmen. Vermutlich werden Sie nach einigen Therapiestunden, in denen Sie Ihre Situation reflektieren und Orientierungshilfe bekommen, spüren, wie gut das Ihnen tut.

• Erkundigen Sie sich auch nach Selbsthilfegruppen und kostenlosen Beratungsstellen, die es in jeder größeren Stadt gibt.

• Fachliche Hilfe in Anspruch zu nehmen ist nicht ein Eingeständnis des Scheiterns, sondern das Zeichen der aktiven Gestaltung einer schwierigen Lebenssituation.

Humor

Auch wenn Ihnen nicht zum Lachen zumute ist, kann der Sinn für Humor in der Krisensituation des Liebeskummers als Strategie eingesetzt werden.

• Ärgern Sie sich also nicht, wenn ein Gesprächspartner eine humorvolle Bemerkung über Ihre Situation macht. Wenn Sie genau hinhorchen, ist es Ihnen vielleicht sogar möglich, Schwachstellen oder die falschen Betrachtungsweisen herauszuhören, in die Sie sich verstrickt haben. Schon die Hofnarren durften Kritik anbringen und damit ihren Herrschern die Augen öffnen – vorausgesetzt, die kritischen Worte waren in Humor verpackt.

I

Impulse

Jeder, der unter Liebeskummer leidet, wird immer wieder von dem Wunsch überwältigt, mit dem Expartner noch einmal Kontakt aufzunehmen oder noch einmal Lösungsvorschläge zu diskutieren. Wenn Sie diesen Regungen nach-geben, werden Sie auf Ihrem Weg in die Freiheit behindert.

• Bemühen Sie sich, Ihrem Impuls (»Ich ruf jetzt an«) ein konkretes Bild Ihres Zieles entgegenzuhalten (»Wenn ich jetzt nicht anrufe, geht es mir im Sommer schon so gut, dass ich meine Ferien wieder genießen kann«).

INTIMITÄT

Auch wenn Sie mittendrinstecken im Liebeskummer und daher auf die sexuelle Intimität mit dem verlorenen Part-ner verzichten müssen, sollten Sie nicht vergessen, dass es auch noch andere Intimitätsebenen gibt.

• Ein gutes Gespräch, gemeinsames Handeln mit Freun-den, gemeinsam gelöste Probleme und gemeinsam er-reichte Ziele schaffen Näheerlebnisse, die Ihnen Kraft und Zuversicht geben.

K

KONTAKTE

Wenn die Seele leidet, wollen Sie vielleicht keinen Men-schen sehen. Man vermeidet die Kontakte mit Freunden und Bekannten und zieht sich trauernd in sein Schnecken-haus zurück. Dieser Rückzug kann sein Gutes haben. Es besteht aber die Gefahr, dass sich Freunde ihrerseits zu-rückziehen, wenn sie zu oft abgewiesen werden.

• Halten Sie den Kontakt zu wertvollen Menschen zu-mindest telefonisch aufrecht. Seien Sie ehrlich und sagen Sie: »Ich habe jetzt das Bedürfnis, allein zu sein, aber ich melde mich, wenn ich da durch bin.«

Meist geht einer Trennung eine Zeit voran, in der die Beziehung schon schlecht war. Dann kommt das endgültige Aus, das die letzten Kraftreserven aufbraucht. Sie sollten sich über Ihr »Kräftekonto« klar sein! Wenn Sie nicht dafür sorgen, dass auf dieses Konto ab und zu Kraftüberweisungen eingehen, wird es bald überzogen sein. Dann haben Sie keine Reserven mehr, es fehlen Ihnen die Rücklagen.

• Achten Sie also darauf, dass Ihr Kraftkonto aufgefüllt wird. Hören Sie in sich hinein und finden Sie heraus, was Sie kräftigen könnte.

• Was für den einen eine Massage, ist für den anderen ein »magischer« Ort, wie zum Beispiel ein Leseplatz, und für den Dritten die Ruhe der Natur. Erinnern Sie sich an Kraftquellen, die Sie in Zeiten mobilisierten, in denen Sie nicht so am Boden zerstört waren.

• Aktivieren Sie diese Kraftquellen auch dann, wenn Sie sich gar nicht darauf freuen. In der Krise des Liebeskummers setzt nämlich das Warnsystem aus, das Sie sonst davor bewahrt, Ihre Kräfte zu überfordern.

L

LEBENSPLAN

Es ist schwierig, sich von einem Lebensplan zu verabschieden, wenn es noch kein neues Konzept gibt. Andererseits fällt es schwer, in einem seelischen Tief überhaupt einen positiven Lebensplan zu entwickeln. Aber wenn Sie nicht wissen, wohin Sie wollen, werden Sie vermutlich auch nicht dort ankommen!

- Falls Sie es selbst nicht schaffen, lassen Sie sich von einem guten Freund einen Plan entwerfen, wie das Leben nach der Trennung für Sie aussehen könnte.
- Natürlich kann der Freund nicht den für Sie idealen Lebensplan entwickeln. Aber wenn Sie an diesem Rohkonzept Ihre Korrekturen anbringen, hat schon der erste Schritt der aktiven Auseinandersetzung mit der Zukunft begonnen.

Lösungen

Liebeskummer ist ein Zustand, der mit einem Trauerprozess verbunden ist. Eine »Patentlösung«, mit der die problematische Situation schlagartig gelöst wäre, gibt es nicht.

- Verschwenden Sie also Ihre Energien nicht an unrealistische Hoffnungen.
- Bemühen Sie sich um folgendes »lösungsorientiertes« Verhalten: Stufen Sie Ihr Befinden auf einer Skala von 0/sehr schlecht bis 10/optimal ein.
- Wenn Sie sich beispielsweise auf ›Position vier‹ eingestuft haben, sollten Sie überlegen, was Sie tun müssten, um sich auf ›fünf‹ einstufen zu können. Dieses schrittweise Vorgehen und nicht unangemessene, pauschale Lösungsversuche sollten vorläufig Ihre nächsten Maßnahmen sein.

M

Medikamente

Es gibt Formen der Depression, die eine vorübergehende Medikamenteneinnahme notwendig machen. Diese Entscheidung sollten allerdings nicht Sie, sondern ein Arzt tref-

229

fen. Auf keinen Fall dürfen Sie Medikamente schlucken, die Ihnen von wohlmeinenden Freunden gegeben werden.

• In Akutsituationen sind Antidepressiva oft eine unerlässliche und wirksame Unterstützung!

• Am sinnvollsten ist in den meisten Fällen ein Zusammenwirken von Medikamenten und Verhaltenstherapie. Sie beinhaltet einen Einstellungswandel, körperliche Aktivierung und Entspannungstraining.

Muster

Falls Sie nicht noch sehr jung sind, ist dieser Liebeskummer vermutlich nicht Ihr erster. Er wird aber auch nicht Ihr letzter sein, wenn Sie nicht versuchen, die bisherigen diesbezüglichen Erlebnisse daraufhin zu überprüfen, ob es nicht ein bestimmtes Muster gibt, nach dem sie ablaufen.

• Sobald Sie im Verlauf Ihrer Beziehungen ein ganz charakteristisches Muster erkennen, können Sie auch spezifische Schritte unternehmen, um in Zukunft diese Handlungen und Muster zu verändern.

N

Neue

Er hat eine Neue oder sie hat einen Neuen. Diese Tatsache führt zu einem schwerwiegenden Fehler: Man leitet daraus ab, selbst nicht der Liebe wert zu sein.

• Machen Sie sich klar, dass das eine nichts mit dem anderen zu tun hat. Er/sie hat eine/n Neue/n, das ist ein Faktum. Dass Sie nicht liebenswert seien, ist aber *Ihre* Interpretation.

• Machen Sie die Probe aufs Exempel: Stellen Sie sich vor, dass Sie derjenige wären, der sich wieder gebunden hat. Sie gehen aus und treffen Ihren Expartner auch mit einem/einer anderen. Wie reagieren Sie jetzt? Sie sind erleichtert – endlich hat sie/er wieder jemanden. Einen besseren Beweis dafür, dass Ihre Selbstzweifel unangemessen sind, gibt es nicht.

NEUORIENTIERUNG

Sich auf ein Leben ohne Partner einzurichten setzt eine Neuorientierung voraus. Vieles ist nicht mehr so, wie es war – Freizeit, Alltag, Kontakte zu Freunden – alles muss überdacht werden. In diesem Zusammenhang ist es völlig richtig, auf alte, bewährte Lösungen zurückzugreifen! Erinnern Sie sich daran, wie das eine oder andere früher funktioniert hat, als Sie noch alleine waren.

• Eine alte Lösung lässt sich oft sehr gut auf eine neue Problemsituation anwenden. Ausprobieren!

O

OFFENHEIT

Machen Sie aus Ihrem Liebeskummer kein Geheimnis. Der Trauerprozess kostet Sie schon genug Energien. So zu tun, als ob alles in Ordnung wäre, raubt Ihnen nur unnötig Kraft.

• Je nüchterner Sie Ihre Situation darstellen, desto eher finden Sie Ihre innere Balance wieder.

Eine unangemessene Opferhaltung einzunehmen bedeutet, dass Sie nicht die Verantwortung für Ihre Lebensgestaltung auf sich nehmen, sondern Ihr Wohl von anderen abhängig machen.

• Selbst für den Fall, dass Sie in dieser Liebesgeschichte wirklich das Opfer waren und sitzen gelassen wurden, sollten Sie sich nicht auf die Opferrolle fixieren.

• Wenn Sie sich Ihrer Umwelt ausschließlich als Opfer präsentieren, nehmen Sie sich selbst die Chance, neue Rollen auszuprobieren und ein optimistischeres Selbstbild zu entwickeln.

P

PERSPEKTIVE

Wenn es Ihnen schwer fällt, an eine positive Perspektive zu glauben, sollten Sie Ihre Sprachgewohnheiten überprüfen: Die Sprache bildet eine innere Wirklichkeit ab. Sie müssten also darauf achten, dass sich Ihre Zuversicht, eine positive Perspektive zu haben, auch in der Sprache niederschlägt.

• Sagen Sie also nicht »Ich bin verzweifelt und hoffnungslos«. Fügen Sie die Worte »bisher« oder »bis jetzt« hinzu. Damit suggerieren Sie sich selbst, dass das Problem in Zukunft nicht mehr da sein wird und die Dinge sich zum Besseren wenden werden.

• Sie *sind* nicht verzweifelt und hoffnungslos, bis *jetzt* waren Sie hoffnungslos.

R

Jeder Wendepunkt im Leben ist mit einer Krise und innerem Aufruhr verbunden. Rituale wurden schon zu Urzeiten praktiziert, um eine vorübergehende Orientierungslosigkeit schneller zu überwinden. Denken Sie sich Rituale aus, die Ihnen den Abschied erleichtern.

• Wichtig sind anfänglich »Loslass-Rituale«. Zum Beispiel: Schreiben Sie den Namen des verlorenen Partners auf einen Stein und werfen Sie diesen in einen Fluss. Verschnüren Sie – zumindest für eine Zeit – alle Liebesbriefe und Erinnerungsstücke in einem Päckchen und deponieren Sie dieses am Dachboden oder im Keller. Oder: Stellen Sie sich ein Foto von ihr/ihm auf, entzünden Sie eine Kerze und verabschieden Sie sich laut und deutlich.

Egal welches Ritual Sie sich ausdenken – es wird Ihnen helfen, die Übergangssituation, die mit der Trennung verbunden ist, besser zu meistern und die Vorherrschaft des Schmerzes zu brechen.

Rückfall

Nehmen Sie einen Rückfall im Trauerprozess vorweg. Auch wenn Sie sich noch so bemühen, Abschiede verlaufen nicht glatt.

• Wenn Sie damit rechnen, dass Sie in Ihrem Schmerzerleben oder in dem Wunsch, die alte Beziehung wieder herzustellen, einen Rückfall erleben werden, laufen Sie nicht Gefahr, diesen falsch zu beurteilen. Sie werden den Rückfall als Stolperstein erkennen und nicht als Hinweis darauf, dass ja doch alles beim Alten bleiben sollte.

S

SCHULDGEFÜHLE

Manchmal wird derjenige, der die Trennung wollte, von Schuldgefühlen geplagt. Diese Schuldgefühle sind vermutlich auf schuldig gebliebene Liebe zurückzuführen. Aber es ist sinnlos, sich von Schuldgefühlen quälen zu lassen, ohne nicht gleichzeitig die Bereitschaft und Möglichkeit zur Einlösung dieser »Schuld« zu haben.

• Wecken Sie in Ihrem Expartner nicht mit Zeichen oder Taten, die Sie Ihrerseits nur aus Schuldgefühl setzen bzw. tun, unangemessene Hoffnungen. Sie haben die Beziehung aufgelöst und sich damit auch Ihrer Partnerrolle entledigt. Je eher das der Verlassene und Sie akzeptieren, desto reibungsloser verläuft der Trennungsprozess.

SELBSTANKLAGEN

In einer bestimmten Phase des Trauerprozesses sind Selbstvorwürfe und Selbstanklagen unvermeidlich.

• Gelingt es nicht, diese Selbstanklagen aufzugeben, müssen Sie bewusst gegensteuern.
• Falls Sie Selbstanklagen nicht bekämpfen, werden Sie zum einen ein positives Feed-back Ihrer Umwelt nicht mehr wahrnehmen, zum anderen werden Sie es eines Tages gar nicht mehr bekommen, weil Sie sich sowieso nur mehr im schlechtesten Licht darstellen.
• Machen Sie sich von Ihrem »inneren Kritiker« frei, indem Sie alle Fehler und unangemessenen Verhaltensweisen des Partners aufschreiben. Sobald Sie Ihr innerer Kritiker klein machen will, halten Sie ihm diese Fehlerliste entgegen.

• Jedes Zeichen der Verbundenheit schürt beim Verlassenen die Hoffnung auf eine Rückkehr, ohne den Schuldkonflikt des anderen zu beseitigen.

• Eine andere Möglichkeit wäre, dass Ihre Schuldgefühle auf eine uneingestandene Hoffnung zurückzuführen sind: Indem Sie sich vorwerfen, ganz alleine an der Trennungssituation schuld zu sein, glauben Sie unbewusst auch, Sie könnten die Sache vielleicht doch noch retten. Schließlich haben Sie die Geschichte vermasselt, also können Sie sie auch wiedergutmachen. Auch diese Einstellung ist unrealistisch und blockiert Sie nur in der Verarbeitung des Liebeskummers.

T

TRÄUME

In den Zeiten einer Krise neigt man dazu, ganz besonders intensiv zu träumen. Es ist keine Übertreibung, wenn Traumforscher sagen, dass man aus Träumen klug wird. Immerhin fließen im Traum äußere Reize, Erinnerungen, Persönlichkeitseigenschaften, Lebensumstände, Kreativität und jene Wahrnehmungen zusammen, die im Unterbewusstsein gespeichert sind. Diese vielfältigen »Wissensquellen« helfen nicht nur der Urteilsfindung, sondern auch in der Verarbeitung von Konflikten, Trennungen und Enttäuschungen.

1. Legen Sie sich vor dem Schlafengehen Papier und Bleistift zurecht.

2. Rufen Sie sich nach dem Aufwachen sofort Ihren Traum in Erinnerung und notieren Sie sich Stichworte dazu.

3. Versuchen Sie den Traum mit sich selbst und Ihrer aktuellen Trennungssituation in Zusammenhang zu bringen.

4. Betrachten Sie Ihren Traum als Film und geben Sie ihm einen aussagekräftigen Titel.

5. Verteilen Sie in Ihrem Film »Rollen«. Welche Rolle spielten Sie, welche Rolle andere? Um welche Schwächen, Stärken, Konflikte, Widersprüche ging es in dem Traum?

6. Fügen Sie Ihre Traumpuzzles zu einem Ganzen zusammen und versuchen Sie, einen Bezug zu Ihrer Persönlichkeit und Ihrer Lebenssituation herzustellen.

TRENNUNGSMANAGEMENT

Sich zu trennen ist ein hartes Stück Arbeit. Ein paar Faustregeln helfen, die Trennung besser durchzustehen:

- Bleiben Sie bei der Trennung und lassen Sie sich nicht zu weiteren Treffen und sinnlosen Beziehungsgesprächen überreden: Schluss ist Schluss.
- Hören Sie auf, über den anderen Kontrolle ausüben zu wollen.
- Verbieten Sie sich aus Sentimentalität Signale der inneren Verbundenheit zu geben (Briefe, Maskottchen, E-Mails). Diese Zeichen haben die Wirkung einer Nabelschnur, das klassische Symbol der Bindung. Durchtrennen Sie diese Nabelschnur radikal: Über die Nabelschnur wurde der kindliche Organismus mit lebensnotwendigen Stoffen und Energie versorgt – jetzt gibt es zwischen Ihnen keinen Austausch von Gefühlen mehr.
- Verstärken Sie Ihr soziales Netz, damit Sie nicht in ein Einsamkeitsloch stürzen.
- Sollte der Partner über diese radikale Trennung klagen, sagen Sie ihm, dass sie sich nicht gegen ihn richtet, sondern für Sie selbst ist.

U

UNTERSCHIED

Ein Abschied soll einen Unterschied herstellen. Je deutlicher dieser Unterschied ist, desto leichter gelingt das Abschiednehmen. Benutzen Sie also nicht mehr dieselbe Fahrstrecke, gehen Sie nicht mehr in dasselbe Fitness-Center, frequentieren Sie nicht mehr die Lokale, in die Sie gemeinsam gingen.

ÜBERGANGSOBJEKT UND ÜBERGANGSPHÄNOMEN

Jede neue Tätigkeit, die Sie beginnen, künstlerische Aktivitäten, aber auch eine intensive Beziehung zu einem Freund sind der Hinweis auf eine kreative Verarbeitung des Partnerverlustes. Seien Sie sich dieses kreativen Potenzials bewusst. Überlegen Sie, was Sie davon für Ihr zukünftiges Leben profitieren. Vielleicht entwickeln Sie neue Fähigkeiten oder Sie entdecken eine neue Quelle, aus der Sie nun auch in Zukunft Bestätigung und Stabilisation für Ihr Selbstwertgefühl schöpfen können.

V

VERDRÄNGEN

Die Verdrängung im klassischen Sinne – schmerzauslösende Ereignisse werden nicht zur Kenntnis genommen – kann manchmal zu einer »unerklärlichen« Depression führen.

• Wenn Sie mit Verstand und nicht unbewusst verdrängen, müssen Sie keine Angst vor den Konsequenzen einer

Verdrängung – Depression oder eine psychosomatische Erkrankung – haben.

• Diese »gesunde« Verdrängung besteht darin, dass Sie aufhören, über unabänderliche Dinge nachzudenken und einen reflektierten Schlussstrich darunter ziehen.

Verlassenheit

Liebeskummer geht Hand in Hand mit dem Gefühl der Verlassenheit. Dieses Gefühl kann so schmerzlich sein, dass man zu der Überzeugung kommt, ohne den verlorenen Partner nicht leben zu können. Machen Sie sich bewusst, dass Sie hier einem Irrtum aufsitzen.

• Unerträgliche Verlassenheitsängste der Gegenwart sind auf das erste Verlassenheitserlebnis der Geburt zurückzuführen. Die Trennung von einem geliebten Partner aktualisiert die Verlassenheitsängste, die Sie als Baby hatten, als Sie die Geborgenheit des schützenden Mutterleibes aufgeben mussten.

• Die bewusste Einsicht kann es Ihnen erleichtern, sich von der unangemessenen und irrationalen Angst »Ich kann ohne sie/ihn nicht leben« zu distanzieren.

W

Weinen

Wenn Ihnen danach zumute ist zu weinen, sollten Sie die Tränen fließen lassen.

• Tränen lösen Ihre innere Erstarrung!
• Es kann auch sein, dass erst durch diese Tränen die Verarbeitung von Erlebnissen in Gang kommt, die Sie jahre-

238

lang tapfer weggesteckt haben. Die Tränen, die Sie jetzt aus Liebeskummer weinen, entlasten Sie also auch von unerfüllten Bedürfnissen aus der Vergangenheit.

• Weinen tut gut, denn es befreit nicht nur von aktuellem, sondern auch von altem Seelenschmerz.

• Wenn Sie nicht weinen können, schauen Sie sich einen traurigen Film an und weinen Sie mit. Der Film dient Ihnen als Alibi, um verdrängten Kummer oder Spannungen loszuwerden. Mit dieser heilsamen Seelenwäsche spekulieren ohnedies alle jene sentimentalen Filme und Romane, die auf die Tränendrüsen drücken. Viele Menschen, die sich Tränen im Alltag versagen, weinen sich bei Filmen nach Herzenslust aus. Tun Sie es notfalls auch!

WUNDER

Liebeskummer stürzt jeden Menschen zumindest vorübergehend in einen Zustand der Hilflosigkeit. In dieser Phase haben Gurus, Hellseher, Kartenleger und alle jene Scharlatane eine Chance, die behaupten, die Handlungen eines anderen Menschen beeinflussen zu können. Die Gefahr, sich an solche Menschen zu wenden und unseriösen Versprechungen Glauben zu schenken, ist groß – schließlich sucht man nicht nur nach Begründungen für das Liebesdrama, man will auch wissen, ob und wann der Schmerz ein Ende hat.

• Widerstehen Sie der Verführung, mit Ihrem Liebeskummer einen Scharlatan zu konsultieren. In Ihrer Not fixieren Sie sich auf seine Aussagen und blockieren damit den ganzen Trauer- und Entwicklungsprozess. Die besten Chancen dafür, dass es mit Ihnen wieder aufwärts geht, haben Sie, wenn Sie die Verantwortung selbst übernehmen.

• Bedenken Sie auch, dass Ihr Bedürfnis, sich ausgerechnet jetzt unter die Fittiche eines zwielichtigen Gurus zu begeben, auch das Zeichen einer Regression ist: Der Guru symbolisiert und verheißt den ursprünglich erlebten Zustand der Sicherheit und Geborgenheit. Man erwartet unbewusst, dass mit und durch ihn der Trennungsschmerz ungeschehen gemacht wird. Das Gegenteil ist der Fall. Eines Tages gibt es doch das böse Erwachen und die Wirklichkeit bricht mit doppelter Wucht und Schmerzhaftigkeit über Sie herein.

Z

ZEITDRUCK

Fühlen Sie sich nicht als Versager oder vom Schicksal benachteiligt, weil Sie eine gewisse Zeit brauchen, um die Trennung zu verarbeiten.

• Lassen Sie sich von der Umwelt keinesfalls unter Druck setzen (»Jetzt ist aber Schluss, such dir einen anderen!«).
• Fragen Sie sich, ob das, was die anderen von Ihnen erwarten, auch Ihren eigenen Bedürfnissen entspricht. Wenn nicht, hören Sie auf Ihre innere Stimme. Geben Sie sich Zeit.
• Nur Sie können beurteilen, ob Ihre Wunden schon vernarbt sind oder noch nicht. Der Schritt, mit dem Sie den verbissenen Wettlauf mit der Zeit beenden, bringt Sie Ihrem Seelenfrieden näher als alle angestrengten Bemühungen, die Zeit der Trauer zu verkürzen.

ZIELE

Sie werden selbst merken, ab wann Sie wieder handlungsfähig sind. Wenn Sie sich zu diesem Zeitpunkt Ihre Ziele zu weit stecken, riskieren Sie Enttäuschungen und einen Rückfall.

• Definieren Sie mehrere kleine Ziele. Zum Beispiel: Etwas für die Fortbildung tun. Oder Freunde einladen. Oder die Wohnung renovieren.

• Zwischenziele sollten Sie durch Zeitelemente konkretisieren: Wie oft wollen Sie etwas machen? Wann wollen Sie es machen? Wie lange soll es dauern?

• Machen Sie etwas, worüber Sie keine Kontrolle haben, nicht zu einem »Ziel«, z.B.: »In einem Jahr bin ich wieder verliebt.« So eine allgemeine Zieldefinition bringt Sie nicht weiter, Sie setzen sich damit nur selbst unter Druck und verhindern Erfolgserlebnisse.

Fragebogen

Personalien: männlich   weiblich
             Alter
             Beruf
             verheiratet   unverheiratet geschieden
             Beziehungsdauer

Beziehung

	Ja						Nein
1 War sie gut?	○	○	○	○	○	○	○
2 War sie von Abhängigkeit bestimmt?	○	○	○	○	○	○	○
3 War sie von Gewohnheit bestimmt?	○	○	○	○	○	○	○
4 Bestand eine Gefühlsambivalenz (Liebe und Hass gleichzeitig)?	○	○	○	○	○	○	○
5 War sie gefühlsbetont?	○	○	○	○	○	○	○
6 Sexuell betont?	○	○	○	○	○	○	○
7 Hat die sexuelle Faszination schnell nachgelassen?	○	○	○	○	○	○	○
8 Litten Sie in der Beziehung unter Eifersucht?	○	○	○	○	○	○	○
9 Haben Sie sich in der Beziehung grundsätzlich zurückgenommen und sich für den anderen geopfert?	○	○	○	○	○	○	○
10 War das emotionale Geben und Nehmen zwischen Ihnen und Ihrem(r) Partner(in) ausgewogen?	○	○	○	○	○	○	○
11 Entsprach der/die Partner(in) Ihrem ›Typ‹?	○	○	○	○	○	○	○

Biografisches

	Ja						Nein
12 Waren die Eltern geschieden?	○	○	○	○	○	○	○
13 Mussten Sie auf einen Elternteil verzichten?	○	○	○	○	○	○	○
14 Gab es einen häufigen Wechsel der Bezugspersonen?	○	○	○	○	○	○	○
15 Geschwister?	○	○	○	○	○	○	○
16 Wie viele?							

17 Gab es in Ihrer Kindheit schon einmal eine Person, der Sie ähnliche Gefühle wie Ihrem Partner entgegenbrachten?	Ja	Nein
	O—O—O—O—O—O—O	

	Sehr gut	Schlecht
18 Wie war die Beziehung zur Mutter?	O—O—O—O—O—O—O	
19 Wie war die Beziehung zum Vater?	O—O—O—O—O—O—O	
20 Wie war die Beziehung zu den Geschwistern?	O—O—O—O—O—O—O	

Trennung	Ja	Nein
21 Erwartet	O—O—O—O—O—O—O	
22 Rücksichtsvoll	O—O—O—O—O—O—O	
23 Brutal	O—O—O—O—O—O—O	
24 Aus eigenem Antrieb	O—O—O—O—O—O—O	
25 Sahen Sie in der Trennung eine Chance für eine spätere Rückkehr in die Beziehung?	O—O—O—O—O—O—O	
26 Empfanden Sie – rückblickend – die gemeinsame Zeit glücklicher, als sie war?	O—O—O—O—O—O—O	

	Sehr gut	Schlecht
27 Wie wurden Sie als Kind mit Trennungssituationen fertig (Kindergarten, Schuleintritt, Abwesenheit der Mutter, Geburt von einem Geschwister etc.)?	O—O—O—O—O—O—O	

Seelische Veränderungen nach oder während der Trennung in den Bereichen	Sehr gut	stabil	schlecht
28 Kommunikation	O—O—O—O—O—O—O		
29 Lebenslust	O—O—O—O—O—O—O		
30 Zukunftsperspektive	O—O—O—O—O—O—O		
31 Selbstwertgefühl	O—O—O—O—O—O—O		
32 Außenkontakte	O—O—O—O—O—O—O		
33 Freundschaften	O—O—O—O—O—O—O		

34 Interessen   O–O–O–O–O–O–O

35 Gab es irgendetwas (Mensch, Tätigkeit, Beruf, Hobby, spezielles Interesse u.ä.), mit dem Sie sich verstärkt
befasst haben und der/das Ihnen
über die Trennung hinweghalf?   **Ja**   **Nein**
                                 O–O–O–O–O–O–O

Was war es?
Ab wann?

Alltag	**Sehr gut**					**Schlecht**
36 Arbeitsfähigkeit	O	O	O	O	O	O–O
37 Aktivität	O	O	O	O	O	O–O
38 Kreativität	O	O	O	O	O	O–O

Körperliche Veränderungen nach *oder während der Trennung*	**Sehr gut**					**Schlecht**
39 Körperabwehr (Immunsystem)	O	O	O	O	O	O–O
40 Energie	O	O	O	O	O	O–O
41 Schlaf	O	O	O	O	O	O–O
42 Appetit	O	O	O	O	O	O–O

                                 Ja   **Nein**
43 Gewichtsabnahme   O–O–O–O–O–O–O
Erkrankung der/des …
44 Fragte der Arzt, der Sie behandelte,
ob Ihre gesundheitliche Störung
eventuell seelische Ursachen
haben könnte?   O–O–O–O–O–O–O
45 Machten Sie von sich aus eine
derartige Anspielung?   O–O–O–O–O–O–O

Gefühlsreaktionen auf die Trennung	**Ja**					**Nein**
46 Schock	O	O	O	O	O	O–O
47 Wut	O	O	O	O	O	O–O
48 Hass	O	O	O	O	O	O–O
49 Hilflosigkeit	O	O	O	O	O	O–O
50 Selbstvorwürfe	O	O	O	O	O	O–O
51 Weinen	O	O	O	O	O	O–O

	Ja	Nein
52 Selbstmordgedanken	O–O–O–O–O–O–O	
53 Depression	O–O–O–O–O–O–O	
54 Gefühle der existenziellen Bedrohung (»Wie geht es weiter?«)	O–O–O–O–O–O–O	
55 Verleugnung (»Er/sie kommt zurück«)	O–O–O–O–O–O–O	
56 Verstärktes Bemühen, den/die Partner(in) zurückzugewinnen (»Ich kämpfe«)	O–O–O–O–O–O–O	
57 Trauerten Sie?	O–O–O–O–O–O–O	
58 Wie lange?		
59 Dachten Sie vermehrt an den eigenen Tod	O–O–O–O–O–O–O	
60 an den Tod des Partners	O–O–O–O–O–O–O	

	gar nicht	sehr
61 Wenn Sie traurig sind – wie trösten Sie sich?	O–O–O–O–O–O–O	
62 Vermehrtes Rauchen	O–O–O–O–O–O–O	
63 Vermehrtes Essen	O–O–O–O–O–O–O	
64 Vermehrter Alkoholgenuss	O–O–O–O–O–O–O	
65 Vermehrte Süßigkeiten	O–O–O–O–O–O–O	
66 Vermehrte Arbeit	O–O–O–O–O–O–O	
67 Vermehrter Sex	O–O–O–O–O–O–O	
68 Neigen Sie zu Suchtgewohnheiten?	O–O–O–O–O–O–O	

	Ja	Nein
69 Sex mit anderem/r kurz nach Trennung?	O–O–O–O–O–O–O	
70 »Anschlussbeziehung«? Wann?	O–O–O–O–O–O–O	
71 Information bei Astrologie, Wahrsagerin o.ä.	O–O–O–O–O–O–O	
72 Haben Sie das Gefühl, seit der Trennung ein(e) »andere(r)« zu sein?	O–O–O–O–O–O–O	

Reaktion Umwelt + Familie	Ja	Nein
73 Konnten Sie Ihre Trauer und Ihr Unglück nach außen hin zeigen?	O–O–O–O–O–O–O	

	Ja	Nein
74 Zeigte die Umwelt Verständnis?	O–O–O–O–O–O–O	
75 Unterstützung?	O–O–O–O–O–O–O	
76 Bagatellisierung?		
(»Nach Regen folgt Sonne!«)	O–O–O–O–O–O–O	
77 Abwehr		
(»Sei froh, dass du ihn/sie los bist!«)	O–O–O–O–O–O–O	
78 Haben Sie sich jemandem		
anvertraut?	O–O–O–O–O–O–O	
Wem?		
Wer hat geholfen?		
79 Arzt	O–O–O–O–O–O–O	
80 Therapeut	O–O–O–O–O–O–O	
81 Kirche	O–O–O–O–O–O–O	
82 Familie	O–O–O–O–O–O–O	
83 Freunde	O–O–O–O–O–O–O	

Literaturverzeichnis

Abraham, Karl: Ansätze zur psychoanalytischen Erforschung und Behandlung des manisch-depressiven Irreseins (1912), In: Psychoanalytische Studien, Bd 2 (Conditio humana), Frkf./Main 1971

Adam, Erik: »Das Subjekt in der Didaktik«, Deutscher Studien Vlg., Weinheim 1988

Aries, Philippe: In: »Die Masken des Begehrens und die Metamorphosen der Sinnlichkeit«, Fischer TB Vlg., Frkf./Main 1986

Auchter, Thomas: »Die Suche nach dem Vorgestern«, Trauer und Kreativität. In: »Psyche«, Bd XXXII/1978, S. 52–77

Balint, Michael: »Primärer Narzißmus und Primäre Liebe«. In: Jb. d. Psychoanalyse, Bd I, 1960, 3–33

— »Die Urformen der Liebe und die Technik der Psychoanalyse«, Klett-Cotta, Frkf./Main 1981 (erstm. 1965)

— »Regression«, Therapeutische Aspekte und die Theorie der Grundstörung, Deutscher TB Vlg., GmbH & Co., München 1986

Badinter, Elisabeth: »Die Mutterliebe«, dtv Vlg., München 1981/1984

Baumgart, Hildegard: »Liebe, Treue, Eifersucht«, Rowohlt Vlg. GmbH, 1988

Beck, Ulrich: »Risikogesellschaft«, Auf dem Weg in eine andere Moderne, Suhrkamp Vlg., Frkf./Main 1986

Beck/Beck-Gernsheim: »Das ganz normale Chaos der Liebe«, Suhrkamp TB Vlg., Frkf./Main 1990

Benard/Schlaffer: »Laßt endlich die Männer in Ruhe«, Rowohlt Vlg., Reinbek bei Hamburg 1990

— »Papas Alibi«, Der abwesende Vater als Täter in der Entwicklung des Kindes. In: »Psychologie heute«, Februar 1992

Betz, Otto: »Der Leib als sichtbare Seele«, Kreuz Vlg., Stuttgart 1919

Bischof, Norbert: »Das Rätsel Ödipus«, Die biologischen Wurzeln des Urkonfliktes von Intimität und Autonomie, Piper Vlg., München, Zürich 1985/1989

Bleuer, Ernst: In: »Die Leiden des jungen Werther«, 1774, Philipp Reclam jun., Stuttgart 1989

Bly, Robert: »Eisenhans«, Ein Buch über Männer, Kindler Vlg. GmbH, München 1990/1991

Bowlby, John: »Trennung«, Psychische Schäden als Folge der Trennung von Mutter und Kind, Kindler TB, Originalausgabe 1976 (englische Ausgabe 1973), Kindler Verlag GmbH, München

—»Verlust, Trauer und Depression«, Fischer TB, 1983, Fischer Vlg. GmbH, Frkf./Main (engl. Ausgabe 1980)

—»Die Trennungsangst«, Psyche Bd XV, Ernst Klett Vlg. Stuttgart 1961–62

—»Das Glück und die Trauer«, Klett-Cotta, Stuttgart 1979/1980

Bräutigam, Walter: »Reaktionen – Neurosen – Abnorme Persönlichkeiten«, Seelische Krankheiten im Grundriß, Thieme Vlg., Stuttgart, New York 1985

Brockhaus, Wahrig: »Deutsches Wörterbuch«, Deutsche Verlags-Anstalt, Stuttgart 1982

Busch, F.: Dimensions of the first transitional object. In: Psy.-Std. Child 29, 1974, S. 215–229

Busch, F./McKnight, J.: Parental attitudes and the development of the primary transitional object. In: Child Psychiat. hum. Devel. 4, 1973, S. 12–20

—»Theme and variation in the development of the first transitional object«. In: Int. J. Psycho-Anal. 58, 1977, S. 479–486

Caruso, Igor A.: »Die Trennung der Liebenden«, Eine Phänomenologie des Todes, Fischer Tb Vlg. GmbH, Frkf./Main 1983/1986

Casper, Bernhard: In: Krings, Baumgartner, Wild (Hrsg.); – »Handbuch philosophischer Grundbegriffe«, STA, Bd 3, Kösel-Vlg., München 1973

Claessens, Dieter: »Das Konkrete und das Abstrakte«, Soziologische Skizzen zur Anthropologie, Suhrkamp Vlg., Frkf./Main 1980

Cohen, Betsy: »Der ganz normale Neid«, Kreuz Vlg., Zürich 1988

Dietrich/Walter: »Grundbegriffe der psychologischen Fachsprache«, Ehrenwirth Vlg., München 1970

Dinnerstein, Dorothy: »Das Arrangement der Geschlechter«, DVA, Stuttgart 1976/1979

Dolto, Françoise: »Über das Begehren«, Die Anfänge der menschlichen Kommunikation, Klett-Cotta, Stuttgart 1988

Dörner/Plog: »Irren ist menschlich«, Lehrbuch der Psychiatrie/Psychotherapie, Psychiatrie Vlg. Bonn, 1984/1986

Duden: »Etymologie«, Herkunftswörterbuch der deutschen Sprache, Dudenverlag, Mannheim, Wien, Zürich 1989

Eisler, Rudolf: »Wörterbuch der philosophischen Begriffe«, Bd II, Kant Lexikon, hrsg. unter Mitwirkung der Kantgesellschaft, PAM Vlg., Kurt Metzner, Berlin 1930

Erikson, Erik H.: »Identität und Lebenszyklus«, Suhrkamp, Frkf./Main 1966

—»Kindheit und Gesellschaft«, Klett-Cotta, Stuttgart 1963/1987

Fichte, Johann Gottlieb: »Anweisung zum seligen Leben«, 1. Vorl. In: Eisler, 1929

Foucault, Michel: »Sexualität und Wahrheit«/»Der Wille zum Wissen«, Suhrkamp, Frkf./Main 1977

Freud, Sigmund: STA Bd III, IV, V, VI, IX, 1980/1989

Fromm, Erich: »Die Kunst des Liebens«, Ullstein Vlg., Frkf./Main, Berlin, Wien 1956/1980

Goethe: »Die Leiden des jungen Werther«, 1774, Philipp Reclam jun., Stuttgart 1989

Hrsg. Gerhard Stenzel, Goethes Werke, Bd 1 u. 2, Vlg. »Das Bergland Buch«, Salzburg, Stuttgart, 1968

Grimm, J. u. W.: Deutsches Wörterbuch, 6. Bd, Verlag von S. Hirzel, Leipzig 1885

Gross, Werner: »Sucht ohne Drogen«, Fischer TB Vlg. GmbH, Frkf./Main 1990

Grossmann, Klaus E. u. Karin: »Ist Kindheit doch Schicksal?«. In: Psychologie heute 8/91, S. 21

Harten, Rolf: »Sucht, Begierde, Leidenschaft«, Ehrenwirt Vlg. GmbH, München 1991

Heimann, Paul: »Bemerkungen zum Arbeitsbegriff in der Psychoanalyse«, erweiterte Fassung, Psyche 5, 1960, S. 321 ff.

Henseler, Heinz: »Narzißtische Krisen«, Zur Psychodynamik des Selbstmordes, Westdeutscher Vlg. GmbH, Opladen 1974/1984

Historisches Wörterbuch der Philosophie: Bd 5, Schwabe& Co. Vlg., Basel, Stuttgart 1980

Höhler, Gertrud, Koch, Michael: »Der veruntreute Sündenfall« – Entzweiung oder neues Bündnis?, DVA, Stuttgart, 1979

Izard, Caroll E.: »Die Emotionen des Menschen«, Beltz Vlg., Weinheim, Basel 1981

Jaeggi, Eva: »Psychologie und Alltag«, Piper GmbH, München 1987/1988

Jacobson, Edith: »Depression«, Suhrkamp Vlg., Frkf./Main 1987

Jellouschek, Hans: »Die Kunst als Paar zu leben«, Kreuz Vlg., Stuttgart 1992

Kast, Verena: »Die beste Freundin«, Was Frauen aneinander haben, Kreuz Vlg., Stuttgart 1992

— »Trauern«, Kreuz Verlag, Stuttgart 1982

Kernberg, Otto: »Objektbeziehungen und Praxis der Psychoanalyse«, Klett-Cotta Vlg., Stuttgart 1989

Klein, Melanie: »Das Seelenleben des Kleinkindes«, Klett-Cotta Vlg., Stuttgart 1962

Klein/Riviere: »Seelische Urkonflikte«, Fischer TB Vlg., Frkf./Main 1974/1983

Kohut, H.: »Die Heilung des Selbst«, Suhrkamp, Frkf./Main 1979

— »Formen und Umformungen des Narzißmus«. In: »Psyche«, Bd XX/1966, S. 561–587

Kast, Verena: »Zäsuren und Krisen im Lebenslauf«, Wiener Vorlesungen, Picus Vlg., 1997

Katschnig, Heinz: Hrsg. »Sozialer Streß und psychische Erkrankung«, Urban & Schwarzenberg, München, Wien, Baltimore
1990

Laing, R. D.: »Das Selbst und die Anderen«, Kiepenheuer & Witsch,
Köln 1973

Laplanche/Pontalis: »Das Vokabular der Psychoanalyse«, Suhrkamp
TB, Frkf./Main 1972/1991

Luhmann, Niklas: »Liebe als Passion«, Suhrkamp Vlg., Frkf./Main
1982

Lenzen, Dieter: »Mythologie der Kindheit«, Rowohlt TB-Vlg., Reinbek
b. Hamburg 1985

Lindemann, E.: »Die Bedeutung emotionaler Zustände für das
Verständnis mancher innerer Krankheiten und ihrer Behandlung«,
»Die Medizinische« 1953, 1. Hj., 515–520, 603–606

Luckmann-Müller, Elisabeth: »Lassen sich Trennungsrisiken voraus-
sehen?«, »Sexualmedizin« 12/1990, S. 328 ff.

Mahlmann, Regina: »Der Einfluß der Psychologie auf Liebe und
eheliche Beziehungen«, Vortrag, Kongreß »Paartherapie«, Wien
1991

Mentzos, Stavros: »Neurotische Konfliktverarbeitung«, Fischer Vlg.,
Frkf./Main 1984/1987

Mahler, Margaret: »Die psychische Geburt des Menschen«, Fischer
TB Vlg., Frkf./Main 1975/1992

Mayer, Horst: »Das Streßmodell als Erklärungsprinzip«. In: »Die Psychologie des 20. Jahrhunderts«, Bd IX, Kindler Vlg. AG, Zürich
1979

Mitscherlich, Margarete: »Die friedfertige Frau«, Eine psychoanalytische Untersuchung zur Aggression der Geschlechter, S. Fischer
Vlg. GmbH, Frkf./Main 1985

Mertens, Wolfgang: »Einführung in die psychosomatische Therapie«,
Bd 1, Vlg. W. Kohlhammer, Stuttgart, Berlin, Köln 1990

Molinsky/Hertz: »Die Psychosomatik der Frau«, Springer Vlg., Berlin,
Heidelberg, New York 1980

Morris, Desmond: »Liebe geht durch die Haut«, Die Naturgeschichte
des Intimverhaltens, Droemer Knaur Vlg. Schoeller & Co., Zürich
1972/1975

Müller, Wolfgang Hermann: »Eros und Sexus im Urteil der Philoso-
phen«, Bavier Vlg. Herbert Grundmann, Bonn 1985

Oates, E. Wayne: »Krise, Trennung, Trauer«, Chr. Kaiser Vlg., München 1977

Olivier, Christiane: »Jokastes Kinder«, Die Psyche der Frau im Schatten der Mutter, Claassen Vlg., Düsseldorf 1987

Oppeln-Bronikowski: In: »Über die Liebe«, Propyläen Vlg., Berlin
1982

Parkes, Colin Murray: »Vereinsamung«, Psychologisch-soziologische Untersuchung des Trauerverhaltens, Bd 1, Rowohlt Vlg. GmbH, Reinbek bei Hamburg 1972/1974

Petri, Horst: »Verlassen und Verlassen werden«, Kreuz Vlg., Zürich 1991

Rank, Otto: »Das Trauma der Geburt«, Int. Psychoanalytischer Vlg., Leipzig, Wien, Zürich 1924

Rattner, Josef: »Tugend und Laster«, Tiefenpsychologie und Psychotherapie als angewandte Ethik, Fischer TB Vlg., Frkf./Main 1991

Riemann, Fritz: »Grundformen der Angst«, Eine tiefenpsychologische Studie, Ernst Reinhardt Vlg., München 1989

Ringel, Erwin: »Die österreichische Seele«, Hermann Böhlau Nachfolger, Vlg. Wien, Köln, Graz 1986

Sabetti, Stephano: »Lebensenergie«, Wissen und Wirken jener Kraft, die unsere körperliche, geistige und seelische Verfassung steuert, Scherz Vlg., München 1985

Scheff, Thomas J.: »Explosion der Gefühle«, Über die kulturelle und therapeutische Bedeutung karthartischen Erlebens, Beltz Vlg., Weinheim u. Basel 1983

Schellenbaum, Peter: »Das Nein in der Liebe«, Abgrenzung und Hingabe in der erotischen Beziehung, Kreuz Vlg., Zürich 1984/1989

Schopenhauer, Arthur: »Die Welt als Wille und Vorstellung«. In: »Sämtliche Werke«, Eberhard Brockhaus Vlg., Wiesbaden 1949, erstm. 1819

— »Parerga und Paralipomena«. In: »Sämtliche Werke«, Eberhard Brockhaus Vlg., Wiesbaden 1947, erstm. 1851

Schwarz, Gerhard: »Die heilige Ordnung der Männer«, Westdeutscher Vlg. GmbH, Opladen 1985

Schwarzer, Ralf: »Stress, Angst und Hilflosigkeit«, Vlg. W. Kohlhammer GmbH, Stuttgart, Berlin, Köln, Mainz 1981/1987

Seligman, Martin E. P.: »Erlernte Hilflosigkeit«, Psychologie Verlag Union, Urban & Schwarzenberg, München-Weinheim 1986

Seyle, H.: »The stress of life«, Mc Graw-Hill, New York 1956

Sherfey, Mary Jane: »Die Potenz der Frau«, Wesen und Evolution der weiblichen Sexualität, Kiepenheuer & Witsch, Köln 1974

Shorter, Edward: »Der weibliche Körper als Schicksal«, Zur Sozialgeschichte der Frau, Piper GmbH, München, Zürich 1982/1984

Spinola/Peschanel: »Das Hirn-Dominanz-Instrument«, Gabal Vlg. GmbH, Speyer 1988

Spitz, R. A.: »Vom Säugling zum Kleinkind«, Klett Vlg., Stuttgart 1974

Stendhal, (Henri Beyle): »Über die Liebe«, Propyläen Vlg., Berlin 1822/1982

Tannen, Deborah: »Du kannst mich nicht verstehen«, Kabel Vlg., Hamburg 1991

Tellenbach, Hubert: »Geschmack und Atmosphäre«, Medien menschlichen Elementarkontaktes, Otto Müller Vlg., Salzburg 1968

Tennov, Dorothy: »Limerenz – über Liebe und Verliebtsein«, Kösel Vlg., München 1981

Wallster, Elaine, Walster William: »Liebe«, MVG Vlg., Moderne Verlags GmbH, Landsberg am Lech 1987

Watzlawick, P., Beavin, J. H. und Jackson, D. D.: »Menschliche Kommunikation – Formen, Störungen und Paradoxien«, Huber Vlg. Bern, Stuttgart 1974

Willi, Jürgen: »Die Zweierbeziehung«, Rowohlt Vlg., Reinbek bei Hamburg 1975

— »Was hält Paare zusammen?«, Der Prozeß des Zusammenlebens in psycho-ökologischer Sicht, Rowohlt Vlg., Reinbek bei Hamburg 1991

Winnicott, D. W.: »Reifungsprozesse und fördernde Umwelt«, Kindler Vlg. GmbH, München 1965/1974

— »Übergangsobjekte und Übergangsphänomene«. In: »Psyche« Bd XXIII, 1969, S. 666–682

Wörterbuch der philosophischen Begriffe, 2. Bd, Hrsg. unter Mitwirkung der Kantgesellschaft, Vlg. Miller & Sohn, Berlin 1929

Zimbardo, P. G.: »Psychologie«, Springer Vlg., Berlin, Heidelberg, New York, Tokyo 1983

208 Seiten, ISBN 3-7766-2149-4

Kurt Tepperwein

Die Kunst der Partnerschaft

Wahre Liebe fällt nicht vom Himmel

Wahre Liebe ist keine Frage des Zufalls, sondern eine hohe Kunst. Dem idealen Partner wird man erst begegnen, wenn man selbst ein idealer Partner geworden ist. Einfühlsam, praxis- und lebensnah, mit einer Fülle nachvollziehbarer Tipps weist Professor Tepperwein den Weg zur harmonischen Zweisamkeit.

Langen Müller